Sammlung Metzler
Band 324

Johanna Bossinade

Poststrukturalistische
Literaturtheorie

Verlag J.B. Metzler Stuttgart · Weimar

Die Autorin

Johanna Bossinade, geb. 1945; Studium der Literatur- und Theaterwissenschaft; 1993 Habilitation; Professorin auf Zeit für Neuere Deutsche Literatur an der Freien Universität Berlin; Monografien zu Horváth, Bachmann, Handke, Veröffentlichungen zu weiteren literaturwissenschaftlichen Themen.

Die Deutsche Bibliothek – CIP-Einheitsaufnahme

Bossinade, Johanna:
Poststrukturalistische Literaturtheorie / Johanna Bossinade.
– Stuttgart ; Weimar : Metzler, 2000
   (Sammlung Metzler ; Bd. 324)
   ISBN 3–476–10324–2

Gedruckt auf chlorfrei gebleichtem, säurefreiem und alterungsbeständigem Papier

SM 324

ISBN 3-476-10324–2
ISSN 0558 3667

© 2000 J.B. Metzlersche Verlagsbuchhandlung
und Carl Ernst Poeschel Verlag GmbH in Stuttgart
Einbandgestaltung: Willy Löffelhardt
Satz: Johanna Boy, Brennberg
Druck und Bindung: Franz Spiegel Buch GmbH, Ulm
Printed in Germany

Verlag J.B. Metzler Stuttgart · Weimar

Inhalt

Zur Einführung: Poststrukturalismus als Arbeit am Verdrängten

Das Wort ›Poststrukturalismus‹ bezeichnet einen Denkansatz, dem einfache Definitionen äußerlich bleiben müssen. Verallgemeinernd wird man jedoch sagen können, dass es sich um einen Ansatz handelt, der die Aufmerksamkeit auf die unterbelichteten oder verdrängten Prozesse der Sprache richtet und sie nach Möglichkeit zu reaktivieren versucht. Etwas verdrängen heißt, dass zum Beispiel ein Element oder eine Vorstellung, die konflikthaft besetzt sind, der bewussten Wahrnehmung entzogen werden. Daran anknüpfend lässt sich das poststrukturalistische Denken in einer ersten Annäherung als Arbeit am Verdrängten des vorherrschenden Kultur- und Wissenschaftsdiskurses bestimmen.

Freud sprach von einem »Unliebsamen«, um anzugeben, worauf die Verdrängung bezogen sei (Verdrängung, 113). In den poststrukturalistischen Theorien begegnet dieses »Unliebsame« nicht allein als das, worauf es ankommt, es begegnet auch unter vielen Namen. Mal taucht es als ›Schrift‹, mal als ›Differenz‹, mal als ›Körper‹, ›Anderes‹ oder ›Weiblichkeit‹, ja, als das ›Unbewusste‹ selbst auf. Doch wie immer das Wort, jedes Mal ist es mit einer bestimmten Zielsetzung verknüpft. Das Ziel lautet nicht, die Verdrängung als solche aufzuheben, was naiv gedacht wäre. Ohne den Rekurs auf ein »Abseits« (Theodor Storm) ist psychisches Leben nicht vorstellbar. Das Ziel lautet vielmehr, ein im Sinn der Abwehr Verdrängtes, ein unter dem Diktat kultureller Normen ›mundtot Gemachtes‹ neu zum Sprechen zu bringen. Und jedes Mal auch ist eine bestimmte Vorannahme mit im Spiel. Sie lautet, dass das eigentlich ›mundtot Gemachte‹ der Wissensdiskurse der Sprachprozess selber sei. Die Konfrontation mit diesem Prozess ist den Subjekten unliebsam, weil er sie an ihre Abhängigkeit von etwas erinnert, das ihrem Zugriff entzogen ist. Die Frontstellung des poststrukturalen Denkens gegenüber Strukturalismus, Hermeneutik, Phänomenologie, Marxismus und orthodoxer Psychoanalyse hat in dieser Annahme ihren Grund.

Der Gegenzug erklärt sich vom selben Ort her. Mag es die Dominanz des linguistischen Zeichens, der Sinnfrage, des Ichbewusstseins, der Klassenperspektive oder einer metaphysischen Geschlechtskonzeption sein: Die Prozessdimension der Sprache soll es in Frage stellen. Die poststrukturalen Theorieansätze lassen sich bei aller Verschiedenheit unter der Absicht vereinigen, das Repräsentationsmodell der Sprache durch den Ausgriff auf die sprachkonstitutiven Prozesse zu unterlaufen. Die Absicht blieb nicht folgenlos. Sie hat, wie heute zu sehen ist, zu innovativen Ansätzen in der Text- und Literaturtheorie geführt. Die Zeichenspuren von Sprache, Geschlecht und Unbewusstem zum Beispiel werden nicht nurmehr der Handlungsoberfläche eines Werks abgelesen und als lineare Umsetzung des ödipalen Dramas gedeutet. Sie stellen sich als die Knotenpunkte einer Dynamik dar, die die gesamte Werkgestalt durchzieht und die Wahrnehmung der Beteiligten auf komplexe Art strukturiert.

Dass Literatur in diesem Zusammenhang eine Vorreiterrolle spielt, überrascht nicht. Sie hat seit der Heraufkunft der Moderne als das Verdrängte des zweckgerichteten bürgerlichen Denkens identifiziert werden können. Aus dieser Lage befreit, sollte es den Werken der Dichtkunst möglich sein, Einblicke in die Tiefenstruktur sozialkultureller Deutungs- und Bedeutungsmuster zu verschaffen. Und mehr als das: Die Dichtung sollte imstande sein, die in jenen Mustern verborgenen Defizite und ungenutzten Möglichkeiten menschlichen Daseins aufscheinen zu lassen. Friedrich Schiller hat dies Vermögen, im Rückgriff auf Kant und gestützt durch die antike Idee des Schönen, als Freiheit in der Erscheinung gerühmt. »Dichtung«, heißt es in einem literaturkritischen Kommentar dazu, gibt »die unverkürzte Wirklichkeit *des* Menschen frei« (Emrich 1979, 14).

In den Theorien des Poststrukturalismus avanciert die Literatur zum Gedächtnis für das Verdrängte der Sprache. Poetische Schöpfungen, schreibt die Semiologin Julia Kristeva, kehren »die Schranken des gesellschaftlich nützlichen Diskurses hervor und tragen den Stempel dessen, was verdrängt wurde: des *Prozesses,* der über das Subjekt und die Kommunikationsstrukturen hinausweist« (Revolution, 30). Die Werke der literarischen Avantgarde vollführen die Verdrängung des sprachkonstitutiven Prozesses nicht blindlings nach, sie sollen vielmehr imstande sein, seine Spur im Innersten des »gesellschaftlich nützlichen Diskurses« aufzudecken. An Kritik gegenüber einem idealistisch überhöhten Literaturbegriff fehlt es im Umfeld der neuen Theorien nicht, an Idealen fehlt es aber ebenso wenig. Es ist das Ideal einer prozesshaften Form der sprachlichen Fremd- und Selbstaufklärung, das die literarische Tätigkeit zu einem privilegierten Feld der poststrukturalen Wissenschafts- und Kulturbetrachtung gemacht hat.

Das Ideal sei hier aufgegriffen und als Leitfaden genutzt. Anhand des Topos einer Reaktivierung verdrängter Sprachprozesse können grundlegende Orientierungen zum Verständnis des poststrukturalistischen Literaturmodells vermittelt werden. Überschneidungen innerhalb dieses Theoriefelds oder zu benachbarten Ansätzen sind dabei nicht immer zu vermeiden. Als abstraktes System lässt sich Literaturtheorie auch für sich darstellen. Konkrete Literaturtheorien jedoch sind vielfältig miteinander verbunden; keine einzige steht isoliert für sich da. Der Begriff des ›Textes‹ zum Beispiel, Achse und Drehpunkt des nachstrukturalen Literaturmodells, ist ein viel zu stark besetztes Feld, als dass er nur für eine Richtung reklamiert werden könnte. Eine breite Auswahl an Literaturhinweisen soll dazu beitragen, den Poststrukturalismus in die größeren literaturwissenschaftlichen Diskussionszusammenhänge einzuordnen, in denen er seinen Platz hat.

Schwerpunktmäßig ist der Band nach einem historischen, einem systematischen und einem methodologischen Teil gegliedert. Den Anfang macht ein kurzer Abriss zur Rezeptions- und Begriffsgeschichte. Das zweite Kapitel, Hauptstück des Ganzen, eröffnet systematische Einblicke in die Theorie. Neben der zentralen Bezugstheorie (Saussure) werden die wichtigsten einzelwissenschaftlichen Ansätze, sozusagen die ›Säulen des poststrukturalistischen Geschäfts‹ vorgestellt. Als Kriterium der Auswahl dient die kritische Intervention in das Repräsentationsmodell von Sprache und Zeichen. Nach diesen Vorklärungen rücken Kernkonzepte der poststrukturalistischen Text- und Literaturtheorie wie Schrift, Metapher, das Symbolische oder Intertextualität ins Licht. Das dritte Kapitel setzt sich mit den methodologischen Konsequenzen der Theorie auseinander. Gleichzeitig verschiebt sich der Blickpunkt der Betrachtung vom Strukturalismus auf das Gebiet der Hermeneutik. Als Alternative zur sinnverstehenden Interpretation haben die Poststrukturalisten die Konzepte Lektüre und Dekonstruktion vorgelegt, die auf die Unhaltbarkeit einer sinnhaften Letztbegründung zielen.

Geschlossene poststrukturalistische Theorie- und Methodengebäude werden nicht zu erwarten sein. Es gibt sie für den literarischen Bereich schlechterdings nicht, so dass sich der Versuch einer unmittelbar gattungsbezogenen Rekonstruktion erübrigt. Der Überblick ist nach Begriffen und Konzepten geordnet, die für die Entwicklung des literaturtheoretischen Denkens ›nach dem Strukturalismus‹ zentral sind. Da die Konzepte, ihrer Zuordnung zum Generalnenner ›Poststrukturalismus‹ zum Trotz, teils auf unterschiedliche Wissensparameter zurückgehen, transportieren sie teils auch unterschiedliche Einstellungen auf den Gegenstand ›Literatur‹. Mit Differenzen wird zu rechnen sein.

Ein verbindendes Element fehlt gleichwohl nicht. Literatur wird im Poststrukturalismus als eine textliche Praxis interpretiert, die an

die Fundamente der Form- und Sinnproduktion rührt. Dieser
Aspekt wird in bestehenden Darstellungen zum Theoriefeld des
Poststrukturalismus zwar nicht ignoriert, soll im gegebenen Kontext
aber stärker akzentuiert werden als es dort gemeinhin der Fall ist
(vgl. z.B. Culler 1988, Moi 1989, Zima 1994, Eagleton 1997). Literatur erscheint im Ansatz des strukturkritischen Denkens nicht als
Randgebiet, sekundäres System, Utopie, Gegenentwurf, Devianz,
nein: sie erscheint als eine fundamentale Formation. In einem Essay
des Jahrs 1968 wird ausdrücklich gefordert, dass die poetische Sprache aus dem Winkel der Marginalität herauszuführen sei, in die ein
legalistisch geprägtes Denken sie gedrängt habe (Houdebine 1968,
insb. 274).

Literatur, so will diese Einführung zeigen, ist in nachstruktureler
Perspektive die intrikate Entfaltung dessen, was sie dem Namen
nach eh schon ist – graphisches Artefaktum, Sprach- und Buchsta-
benkunst. Zur Vorgeschichte dieser Auffassung zählen die poetologischen Reflexionen Stéphane Mallarmés, der um 1892 verlangt hatte:
»Das Buch, totale Expansion des Buchstabens, muß direkt aus ihm
eine Beweglichkeit beziehen und räumlich, durch Entsprechungen,
ein Spiel einführen, wer weiß, das die Fiktion bestätigt« (in: Dichtungen, 502). Weil das literarische »Spiel« den Prozess der Sprache
gewissermaßen an der Wurzel trifft, wird ihm das Vermögen zuge-
schrieben, das Gedächtnis für das verdrängte Unliebsame der allgemeineren Wissensdiskurse zu sein. Um diesen Minimalkonsens ist
der poststrukturalistische Ansatz organisiert. Seiner Anspruchshöhe
nach ist er der idealistischen Ästhetik des 18. Jahrhunderts und ihren Folge- und Kontrabewegungen durchaus vergleichbar. Doch
läuft er jenen Traditionen auch zuwider, wenn er sie nicht gar zu
überbieten sucht. Denn Literatur wird der gesellschaftlichen Welt
nun nicht mehr als entgegengesetzt gedacht, auch nicht in der Gestalt einer negativen Utopie. Literatur steht vielmehr mitten in der
Welt, nicht in politischer Hinsicht zwar und auch nicht qua sozialem Ansehen, wohl aber weil sie aus dem kommunikativen Kernma-
terial ›Sprache‹ gemacht ist. Aus dieser elementaren Ressource vermag sie Formen einer sprachlichen Sublimität zu schöpfen, denen
die hier verhandelte Theorieposition auf den Grund zu kommen
sucht.

I. Historischer Teil: Nach dem Strukturalismus

1. Der Begriffshorizont

1.1 Die strukturalistische Bewegung

'Struktur‹ gründet in dem lateinischen Verb ›struere‹, aufbauen, ordnen. Diese Semantik ist von unmittelbarer historischer Relevanz. Denn auf der Idee geordneter Beziehungen fußt das analytische Denken, das zwischen 1930 und 1960 in der Sprach- und Literaturwissenschaft, der Ethnologie und der Psychologie in Europa, Russland und Amerika zur Blüte kam. Sein Name ist ›Strukturalismus‹.

Der europäische Strukturalismus wird in der Regel nach drei Schulen unterschieden und mit den Städtenamen Prag, Kopenhagen und Paris verknüpft. Im Unterschied zu den historisch-vergleichenden Sprachwissenschaften des 19. Jahrhunderts schreiben die Vertreter der strukturalen Analyse das Denken in Regel- und Systembegriffen auf ihre Fahnen. Als Geburtsdatum des modernen Strukturbegriffs kann das Jahr 1926, Gründungsdatum des Prager Linguistenkreises gelten. Diesem Kreis gehörten zeitweise auch die beiden russischen Emigranten Nikolai Trubetzkoy und Roman Jakobson an. Im Rückgriff auf die Arbeiten Ferdinand de Saussures baute Trubetzkoy das linguistische Teilgebiet der Phonologie auf, das Jakobson weiterentwickelte und zur Keimzelle des strukturalistischen Paradigmas erhob. Die Modellfunktion der Linguistik für andere Wissenschaftsgebiete ist aus diesem Ansatz ableitbar (zur strukturalen Linguistik vgl. Lingrün 1974; zum modernen Strukturbegriff Naumann 1973).

Für die Literaturtheorie ist der Prager Strukturalismus aus einem weiteren Grund bedeutsam. Seine Vertreter, darunter der auch im deutschsprachigen Raum relativ bekannte Jan Mukařovský, waren bemüht, die Immanenz des Strukturmodells zu überwinden, indem sie die Frage nach der soziologischen Funktion verstärkten. Was ist Funktion? Sie ist durch die »Fähigkeit, etwas Anderes zu beeinflussen, die Fähigkeit zu wirken gekennzeichnet« (so Chvatík 1981, 87). Texte konnten aus ihrer ästhetischen Immanenz gelöst und auf breitere Kommunikationskontexte hin geöffnet werden. Von dieser Öffnung hat der Literaturtheoretiker und Vertreter der russischen Kultursemiotik Jurij M. Lotman profitiert, und die deutsche Rezeptionsästhetik der 70er Jahre hat von dort wichtige Impulse empfangen (vgl. Mukařovský 1989; Lotman 1973 u. 1974; Iser 1974; Warning 1975).

Nach dem Zweiten Weltkrieg griffen die Ideen der strukturalen Linguistik auf weitere Wissensgebiete über, während zugleich der französische Sprachbereich tonangebend wurde. Grundlegend neue Einsichten wurden dort nicht entwickelt, wohl neue Konsequenzen aus den bekannten gezogen.»›Dasselbe anders‹ – das wäre ein zutreffendes Motto für die rekapitulative Tätigkeit des Pariser Strukturalismus« (so Broekman 1971, 106). Indessen gibt es auch skeptischere Stimmen. So ist etwa vorgebracht worden, dass die Erzähltheorie von Roland Barthes teils hinter den Prager Ansatz zurückfalle, weil sie des Merkmals des Normbruchs entbehre, das dort eine große Rolle spiele (Fietz 1992, 70). Denkt man das Argument zu Ende, büßt die nachstrukturale Kritik am Strukturalismus einen Teil ihres radikalen Anspruchs ein. Sie würde einem begrenzten, da vorwiegend innerfranzösischen Gegenspieler gegolten haben.

Das Fundament des französischen Strukturalismus sind die Mythendeutung und die Anthropologie von Claude Lévi-Strauss (geb. 1908). Die *Anthropologie structurale* (1958) enthält Schriften, die der Autor in den 40er bis 50er Jahren verfasste. Lévi-Strauss berief sich auf die Phonologie und entnahm ihr Leitformeln und Arbeitstechniken, die großen Widerhall fanden. In den 60er Jahren erschien kaum ein Werk, in dem nicht das Wort ›struktural‹ an prominenter Stelle stand. Beispiele sind die strukturale Semantik von A.J. Greimas (1966), die strukturale Psychologie Jean Piagets (1959), die strukturalen Marx-Lektüren Louis Althussers (1965; 1966), das strukturale Literaturseminar von Barthes (1970), die strukturale Erzählpoetik von Genette, Bremond, Todorov. Ein historisches Dokument ist aus heutiger Sicht die Analyse von Baudelaires Gedicht »Les Chats« , die Jakobson und Lévi-Strauss 1962 vorlegten. Der Text deutet ungewollt an, wo die strukturorientierte Literaturmethode an ihre Grenze stößt: Formale Äquivalenzen werden mangels historischer Einsicht »bedenkenlos semantisiert« (so Posner 1972, 223; zu Erzähltheorie, Methodologie und Paradigmatik vgl. Broekman 1971, Schiwy 1971, Blumensath 1972, Strohmaier 1977, Fietz 1992).

So überwältigend ihr Erfolg, kann der strukturalistischen Bewegung eine absolute Originalität doch nicht nachgesagt werden. In literaturästhetischer Hinsicht ging ihr der russische Formalismus der 20er Jahre mit den Zentren Moskau und St. Petersburg voran und ihre sprachphilosophischen Wurzeln führen ins 18. und 19. Jahrhundert und auf die Schriften Hamanns, Herders, Humboldts und Schleiermachers zurück. Dennoch hat sich der Strukturalismus nicht zu Unrecht als methodologische Revolution begriffen. Claude Lévi-Strauss hob den anti-naturalistischen Charakter seiner Arbeit hervor, in der kein Objekt so untersucht werde, als sei es empirisch direkt zugänglich oder aus einer Wesensanlage verstehbar (Anthropologie, 67; 106). Mit dem Strukturalismus wurde eine Höhe des methodischen Denkens erreicht, wie sie sonst den Naturwissenschaften vorbehalten zu sein schien. Nicht um plane Theorie ging es, sondern um eine Analyse, die sich statt auf die Sache selbst auf ein Modell ihrer Strukturen stützt.

In der geisteswissenschaftlichen Hermeneutik der 60er Jahre wurde gewiss ebenso wenig ein Gegenstand, beispielsweise Literatur, umstandslos als gegeben gesetzt. Der Philosoph Hans-Georg Gadamer (geb. 1900) maß der Sprachlichkeit der Welterfahrung eine vorgängige Bedeutung zu und plädierte dafür, die Rolle der Traditionen, konkret den wirkungsgeschichtlichen Zusammenhang zu befragen, in den die Fragenden selber eingebunden seien. Die Orientierung an einem wissenschaftlichen Methodendenken jedoch wies Gadamer, darin seinem Lehrer Heidegger treu, als »Szientifismus« zurück.

1.2 Poststrukturalismus als Kritik des Strukturalismus

In den letzten Jahrzehnten des 20. Jahrhunderts hat die Strukturanalyse das Los aller Wissenschaft ereilt: Sie hat Patina angesetzt. Der Strukturalismus ist historisch kartographiert und in der vollen Breite seiner Einflussgebiete sichtbar gemacht geworden. Dabei zeigt sich, dass er ungeachtet der Vielzahl seiner geographischen und gedanklichen Provinzen zumindest für Europa relativ klar eingrenzbar ist (zum europäischen Strukturalismus vgl. Albrecht 1988).

Was heißt dagegen nun Poststrukturalismus? In dem Wort ›Post‹ ist ein doppelter Anspruch enthalten. Es verweist auf die temporale *und* die qualitative Ablösung des Strukturalismus durch eine Nachfolgebewegung, wonach diese das wäre, was epochal nach dem Strukturalismus gekommen wäre und dessen Erkenntnisse hinter sich gelassen habe. So einfach ist es aber nicht. Der Poststrukturalismus kam Mitte der 60er Jahre in Frankreich und also im Herzen des jüngeren Strukturalismus auf, dessen Glanz noch keineswegs erloschen war. Überdies beruhen die Arbeiten der Strukturalisten auf so starken Axiomen, dass von einer simplen Ablösung nicht gesprochen werden kann. Mit den »Gesetzen« (Trubetzkoy) der Phonologie hatten die Linguisten nachgerade die Weltformel entdeckt. Was ließ sich anhand der Oppositionsbeziehungen im Lautsystem etwa *nicht* beschreiben? Nichts weniger als die Struktur der gesellschaftlichen Ordnung, so schien es. Der Lehrsatz über die gleichförmige Anordbarkeit der Strukturen gestattete es, den, wie Lévi-Strauss sagt, »gemeinsamen Zug« eines Systems zu finden. Von ihm her konnten dann unterschiedliche Systemarten typologisch verklammert werden. Am Ende der Kette stand die Einsicht: »Das Verwandtschaftssystem ist eine Sprache« (Lévi-Strauss: Anthropologie, 63; 226).

Die Grenze zwischen Strukturalismus und Poststrukturalismus ist fließend. Teils befindet sich der Poststrukturalismus dem Vorgänger gegenüber in einem Verhältnis der Distanz, das nicht so sehr einzelne Probleme als die Grundlinien des strukturlogischen Denkens betrifft. Mit Distanz belegt wird just das, was den Strukturalismus groß gemacht hat, eben der Rekurs auf Analogie und Homologie, Isotopie, Isomorphie, Parallelismus und Äquivalenz. Die nachstrukturale Optik leugnet die Möglichkeit der Gleichsetzung nicht, erinnert aber an die kaschierten Differenzen. Die Insistenz auf dem was different *bleibt*, rührt an das Dilemma der Strukturalisten, dass »eine natürliche obere Grenze für die Hierarchie von Äquivalenzklassen nicht angebbar ist« (Wunderlich 1973, 391).

Andernteils befindet sich der Poststrukturalismus in der Rolle des Erben und Nachlassverwalters. Er begründet streng genommen kein eigenes Studierfeld. Sein Feld ist zunächst der Strukturalismus selbst, dessen Schlüsselbegriffe er zu transzendieren beansprucht. Poststrukturalismus ist Kritik des Strukturalismus, wobei die kritische Absicht weniger auf Verwerfung denn auf Umgestaltung des gedanklichen Erbes zielt. So gesehen wäre es nicht falsch, von Poststrukturalismus als einem *second structuralism,* einen Strukturalismus höherer oder besser tiefer gesetzter Stufe zu reden. Fragt ein Strukturalist, wie ein Text funktioniert, wollen die Poststrukturalisten wissen, wie er fundiert ist.

Die Kritik am Strukturalismus wurde von einigen seiner Vertreter mitgetragen. Roland Barthes zum Beispiel sprach um 1970 nicht mehr von »Struktur« , sondern suchte »eine mobile Strukturierung des Textes zu produzieren« (in: Abenteuer, 266). Qua Produkt hatte der Text hinter den Prozess zurückzutreten, dem er sein Dasein verdankt. Barthes führte das Wort »strukturalistische Tätigkeit« und die Rede vom »Simulacrum« (=Scheinbild) ein, mit dessen Hilfe die strukturelle Organisation des Werks gleichsam rückläufig aufgerollt werden sollte (Barthes 1996; dazu Flaschka 1976). Im Theoriefeld des Poststrukturalismus nimmt das »Simulacrum« einen wichtigen Platz ein. Es wird dort etwa als eine imitative Praxis definiert, für die es anders als in der antiken Poetik der Mimesis »kein Urbild mehr gibt« (so Derrida: Dissemination, 231; vgl. ebd. 328-331). Es ist mithin nicht leicht, jedes Mal exakt zu unterscheiden, welche gedankliche Neuerung von strukturalistischer und welche von poststrukturalistischer Seite kommt.

Mag es denn problematisch sein, von *dem* Strukturalismus zu sprechen, ist es geradezu vermessen, von *dem* Poststrukturalismus zu reden. Es gibt nicht die poststrukturalistische Theorie, schon gar nicht Literaturtheorie, in der unterstellten Einheitlichkeit des Begriffs. ›Poststrukturalismus‹ ist der Nenner für ein Denken, das gängige Territorien nach neuen Einsichten durchforstet. Als besonders lohnend haben sich dabei drei Wissensgebiete erwiesen, in denen die Sprache, ohne ein linguistisches Objekt im engeren Sinn zu sein, eine Leitfunktion erfüllt. Es sind Semiologie, Psychoanalyse und eine breit definierte Sprachphilosophie. Auf ihnen baut auf, was wir ›Poststrukturalismus‹ nennen. Die Kritik des sprachlichen Zeichens hat hier einen anerkannten Ausdruck gefunden.

In den Literaturwissenschaften haben sich seit den 70er Jahren gleichfalls begriffs- und verfahrenskritische Tendenzen herausgebildet, die unter dem Nenner ›Poststrukturalismus‹ vereinigt werden können. Das so Vereinigte ist tiefer zerspalten als es der klassische Strukturalismus war, und in dem Sinn träfe die Formel vom »glücklichen Betrug der Vereinigung« zu, die Hölderlin im »Grund zum Empedokles« gebraucht. Ob es je einen *klassischen* Poststrukturalismus geben wird, ist die Frage, falls der Begriff eines Tages nicht überhaupt ausgedient haben wird. Falsche Bescheidenheit wäre aber genauso wenig angebracht. Es fehlt den poststrukturalistischen Ansätzen nicht an programmatischen Kohärenzen, die nicht beliebig entstanden, sondern der Konfrontation mit einem starken Gegenüber entwachsen sind. Sie haben zu gravierenden Veränderungen des literaturtheoretischen Denkens seit den 60er Jahren geführt.

1.3 ›Poststrukturalismus‹ als erkenntnisleitende Konstruktion

Zwei Begriffsverwendungen bleiben festzuhalten. Wissenschaftsgeschichtlich gesehen ist ›Poststrukturalismus‹ ein Sammelname für eine Anzahl von Disziplinen, die durch die Kritik des strukturalen Paradigmas verbunden sind. Unter wissensmethodologischem Aspekt verweist das Wort sodann auf einen Denkansatz, der sich auf eine Reihe verwandter Kritikpunkte und alternativer Begriffsentwürfe stützt. In dem Fall hat der Begriff den Status einer erkenntnisleitenden Konstruktion. Mit seiner Hilfe können verschiedene zei-

chen- und repräsentationskritische Positionen in einen Zusammenhang gebracht werden, der ihre Vergleichbarkeit betont, ohne ihre
Diskrepanz zu verschleiern. Diese Konstruktion liegt auch dem systematischen Teil dieses Bandes zugrunde. (Eine Bemerkung zum
Wortgebrauch noch: Anstelle des Adjektivs ›poststrukturalistisch‹
wird im Text der Einführung meist die einfacher zu handhabende
Form ›poststruktural‹ benutzt).

Das Denken ›nach dem Strukturalismus‹ allein auf sein struktu-
ralistisches Gegenüber einzuschwören, ist nun allerdings weder
möglich, noch wäre es sinnvoll. Der Streit um die verdrängten Tiefenprozesse der Kommunikation wurde auch in der Auseinandersetzung mit der Interpretationslehre der Hermeneutik geführt, allerdings weniger explizit und weniger extensiv als gegenüber dem
Strukturalismus. Im Überblick gesehen hat die Theoriebewegung
seit den 60er Jahren eine Reihe von Wissensfeldern besetzt, in denen der Konstitutionsprozess der Bedeutung neu zur Diskussion gestellt wird. Zu jenen Feldern zählen, auswahlweise, die Phänomenologie Edmund Husserls, die Philosophie des absoluten Anderen von
Emmanuel Lévinas, die geschlechtskritische Lesart des Anderen bei
Simone de Beauvoir, die historisch-materialistische Dialektik des
Marxismus, die existentiale Verstehenslehre Heideggers, Gadamers
und Ricoeurs.

Bei einem so umfassenden Bezugsfeld konnte den strukturkritischen Autorinnen und Autoren die Anlehnung an einen Vorgänger
im Geiste nur willkommen sein. Kein Thema ihrer Schriften, das
nicht durch die sinnskeptische Philosophie Friedrich Nietzsches prä-
ludiert gewesen wäre, mag es Subjekt, Sprache, Zeichen, Körper,
Wahrheit, Wirklichkeit oder eben der Sinn sein. »Es gibt kein Ereignis
an sich« , so die historisch vorgängige Hypothese. »Was geschieht,
ist eine Gruppe von Erscheinungen, *ausgelesen* und zusammengefasst
von einem interpretierenden Wesen« (Nietzsche: Umwertung, 577).
Einen größeren Einfluss übte auf das nachstrukturale Denken allenfalls noch die Psychoanalyse Sigmund Freuds aus, die dem »interpretierenden Wesen« des Philosophen ein Unbewusstes samt der
Fähigkeit zur Verdrängung verlieh – um nur die zu nennen.

2. Zur Genese der poststrukturalen Position

2.1 Der Kontext '68

So schwierig es ist, die poststrukturale Position kategorial einzugrenzen, so einfach scheint es, die Koordinaten ihrer historischen Genese anzugeben. Der Poststrukturalismus ist ein Kind der zweiten Hälfte des 20. Jahrhunderts. Er wurde zur Zeit der Studentenrevolte im Mai 1968 in Paris geboren. Das Datum erklärt zu einem Teil die sinnskeptische Grundhaltung der Intellektuellen, die dem neuen Denkansatz zugeordnet werden können. Zu den sozialgeschichtlichen Motiven der Protestbewegung zählte die Erfahrung erster Rezessionen in den klassischen Industriezweigen der kapitalistisch organisierten westlichen Gesellschaften nach dem Zweiten Weltkrieg. Fortschritt, Wohlstand, Sekurität schienen keine selbstredenden Größen mehr zu sein. Der neuerliche Ausbruch von Kriegsgewalt, zuletzt in Vietnam, davor Algerien (1954-1962), früher Korea, vertiefte das Unbehagen an der Gesellschaft, wie sie sich nach 1945 entwickelt hatte. Die vergleichende biographische Forschung könnte zeigen, dass die dem Poststrukturalismus und seinem Vorfeld nahe stehenden Personen zwar keine Aktivisten im landläufigen Sinn, doch auch keine Bewohner des Elfenbeinturms sind. Sie waren oder sind im Lehrbereich tätig, haben sich auf vielfältige Weise sozial engagiert und in die öffentliche Debatte eingemischt.

Ein bewegteres Geburtsmilieu als ›1968‹ ist schwerlich vorstellbar. Die Stichworte lauten Ideologie und Wissenschaftskritik, Kampf gegen Militarismus und gefestigte Institutionen in Staat, Gesellschaft und Familie, die Forderung einer Sexualreform unter Berufung auf Reich, MacKinsey und Marcuse. Nicht zu vergessen die Heraufkunft einer ›zweiten‹ Frauenbewegung, die in zahlreichen Diskussionsgruppen eine Plattform fand. Keimstätte des Poststrukturalismus im engeren theoriebezogenen Sinn waren die Universitäten, Medienanstalten, Verlage und Redaktionen. 1968 wurde die Reformuniversität Vincennes gegründet, die ein Sammelbecken anti-bürgerlicher Proteste war. Die Literaturwissenschaftlerin und Autorin Hélène Cixous hielt dort Lehrveranstaltungen ab und rekrutierte Teilnehmerinnen für ihre Lektürezirkel, die der Suche nach der *écriture féminine* gewidmet waren. Jacques Lacan, der seit 1963 als Lehranalytiker nicht mehr zugelassen war und in Paris eine eigene Freud-Schule gegründet hatte, wählte wieder eine andere Rolle. Der neue Maitre zögerte nicht, den revoltierenden Studenten 1969 den Spiegel des Konservatismus bzw. die Suche nach einem Maitre vorzuhalten (»ce à quoi vous aspirez comme révolutionnaires, c'est à un maître«, L'envers, 239).

2.2   Programmatische Schriften

Die Manifeste der strukturkritischen Bewegung begannen um die
Mitte der 60er Jahre zu erscheinen. Von der *Anthropologie structurale*
(1958) als dem Grundbuch des französischen Strukturalismus sind
sie nur um wenige Jahre getrennt. Zunächst wäre Lacans Textsamm-
lung *Écrits* (1966) zu nennen, die aber größtenteils auf ältere Arbeiten zurückgeht und die Schwelle zwischen Strukturalismus und
Poststrukturalismus markiert. Es folgen Foucaults *Les mots et les cho-
ses* (1966), Derridas *De la grammatologie* (1967), Kristevas *Recherches
pour une sémanalyse* (1969) und die Literaturstudie *S/Z* von Roland
Barthes (1970). Die Welle der feministischen Buchpublikationen
setzte etwas später, um die Mitte der 70er Jahre ein. 1974 kam, als
wohl wichtigster Text dieser Art, das der verdrängten Differenz des
Weiblichen gewidmete Buch *Speculum de l'autre femme* von Luce
Irigaray heraus. Mit dem Topos vom doppelten Ort der Frau, dem
Postulat einer Durchquerung des Diskurses, der Deutung der Hyste-
rie als Protest und der Praxis einer mimetischen Schrift führte die
Autorin wirkungsmächtige Strategeme in den modernen Feminismus ein.

Was die erwähnten Bücher bei aller Verschiedenheit verbindet,
ist die Kritik an Repräsentationsansprüchen im Namen des Diffe-
renten, Pluralen, Alteritären. Auf Seiten der sozialen Bewegungen
lauteten die Parolen eher ›anti-autoritär‹ oder ›emanzipatorisch‹. Das
Differenzdenken stand nicht im Widerspruch dazu, suchte aber
gleichsam ›hinter‹ die soziologisch beschreibbare Ebene zu kommen.
Mit der Repräsentationsfunktion der Sprache schien eine Art gemeinsamer Hauptfeind gefunden. Selbst Derridas augenscheinlich
so abstrakter »différance«-Text (1968) macht die Stoßrichtung klar.
Der Spaltungseffekt der Schrift wird gegen die Autorität des Bewusstseins geführt: »La mise en question de l'autorité de la consci-
ence est toujours différentiale« (in: Tel Quel, Ensemble, 57). Der
politische Einfluss des repräsentationskritischen Denkens freilich ist
zweifelhaft. Der Literaturtheoretiker Terry Eagleton formuliert es
unverbrämt so: »Unfähig, die Strukturen der staatlichen Macht zu
brechen, stieß der Poststrukturalismus auf die Möglichkeit, statt
dessen die Strukturen der Sprache zu untergraben« (Eagleton 1997,
127).

Ein Brennglas des intellektuellen Protests und richtungweisend
in Sachen Literaturtheorie war die Zeitschrift *Tel Quel*, um die sich
die ›Groupe d'études théoriques‹ geschart hatte. Die Zeitschrift erschien von 1960 bis 1983 in Paris. Der Redaktion gehörten mehrere
Personen, von 1970 bis 1983 auch Julia Kristeva an. Angegliedert

war die von dem Schriftsteller Philippe Sollers betreute Buchreihe *Collection ›Tel Quel‹*, in der Arbeiten von unter anderen Barthes, Genette, Derrida, Kristeva, Macciocchi und Sollers selbst publiziert wurden. Das Interesse der Gruppe richtete sich auf Autoren der europäischen Avantgarde wie Mallarmé, Artaud, Bataille, später auch Joyce und Beckett.

1965 erschien unter dem Titel *Théorie de la littérature* ein Sammelband mit von Tzvetan Todorov übersetzten Texten der russischen Formalisten. Bis zu diesem Datum war der *Tel Quel*-Kreis den Ideen einer strukturalistischen Wissenschaft zugeneigt. Danach trat eine Kursänderung ein, die die Abwendung von der Kommunistischen Partei Frankreichs und eine kurzfristige Hinwendung zur maoistischen Bewegung in China mit einschloß. Ziel der Gruppe war es fortan, zu einer ›Ent-Bourgeoisierung‹ der sozialen Kommunikationssysteme beizutragen. Es galt eine Politik zu fördern, die auf dem Dynamismus einer nicht-repräsentativen Schrift beruhte. Mit diesen Worten umschrieb Sollers das Projekt im Vorwort zu dem Band *Théorie d'ensemble*, der termingerecht im Epochenjahr 1968 von der Presse kam. (Der Band ist in einer deutschen Teilübersetzung erschienen, vgl. Sautermeister 1971; zur Geschichte von *Tel Quel* vgl. French 1995; zur Texttheorie der Gruppe vermittelnd Brütting 1976, kritisch-polemisch Hempfer 1976; politische Bezüge bei Brandt 1997).

Der *Théorie d'ensemble*-Band von 1968 stellte mit die Weichen für das Denken ›nach dem Strukturalismus‹. Die Beiträge enthalten Reflexionen über Freud, Marx, Sade, Lenin, daneben wird ein starker Akzent auf sprach- und literaturtheoretische Fragen gelegt. Zwei der Texte konnten schon bald als Programmschriften der poststrukturalen Bewegung gewertet werden. Es sind der philosophiekritische Aufsatz »la différance« von Jacques Derrida (s. Kap. II.3.5) und die wissenschaftskritische Studie »La sémiologie: science critique et/ou critique de la science« (s. Kap. III.2.3) von Julia Kristeva. Die Texte arbeiten mit Formeln, die die weitere Theoriediskussion prägen sollten. Die metaphysische Tradition des Denkens, Strukturalismus inklusive, wird zurückgewiesen, da sie die Aufmerksamkeit auf Seiendes fixiere und die basalen generativen Prozesse missachte. Gemäß der alternativen Sicht sollten Texte nicht als Produkt der Warenökonomie, sondern als ›écriture‹ und ›productivité‹, als Produktionsprozesse gelesen werden, die durch die Gesetze des Marktkapitalismus verdrängt würden.

Es bleibt ein zweiter Sammelband zu erwähnen, der die Situation ›nach dem Strukturalismus‹ bereits zu dessen Amtszeit thematisiert hat. Er ist gleichfalls 1968 und wieder in Paris, diesmal allerdings im Verlag ›Éditions du Seuil‹ veröffentlicht worden. Sein Titel ist eine Frage: *Qu'est-ce que le structuralisme?* Auf deutsch kam das Buch 1973 als *Einführung in den Strukturalismus* heraus. Strukturalisten der ›zweiten Generation‹ reflektieren darin über Linguistik, Anthropologie, Psychoanalyse, Poetik. Der Herausgeber François Wahl zieht in einem Schlussessay eine kritische Bilanz zu »Strukturalismus und Philosophie« .

Wahls Essay mutet überraschend frisch an; vieles könnte auch dreißig Jahre später gesagt sein. Um die Grenze »diesseits und jenseits des Strukturalismus« anzugeben, benutzt der Verfasser das – damals allerdings notorische – Kriterium der Subversion. Es ist auf die Strukturen der wissenschaftlichen Rede gemünzt, die der Strukturalismus zu schnell abgeschlossen habe. Dessen Desinteresse für die Frage der Schrift lasse vermuten, dass »eine Verdrängung vorliegt«. Verdrängt werde jenes Moment in einem Textzusammenhang, »das der Einschreibung vorausgeht (oder sich von ihr befreit hat)« (Wahl 1973, 421). Die Arbeiten Foucaults fallen auf das Terrain des Strukturalismus, da sie dem Anschauungsbegriff der Phänomenologie verpflichtet seien. Mit Lacans Theorie des Mangels beginne sodann die Subversion des Strukturalismus, die Derridas *Grammatologie* fürs erste vollendet habe. ›Jenseits‹ des Strukturalismus bedeute sodann »Erschütterung jenes Systems von *Privilegien,* auf dem eine ganze Denktradition ruht – System von Gegensätzen, deren einem Glied jedesmal die Bedingungen des Denkbaren angerechnet wurden, während das andere in das formlose Anderswo des Undenkbaren verworfen wurde« (ebd., 449).

Mit der Distanzierung vom »System von Gegensätzen« spricht der Verfasser eine Leitfigur, wenn nicht gar das Credo der poststrukturalen Bewegung an. Der in das »formlose Anderswo des Undenkbaren« verworfene jeweilige »andere« Teil der Gegensatzordnung drängte gleichsam mit Macht darauf, rehabilitiert zu werden. In der Literaturtheorie manifestierte sich das als Ringen um die reale Buchstäblichkeit des Werks, in der Philosophie als Erkundung der Sprachbewegung vor dem Sein, in der feministischen Debatte als Streit um den Subjektstatus von Frauen. Und es manifestiert sich eben auch daran, dass die Frage, ›was der Strukturalismus sei‹, Ende der 60er Jahre schon nicht mehr ohne eine Infragestellung des untersuchten Objekts vorgebracht werden konnte.

3. Aspekte der deutschsprachigen Rezeption

3.1 Eine verspätete Kenntnisnahme

Über die Rezeption des Poststrukturalismus im deutschsprachigen Raum liegen noch keine detaillierten Forschungen vor, so dass der Aufweis einiger markanter Aspekte genügen muss. In der ersten Phase während der 70er Jahre ist der Poststrukturalismus weniger rezipiert denn verworfen worden, und zwar als eine Pariser Mode, die rasch vorübergehen würde. Die Kritik entsprach in etwa den Vorbehalten, die 1985 in dem Buch von Luc Ferry und Alain Renaut vorgetragen wurden. Es kam 1987 unter dem Titel *Antihumanistisches Denken* auf deutsch heraus. Die Anklage lautete auf mangelnde Originalität und latente Vernunftfeindlichkeit, was mit der Vorliebe der Franzosen für deutsche Geistesgrößen wie Nietzsche und Heidegger assoziiert wurde. Wie als ein ironisches Echo darauf erschien 1987 ein Essayband unter der Redaktion von Werner Hamacher mit dem Titel *Nietzsche aus Frankreich*. Ferner wurden Sackgassen der Argumentation, eine antihumane Einstellung und die Zerstörung des Subjekts beklagt. Ähnliche Sätze hatten ein Jahrzehnt zuvor den Strukturalismus getroffen.

Anders als die Publikationen der Strukturalisten galten die Schriften ihrer Nachfolger als extrem hermetisch. Die Kritik erinnert von fern an die Kontroverse um den Schreibstil des Philosophen Johann Georg Hamann (1730-1788), den Hegel zwar nicht, Goethe aber immerhin zu würdigen wusste. Auf eine umfassende Textkenntnis vermochte sich die Kritik am Sprachgestus der französischen Autorinnen und Autoren zunächst wohl kaum zu stützen. Zwischen 1970 und 1980 lagen erst wenige, teils auszugsweise oder in Essaybänden verstreut publizierte Arbeiten vor (vgl. z.B. Sautermeister 1971; Gallas 1972; Zima 1977). An deutschen Übersetzungen mangelte es noch, hinzu kommt die mitunter verwickelte Editionsgeschichte der Texte in Frankreich. In Kristevas Buch *Die Revolution der poetischen Sprache* (1978) sind die minutiösen Literaturanalysen des Originals von 1974 nicht enthalten; übersetzt wurde lediglich ein Drittel des Werks. Jacques Lacan wurde in Deutschland durch eine Auswahl aus den *Écrits* bekannt, die 1975 bei Suhrkamp (zwei Jahre zuvor im Olten-Verlag) unter dem Titel *Schriften 1* erschien. Nähere Einblicke in seine Arbeit wurden erst möglich, als der Quadriga-Verlag in den 80er Jahren die Seminar-Transkriptionen zu edieren begann. Diese Texte waren vorher nicht einmal in der Originalsprache allgemein verfügbar, ein Teil ist es bis heute nicht.

Jacques Derrida erging es insoweit besser, als 1974 mit der *Grammatologie* ein Hauptwerk in ungekürzter Übertragung vorlag. Das Buch erschien wie die zuvor genannten im Suhrkamp-Verlag, der neben Ullstein und Merve um die Einführung der neuen Theorien bemüht war. Suhrkamp brachte 1980 auch die *Speculum*-Schrift von Luce Irigaray heraus. In den 80er Jahren übernahm die Edition Passagen eine Rolle in der deutschsprachigen Poststrukturalismus-Rezeption. Hier kamen 1995 Derridas literaturtheoretische Essays heraus, die 1972 unter Titel *La dissémination* versammelt worden waren. Dass die Herkulesarbeit der Übersetzung dieses ›Brockens‹ 14 Jahre zuvor in den USA geleistet wurde, zeigt an, dass Derrida dort, wie in einem vergleichbaren Maß nur noch sein geistiger Antipode Foucault, regen akademischen Zuspruch fand. Die Hauptwerke Foucaults sind ebenfalls relativ früh, nämlich seit Ende der 60er Jahre, auf deutsch erschienen. Was die Schriften Julia Kristevas angeht, so sind sie in den 80er Jahren in den USA unvergleichlich breiter diskutiert worden als im deutschen Sprachraum. Die Rezeption der Autorin ist hier die meiste Zeit auf ihre frühen Beiträge zur Geschlechterfrage sowie ihr *Revolutions*-Buch beschränkt geblieben.

Das ›Theorie-Französisch‹ der 60er bis 70er Jahre entspricht nicht immer vertrauten akademischen Maßstäben. Daraus ergeben sich Verständnis- und Übersetzungsprobleme, die den Zugang zu den Texten zusätzlich erschwerten. Zwei aus dem Kontext herausgelöste Zitate mögen das Problem schlaglichtartig erhellen. »- verzeihen Sie mir dies Gleiten von Schrieb (=écrit, J.B.) in mein Sprechen -« (Lacan: Encore, 45). Dass ein Redner, der so spricht, seine Hörer um verzeihende Nachsicht bitten muss, scheint nicht ganz abwegig zu sein. Doch wie weit ist es Lacan, wie weit die Übersetzung, was hier Schwierigkeiten macht? Und: »Was würde passieren« , sinniert Derrida in deutscher Übertragung, »wenn man demonstrierte, daß Sinn, zufolge Lacan, den Brief, er, begnügt sich nicht, davon zu haben einen, und einen allein? Wir sind noch nicht da« (Derrida: Facteur, 196). Wahrlich, wir sind noch nicht da. Als vermittelnde Einsicht ist vorgebracht worden, dass es verfehlt wäre, die Schreibweisen Lacans und Derridas als »Manierismus« zu begreifen. Es handle sich vielmehr um »Versuche, *die stringenten Regeln des Signifikantenspiels* auch zum Gesetz des eigenen Schreibens zu machen« (Weber 1986, 109). Strittig bleibt dennoch, ob dies, oder was überhaupt, die ›stringenten Regeln des Signifikantenspiels‹ sind.

1986 kam ein Kursbuch über die Frage *Sprachlose Intelligenz?* heraus. Darin wird nicht allein der Jargon der französischen Theorietexte, es wird auch und mehr noch deren gedankenlose Nachahmung durch Publizisten und Vertreter der Universitätswissenschaft kritisiert. Was in dem Zusammenhang als um sich greifende »Frankolatrie« (Laermann, ebd.) angeprangert wurde, lässt sich ebenso gut als das Symptom einer verweigerten allgemeineren und genaueren Kenntnisnahme der Theorien deuten. Das Abgewiesene rächte sich für seine Zurücksetzung, indem es desto üppiger im Winkel blühte. »In einigen Provinzen des chronisch verspäteten Deutschland allerdings hat das Reich der Zeichen eben erst zu prosperieren begonnen« (Baier 1986, 32). Als die deutsche Provinztümelei allmählich nachließ und die Theorien breiteren Eingang fanden, ließen auch die sich als rhetorische Exaltation oder intellektuelle Enthaltsamkeit manifestierenden Effekte einer verspäteten Rezeption nach.

Stärkster Hemmfaktor der Rezeption dürfte die Situation der westdeutschen Germanistik in den beiden Jahrzehnten nach dem zweiten Weltkrieg gewesen sein. Bis in die 70er Jahre war die Theoriediskussion von der These der Werkimmanenz, den Fragen des philosophischen Idealismus und dem Spannungsfeld ›von Goethe bis Hegel‹ beherrscht. »Veränderungen des Literaturbegriffs« bildeten sich erst im Zuge der sozialkritischen Bewegungen heraus (vgl. die Studien von Jurgensen 1973, Kreuzer 1975, Zutshi 1981, Gärtner 1997). Dass die in Frankreich entwickelte Kritik an Strukturalismus und Hermeneutik ihrerseits nicht aus dem Nichts kam, sondern in einem Feld von Alternativen und Rivalitäten erwuchs, blieb vorerst verborgen. Zu jenem Feld zählten etwa, den literarischen Strukturalismus einmal ungerechnet, die symbolanalytische Hermeneutik Paul Ricoeurs (*Le conflit des interprétations*, 1969), die Literatursoziologie Lucien Goldmanns (*Pour une sociologie du roman*, 1964), die Phänomenologie der Leiblichkeit Maurice Merleau-Pontys (*Phénoménologie de la Perception*, 1945), und andere mehr. Mit dem existentialistischen Übervater Jean-Paul Sartre hatten im Prinzip schon die Strukturalisten ›abgerechnet‹ (und umgekehrt).

3.2 Postmoderne, Kultur und Konstruktivismus

Gelegentlich wissen sich Moden zu behaupten, und eines Tages sind sie ein Teil der Alltagsgarderobe, mag sein mit abgeblasstem oder verändertem Etikett. Was in den 70er Jahren pauschal dem Sammelwort ›Poststrukturalismus‹ zugeschlagen wurde, hat sich in den folgenden Jahrzehnten unter dem Namen der einzelnen Wissensrichtungen näherhin ausdifferenziert. Im publizistisch-akademischen Diskurs der 90er Jahre ist mehr von den Spielarten der Dekonstruktion, von Kristevas Semiotik oder Lacanscher Psychoanalyse als von Poststrukturalismus die Rede. Ausnahmen bestätigen die Regel, wie ein als »Poststrukturalistische Lektüre« (Hiebel 1993) titulierter Aufsatz zu Kafka belegt.

In anderer Weise blieb der pauschale Gebrauch des Poststrukturalismus-Begriffs jedoch auch erhalten. Teils nämlich wurde das Wort *nicht* auf einen der drei oder vier Grundansätze rückbezogen, statt dessen wurden diese zu einer Art Gesamtpoststrukturalismus verrührt. Einzelne Brocken tauchten später unter dem Terminus ›postmodern‹ wieder auf, der in der nordamerikanischen Soziologie-Debatte der 70er Jahre aufgekommen war. Die Debatte gipfelte in der kulturdiagnostischen These, dass die universell verbindlichen Leitwerte des Abendlands einschließlich des Vernunftanspruchs der Aufklärung an ihr Ende gekommen seien. In einem von Nietzsche beeinflussten und teils auch von Feministinnen begrüßten Gestus sollte dies Ende bejaht und angenommen werden.

Eine engere Schnittstelle zwischen dem Kulturbegriff ›Postmoderne‹ und den Sprachtheoremen der Poststrukturalisten gibt die These vom ›Ende der großen Erzählungen‹ an. Der französische Sozialphilosoph Jean-François Lyotard (1924-1998) hatte sie in seinem Buch *Das postmoderne Wissen* (1986; *La condition postmoderne*, 1979) aufgestellt. Demzufolge werden die epochalen Legitimierungen des Wissens zunehmend durch pragmatische Handlungen, instabile Identitäten und eine Kultur des Dissenses ersetzt. Freilich argumentiert Lyotard vornehmlich auf der Ebene von Deutung, Sprachspiel und Diskurs, weniger auf der des Textes und seiner elementaren Signifikanten. Eine ähnliche Rangfolge ist den Versuchen abzulesen, eine »postmoderne Literaturtheorie« (Renner 1994) oder »postmoderne Ästhetik« (Jauß 1989) zu etablieren (zum Thema Postmoderne allgemein vgl. Bürger 1987, Georg-Lauer 1992, Scheer 1992, Berger/Moser 1994, Zima 1997; zu Postmoderne-Poststrukturalismus Hempfer 1992; zum Feminismus Benhabib 1993, Ecker 1993; zur Literatur Kreutzer 1989, Lützeler 1991; zu Derrida und Lyotard Engelmann 1994; Grundlagentexte bei Welsch 1988).

Zeitlich parallel zu der Debatte um die Postmoderne traten zwei neue wissenschaftliche Hauptrichtungen in Erscheinung. Sie knüpfen teils an die poststrukturalen Positionen an und setzen teils Gegenakzente, während allen die Abkehr von einem positivistischen Wissenschaftsparadigma gemeinsam ist. Auch hierzu einige allgemeine Stichworte.

Die erste Richtung kann um den Begriff der Kultur zentriert werden. Nachdem ›Kultur‹ in Deutschland lange Zeit als Gegenbegriff zu ›Zivilisation‹ gedient hatte, soll sie nun die Entmachtung des Geistbegriffs mit vorantreiben. Das verbindet sie mit der Ideologiekritik der 60er Jahre, deren marxistische Folie sie aber nicht übernimmt. Die kulturwissenschaftlichen Studien nach us-amerikanischem Beispiel greifen oft auf die pragmatischen Semiotiken von Peirce, Morris, Umberto Eco zurück. Statt um isolierte Ereignisse kreist die Forschung um die kulturtypologischen Raster, mittels derer sie kommuniziert werden (vgl. z.B. Böhme/Scherpe 1996; Hansen 1995). Als eine Strömung für sich trat der ›New Historicism‹ hervor, zu dessen Postulaten der Satz gehört, dass die Historizitätsvorstellung Foucaults mit dem Textualitätskonzept Derridas vereinbart werden müsse. »Wenn der Poststrukturalismus die Umstellung von temporalen, linearen Strukturen auf spatiale, netzartige Ordnungsmuster bedeutet, dann muß ein neuer Historismus diesen Paradigmenwechsel auf *die* Metanarration der Moderne schlechthin anwenden – auf die Geschichte selbst« (Baßler 1995, 12; vgl. Greenblatt 1985 u. 1990; Schmidt-Haberkamp 1995).

Die zweite Richtung ist am Begriff der Konstruktion orientiert, weist Verbindungen zur ersten sowie zum Arbeitsgebiet der Diskurswissenschaften auf und ist von entsprechender Diversität. Sie umfasst, um nur einige Namen zu nennen, die System- und Medientheorie Niklas Luhmanns, die gesellschaftskritischen Ansätze von Marshall McLuhan, Walter Benjamin und Bertolt Brecht sowie das Modell der sozialen Kommunikation und Tiefenhermeneutik von Jürgen Habermas. Hinzu kommen die verschiedenen, auf eine Mischung aus Kybernetik, Hirnforschung und Psychologie gestützten Spielarten des Konstruktivismus.

Die konstruktivistischen Ansätze streben danach, die Immanenz der Systeme auf ein Feld von internen und externen Wechselbeziehungen zu öffnen. Dabei werden entweder Gegengewichte zu der zeichenlogischen Matrix der Strukturalisten und Poststrukturalisten gesetzt, oder diese wird noch um einen Grad abstrakter gefasst als dort. Im ersten Fall kehrt die anthropologische Ausrichtung von Hermeneutik und phänomenologischer Bedeutungslehre in neuen Problemstellungen wieder, im zweiten Fall wird das von den Poststrukturalisten problematisierte Subjekt-Objekt-Schema nahezu ganz durch funktionale Relationen ersetzt. Anonyme Systemteilnehmer, neurologische Funktionen, konstruierende Rezipienten und Beobachter erster bis zweiter Ordnung treten an die Stelle dessen, was Roland Barthes in *Die Lust am Text* (dt. 1974) das »Subjekt des Textes« genannt hat. Die Suche der Konstruktivisten nach objektiv determinierbaren Gegenständen spannt den Bogen »Vom Text zum Literatursystem« (Schmidt 1992b). Für andere Vertreter des literarischen Konstruktivismus ist oder bleibt es der Faktor der subjektiven Rezeption, der zählt: »Der ›Text‹ gibt allenfalls Impulse, aber die Dynamik der Antwort, die der Leser in Gang zu bringen hat, ist in ihrer jeweiligen konkreten Art und Weise von diesem Leser (und seinen sozialen Rücksichten natürlich) bestimmt« (Scheffer 1993, 146). – (Zum literaturwissenschaftlichen Konstruktivismus vgl. Fohrmann/Müller 1988 u. 1996; Schmidt 1987; 1992b; 1993. Eine spezifische Weiterentwicklung poststrukturaler Positionen zeichnet sich dort ab, wo das Konzept der Intertextualität z.B. auf die Frage der Intermedialität hin erweitert wird, vgl. etwa Hellig 1998. Seit Mitte der 90er Jahre werden auch Brückenschläge zwischen mehreren Richtungen erprobt. Ein Beispiel ist der Aufsatzband *Differenzen. Systemtheorie zwischen Dekonstruktion und Konstruktivismus*, de Berg/Prangel 1995).

3.3 Philosophische und feministische Poststrukturalismus-Rezeption

Bei der anfänglichen Verwerfung des Poststrukturalismus ist es nicht geblieben. Um 1980 trat eine Wende ein, die durch den Titel von Günter Schiwys Buch *Poststrukturalismus und ›Neue Philosophen‹* (1985) antizipiert wird. 1978 war das Werk in etwas anderer Version unter der Überschrift *Kulturrevolution und ›Neue Philosophen‹* erschienen. Sieben Jahre nach dem ersten Datum war es möglich, den »Poststrukturalismus« als Blickfänger dienen zu lassen.

Die Wende wurde durch Ansätze im Bereich der philosophischen und der feministischen Kulturkritik mit getragen. Als Vermittler der Philosophie tat sich insbesondere der Hermeneutiker Manfred Frank hervor, dem die Rolle umso besser gelang, als er als dezidierter Kritiker des Poststrukturalismus angetreten war. Frank suchte das Gegenwort »Neostrukturalismus« einzuführen, nicht zu unrecht, wenn denn dem Aspekt der sprachlichen Ästhetik der Vorrang gebühren soll. »Poststrukturalismus« und »poststrukturalistisch« sind wahre Zungenbrecher. Die Vorsilbe »Neo« droht den innovativen Anspruch der Bewegung jedoch zu schmälern und hat sich vielleicht deshalb nicht allgemein durchsetzen können.

Frank publizierte 1983 eine Vorlesungsreihe unter der Fragestellung *Was ist Neostrukturalismus?* Sie fiel so detailliert und textnah aus, dass sie eher zu einer Einführung in den Gegenstand als zu seiner Zurückweisung geriet. Zum Teil ist das aus Franks Beschäftigung mit der Sprachtheorie Friedrich Schleiermachers erklärbar. Diese Theorie erwies sich als überraschend modern, geradezu als Vorläuferin der nachstrukturalen Ideen. »Diese äußerste Ausdehnung der transzendentalen Wende auf den Bereich des Signifikanten überhaupt ist wesentlich die Leistung Friedrich Schleiermachers gewesen« (Frank 1977, 8). Der Poststrukturalismus musste es nun sein, denn eine Sprachtheorie, wie sie die Rede vom »Signifikanten« impliziert, ließ sich für den deutschen Wissenschaftsraum unmittelbar nicht benennen. Dafür konnte der Blick auf den Werkkontext Schleiermachers eine Tradition sichtbar machen, der sich die französischen Autorinnen und Autoren nicht immer so klar bewusst zu sein schienen. Es ist die Nähe ihres Denkens zu Formen vor- und frühromantischer Philosophie bei Hölderlin, Schlegel und Novalis (zu diesem Themenfeld vgl. Behler/Hörisch 1987; Bohn 1987; mit näheren Bezügen zu Derrida Schestag 1991).

Zu dem eingeforderten Gespräch zwischen den »zwei mächtigen Strömungen europäischer Philosophie« sprich Hermeneutik und Poststrukturalismus hat Frank auch direkter beigetragen. Im Frühjahr 1981 fand im Goethe-Institut in Paris ein intellektuell allerdings wenig ergiebiges Treffen zwischen Gadamer und Derrida statt, das von Frank moderiert wurde. Die Beiträge sind in einem Tagungsband (Forget 1984) nachzulesen. Frank befindet, dass die Gemeinsamkeit der beiden Strömungen in ihrer Kritik der Metaphysik, ihre Differenz hingegen im Verständnis von Gespräch liege. Gadamers Hermeneutik treffe der Einwand, dass sie infolge ihrer Nähe zum Kode-Modell von Sprache dazu neige, das Sinngeschehen auf einen in zwei Rollen verkleideten Monolog zu reduzieren. Derridas Idee eines entgrenzten Gesprächs hingegen beruhe auf der Unentscheidbarkeit der Sinnzuweisung und enthalte die Denkmöglichkeit eines nichtfixierbaren »Anderen seiner selbst« (Frank 1984, 191). Mit diesem Hinweis ist die Kritik der Poststrukturalisten berührt, wonach die Hermeneutik die Differenz des Anderen zwar behaupte, aber nicht tief genug denke. Wo die Hermeneutik das *Verstehen* des Anderen als das Verdrängte der Kommunikation begreife, wäre das *Sein* des Anderen vor der Verdrängung zu bewahren.

Der *feminist turn* des Wissensdiskurses lässt sich anhand dreier Ereignisse des Jahres 1976 vergegenwärtigen. Erstmals fand die Berliner Sommeruniversität für Frauen statt, es erschien mit aufsehenerregender Wirkung das Heft 108/109 der Zeitschrift *alternative*, das Ausschnitte aus Texten der ›neuen Franzosen und Französinnen‹ brachte; und im Merve-Verlag kam der schmale Textband *Waren, Körper, Sprache. Der ver-rückte Diskurs der Frauen* der französischen Philosophin Luce Irigaray heraus. Das Emanzipationsbegehren von Frauen wird darin anders als bisher, nämlich unter einer diskurskritischen Optik thematisiert. Eine der Übersetzerinnen des Bandes, Eva Meyer, trat später mit eigenen Publikationen hervor. Sprachtheorie, moderne Kybernetik und ein Konzept des Weiblichen als selbstbezügliche Kunstfigur sind darin experimentell vermischt. Ihr

Buch *Zählen und Erzählen. Für eine Semiotik des Weiblichen* (1983) fand ein interessiertes Publikum, vermochte eine breitere Resonanz aber nicht auszulösen (zu Meyer s. Kap. II.7 über den Autobiographie-Begriff).

In den 80er Jahren nahm eine Anzahl von Literaturwissenschaftlerinnen die poststrukturalistische Herausforderung an. Gisela Ecker legte 1985 eine Evaluierung unter dem Titel *Poststrukturalismus und feministische Wissenschaft* vor (vgl. Ecker 1988; Richter-Schröder 1992). Ohne Beachtung der erkenntnistheoretischen Grundlagen des französischen Poststrukturalismus, warnte die Verfasserin, sei eine differenzierte Kritik am Biologismus des gängigen Weiblichkeitskonzepts nicht zu führen. Zu der gewünschten Auseinandersetzung trugen zwei Einführungsbände bei, die zuerst in anderen Sprachen erschienen waren, was vielleicht wieder als Ausdruck der deutschen Rezeptionsverspätung eingeschätzt werden kann. Es sind *Sexus, Text, Herrschaft* (dt.1989) von Toril Moi und *Feministische Praxis und poststrukturalistische Theorie* (dt.1990) von Chris Weedon. Während Weedon die Literaturanalyse mit Hilfe Foucaults als eine von Machtansprüchen durchsetzte gesellschaftliche Praxis vorführt, hebt Moi die Ansätze einer poststruktural fundierten feministischen Kultur- und Literaturbetrachtung, darunter ›Mimesis‹ und die *écriture féminine* hervor (s. Kap. II.3.4).

Der Einfluss des Poststrukturalismus hat die Aufmerksamkeit für sprachsymbolische Ordnungsmuster geschärft und zu einer differenzierteren Wahrnehmung literarischer Geschlechtsentwürfe beigetragen. Hielten in den 70er Jahren die »Männerphantasien« (Klaus Theweleit) männlicher Schriftsteller das Analysespektrum besetzt, konnte der Blick auf die »imaginierte Weiblichkeit« (Silvia Bovenschen) zunehmend im Rahmen einer umfassenderen Kulturpraxis situiert werden. Daneben wurden die nachstrukturalen Positionen auch als Organon zur Aufdeckung eines tendenziell geschlechtskritischen literarischen Diskurses erprobt. Das betraf in Ansätzen das Werk Frank Wedekinds (Schuller 1979, Kolkenbrock-Netz 1988; Bossinade 1993), wohingegen das Oeuvre Ingeborg Bachmanns zu einem wahren Versuchsfeld diskursbezogener Interpretationen expandierte (vgl. z.B. Weigel 1984; Schuller 1984; Brinkemper 1985; Bossinade 1990; Kohn-Waechter 1992; Dusar 1994; Morrien 1996; Gerlach 1998).

Die geschlechtskritische Arbeit an und mit den französischen Theorien ist ein Teil der allgemeineren Poststrukturalismus-Rezeption und hat diese ihrerseits mit gesteuert. Der Poststrukturalismus kann als erste moderne Theoriebewegung definiert werden, der eine feministische Reflexion von Beginn an eingeschrieben ist. Zwischen

1980 und 1990 setzte auch hier eine Ausdifferenzierung nach den einzelwissenschaftlichen Ansätzen ein (vgl. die einführenden Referate bei Brinker-Gabler 1988; Amstutz 1994; Weber 1994). Umwidmungen des Etiketts fehlen ebenso wenig. Schlägt man etwa den Sammelband *Dekonstruktiver Feminismus* (Vinken 1992) auf, fällt auf, dass viele der ehedem unter »Poststrukturalismus« eingestuften Interpretationen nun unter dem Titel »Dekonstruktivismus« wiederkehren. Das Reflexionsniveau der meisten Aufsätze ist jedoch so hoch, dass sie auch weitere Etikettenwechsel nicht fürchten müssten. In der nordamerikanischen Literaturkritik fand die Fokussierung auf das Leitwort ›Dekonstruktion‹ bereits einige Jahre früher statt. Das Einführungsbuch *Deconstructive Criticism* (Leitch 1983) zum Beispiel versammelt Texte von Foucault, Lacan, Derrida, Deleuze, freilich ohne dass der von Derrida geprägte Begriff genauer geklärt würde. Wenn es ein Wort gibt, das mit noch größerer Unschärfe gebraucht wird als ›Poststrukturalismus‹, dann ›Dekonstruktion‹.

Eine andere Begriffsverschiebung hat den feministischen Diskurs direkter tangiert. Sie betrifft die Kategorie *gender*, die aus der nordamerikanischen kultursoziologischen Debatte übernommen wurde und kurz als ›soziales Geschlecht‹ übersetzbar ist. Damit lag ein Ansatz vor, der relativ ›ideologiefrei‹ wirkte und das Geschlechterthema in einem ganz neuen Ausmaß wissenschaftsfähig machte. Zwei Werktitel zeigen den Wechsel bündig an: Der *Grammatik des Patriarchats* (Wartmann 1982) folgte die *Grammatik der Geschlechter* (Hof 1995).

Das Buch *Gender Trouble* (1990) der Kulturwissenschaftlerin Judith Butler hat den Wandel stark mit vorangetrieben. Passenderweise kam die deutsche Übersetzung des Buchs *Das Unbehagen der Geschlechter* (1991) in einer Programmreihe bei Suhrkamp heraus, die auf den Namen »Gender Studies« getauft war. Die Kategorie *gender* sollte den historisch überholten Dualismus von biologischem Geschlecht (engl. *sex*) und sozial-kultureller Geschlechtsdefinition durch die Annahme einer durchgehenden diskursiven Konstruiertheit von Geschlechtlichkeit ersetzen. Präzisere Züge weist das *gender*-Paradigma dort auf, wo zum Beispiel das kulturanthropologische *sex-gender*-Modell von Gayle Rubin kritisiert und ein Anschluss an die Diskursanalyse Foucaults gesucht wird (vgl. Butler 1991, 113-122, 142-165). Aufs ganze gesehen ist es eklektizistisch. Es verbindet poststrukturale Sprachtheoreme mit sozialgeschichtlichen Topoi und beruft sich für die Gesamtsicht auf konstruktivistische Prämissen, denen zufolge ›Wirklichkeit‹ das Produkt einer kodierenden Zuschreibung ist.

Der praktische Vorzug des *gender*-Paradigmas kann in einem erweiterten Bezugsfeld gesehen werden. Schien es im Familienkreis der Poststrukturalisten allein die Frau zu sein, ›die ein Geschlechtsproblem hat‹, trifft es jenseits dieser Schranke nun auch die andere Seite. Die Fixierung auf die Vormachtstellung ›des‹ Mannes konnte so weit gelockert werden, dass die Interdependenz der Geschlechtskonstrukte ins Bewusstsein trat. »Erst die Einsichten in die sprachlich konstituierte Geschlechterdifferenz boten die Möglichkeit, Interpretationskonflikte mit dem Blick auf unterschiedliche Positionen der Sprachsubjekte in einer bisher nicht bekannten Form zu konkretisieren« (Hof 1995, 198). Inwiefern mit dem Zuwachs an Konkretisationsmöglichkeiten die Chance verbunden ist, über eine phänomenologische Inventur der Geschlechtskultur(en) hinauszugelangen und eine kritische Epistemologie zu entwickeln, ist eine offene Frage. Sie wird wohl erst aus der Sicht eines nächsten Paradigmas zu beantworten sein (zu *gender* vgl. Butler 1995; Busch 1993; Dietzen 1993; Angerer 1995; Müller 1995; Pasero/Braun 1995; Scott 1996; für einen Überblicksband Bußmann/Hof 1995; zur Frage der feministischen Epistemologie Alcoff/Potter 1993; Klinger 1991).

3.4   Phasen der literaturwissenschaftlichen Poststrukturalismus-Rezeption

Von den 80er Jahren an ist der poststrukturale Theorieansatz in der westdeutschen Literaturwissenschaft aktiver rezipiert worden. Der Band *Austreibung des Geistes aus den Geisteswissenschaften* (Kittler 1980; vgl. Kittler 1977) läutete die Wende mit ein. Sie enthält unter anderem eine von der Diskursarchäologie Foucaults beeinflusste literatur- und kulturkritische Studie (s. Kap. III.2.2). Eine exakte kleine Skizze mit dem Titel *Das Subjekt als Schrift* legte 1979 der Literatur- und Theaterwissenschaftler Hans-Thies Lehmann vor. Sie zeigt an, an welchem Punkt die neuen semiologischen Richtungen den Ansatz der Kritischen Theorie Theodor W. Adornos weiterzuführen beanspruchten, denn: »Adorno stellte nicht die Frage, inwiefern das ›Andere‹ selbst ein Effekt des *Signifikantenmaterials* der Sprache sein könnte« (Lehmann 1979, 667).

Einführende Darstellungen zu den strukturkritischen Theorieansätzen gab es zwar schon vor 1980, sie blieben aber oft der breiteren Wahrnehmung entzogen. In der Monographie über den *Strukturalismus* (1971) von Jan Broekman zum Beispiel werden Lacan und Derrida kompetent referiert, nur eben unter einem Titel, unter dem man zumindest Derrida nicht sucht. Ähnliches gilt für das Strukturalismus-Kapitel von Helga Gallas in *Grundzüge der Literaturwissenschaft* von 1973 (vgl. Gallas 1972). Hier ist es Kristevas Konzept der Intertextualität, das unter dem Etikett »Strukturalismus« verborgen bleibt. In der späteren Rezeption verkehrte sich oft das Bild. Kristeva und Lacan wurden als Poststrukturalisten gefeiert, während ihre strukturalistischen Anfänge oder Grundlagen ins Dunkel rückten.

Ein kurzer Blick über die Grenzen: In den 70er Jahren drang die Poststrukturalismus-Diskussion in Großbritannien bereits zu ersten synoptischen Darstellungen vor. In dem Band *Language and Materialism* (1973) von Rosalind Coward und John Ellis werden die Thesen Lacans und Kristevas unter einem materialistischen Bezugspunkt erörtert. Knapp zehn Jahre später wartet die Einführung *Modern Literary Theory* (1982) von Ann Jefferson und David Robey mit einem Abschnitt zu »Structuralism and post-structuralism« auf. 1981 erschien der Aufsatzband von Jonathan Culler über *Semiotics, Literature, Deconstruction*, der die neue Kritik in die strukturalsemiotische Literaturtheorie zu integrieren versucht.

Derlei Kühnheiten lagen der westdeutschen Literaturwissenschaft noch fern, während ihre ostdeutsche Schwester, deren Entwicklung für sich zu beschreiben wäre, durch staats- und parteipolitische Weisungen gebunden war. In den 70er Jahren war die westdeutsche Literaturwissenschaft vollauf mit der Rezeption der strukturalistischen Richtung beschäftigt, was in der Verlags- und Übersetzungspolitik der Zeit gespiegelt ist. 1973 wurde zum Beispiel eine Auswahl der Arbeiten des strukturalistischen Literatur- und Kulturtheoretikers Jurij M. Lotman bei Suhrkamp publiziert, 1974 folgten Aufsätze desselben Autors im Skriptor-Verlag. Dass sich die strukturalen Positionen arbeitspraktisch gut umsetzen ließen, wurde rasch entdeckt. Bücher wie *Literaturwissenschaftliche Grundbegriffe* (1974) und *Die Struktur des literarischen Symbols* (1975) von Jürgen Link und *Strukturale Textanalyse* (1977) von Manfred Titzmann zeigen das Resultat.

Für den Aufbau einer literaturanalytischen Gesamtmethode sind die poststrukturalen Theorien weniger geeignet. Ihnen fehlt die gemeinsame axiomatische Plattform, von der aus die Strukturalisten in der Regel operieren können. Andererseits beweist die Praxis der literaturwissenschaftlichen und speziell der germanistischen Publikationen seit den 80er Jahren, dass auf eine Art Quintessenz des poststrukturalen Denkens nicht verzichtet werden muss. Mit der Kritik der Repräsentationstheorie des sprachlichen Zeichens hatte sich der Horizont einer allgemeineren nachstrukturalen Theorie des Signifikanten aufgetan. Auf diesem Hintergrund konnten literarische Werke von der Goethezeit bis heute in der grundsätzlichen Vieldeutigkeit ihrer Schrift ausgelegt werden (vgl. z.B. Bronfen 1994; Hörisch 1992; Lehmann 1982; Schuller 1990 u.1997; Schulz 1980).

Die summarische Exegese setzt eine andere Phase der Poststrukturalismus-Rezeption aber bereits voraus. Diese verlangt, dass die Interpretation auf der Basis explizierter und selektiv kombinierter Theorien, Konzepte oder Methoden erfolgt. In den 80er Jahren erschienen Studien, die das Interesse für die neuen Denkmuster auf diesem vermittlungsbetonten Weg anfachten. Ein Beispiel ist die Analyse von E.T.A. Hoffmanns *Der Sandmann* durch Hans-Thies Lehmann (1979), die sich der Kristevaschen Semiotik bedient. In einer Arbeit desselben Verfassers über Kafka (1984) ist Derridas *différance*-Konzept mit einbezogen. Am bekanntesten wurde die Untersuchung von Helga Gallas (1981) über Kleists *Michael Kohlhaas*. Sie verflicht Lacans Topos des Begehrens mit der Struktur des literarischen Werks und weist das Ergebnis als ›Textbegehren‹ aus. Obwohl die Autorin den Boden der strukturalen Analyse nicht verlässt, hat sie zur Verbreitung der neuen Positionen wesentlich beigetragen (s. Kap. II.3.1).

3.5   Probleme der literaturwissenschaftlichen Poststrukturalismus-Rezeption

An der Rezeption des Poststrukturalismus in den Literaturwissenschaften zeichnen sich zwei Probleme ab, die über den engeren Bezugshorizont zugleich hinausgehen. Sie verweisen auf den schwierigen Umgang mit Theorien, für den die Philologien geradezu prädestiniert zu sein scheinen. Jedenfalls ist das so, wenn man ihnen, wie es Gerhard Pasternack tut, die Neigung zu einem vortheoretischen Eklektizismus, die verbale Usurpation der Topoi verschiedenster Herkunftsgebiete sowie eine durchgehende methodologische Indifferenz vorwirft (Pasternack 1975; vgl. die kritische Bilanz von Fricke 1991). Ein starker Vorwurf, der im konkreten Fall aber nicht einfach von der Hand zu weisen ist.

Auf der einen Seite ist die Tendenz wahrnehmbar, die poststrukturalen Denkansätze über eine begründbare Verallgemeinerung hinaus zu einer Art Theoriemix zu nivellieren. Die Frage nach den genaueren zeichentheoretischen Prämissen einer Analyse lässt sich dann kaum noch stellen. Dies heißt nicht, dass Vermittlungen oder Synthesen nicht möglich oder nicht gewünscht wären, eher im Gegenteil. Überlegt müssten sie aber schon sein (vgl. Bossinade 1999). Auf der anderen Seite hebt sich die Tendenz ab, die Theorien lediglich anzuwenden. Sie werden eventuell zwar ausgewiesen, dann aber derart unkritisch appliziert, dass die Literatur zu einem Spiegel wird, der das theoretische Dispositiv immer schon im vorhinein bestätigt. Der Theorie nützen solche Ehren wenig. Schlimmer noch, sie droht ihren durch Methodenreflexion zu vermittelnden Anspruch als Instrument der Erkenntnisgewinnung zu verlieren. Die Kafka-Lektüre (1984) von Hans Helmut Hiebel zum Beispiel ist lesenswert und hochreflektiert im einzelnen Argument. Sie ›verbrüdert‹ aber die Signifikantenkonzepte Lacans und Derridas so direkt, als ob es keinen tieferen erkenntnistheoretischen Graben zwischen ihnen gäbe. Die Analysen von Heinrich Holzapfel (1986) und Saskia Schottelius (1990) wiederum eröffnen manch bedenkenswerte Ansicht auf die poetische Gestaltung des Ich in der modernen Literatur. Sie relativieren ihr jeweiliges Interpretationsergebnis aber dadurch selber, dass sie das Phallus- bzw. das Spiegelkonzept Lacans in gänzlich fragloser Weise übernehmen.

Als 1997 ein vielseitiger Kongressband unter der Redaktion von Gerhard Neumann mit dem Titel *Poststrukturalismus. Herausforderung an die Literaturwissenschaft* veröffentlicht wurde, gehörte die »Herausforderung« teils schon der Vergangenheit an. Im Lauf der 90er Jahre machten sich die Mühen der wissenschaftlichen Ebene bemerkbar. In Anbetracht ihres Alters von dreißig Jahren und mehr wirkten die poststrukturalen Ansätze fast schon ein wenig grau, von der Midlife-Krise ereilt und durch Strömungen wie den radikalen Konstruktivismus überholt. Andernteils wirkten sie noch zu jung und zu unerprobt, als dass sie sich im akademischen Tagesgeschäft nicht noch mannigfach zu bewähren hätten. Als Sperre gegen eine breitere Integration könnte sich längerfristig ihr textpoetischer Fundamentalismus und der hohe Abstraktheitsgrad ihrer Kategorien erweisen. Freilich wird auch mit pragmatischen Adaptionen zu rechnen sein (s. Kap. II.4: Perspektiven zur Intertextualität).

Eine andere Schwierigkeit ist, dass die ›Gründungstexte‹ des Poststrukturalismus seit den 60er bis 70er Jahren vorliegen, die Denkbewegung als solche aber nicht einfach für abgeschlossen erklärt werden kann. Viele der dem Theoriefeld zugeordneten Autorinnen und Autoren sind bis heute aktiv. An Forschungsdesideraten ist hier jedenfalls kein Mangel. Sie betreffen namentlich den zeit- und sozialgeschichtlichen Hintergrund der Theorien, ihre wechselseitigen Abhängigkeiten, die Anfänge ihrer Wirkungsgeschichte in den europäischen Ländern und den USA sowie die historische Semantik ihrer Begriffe. Wünschenswert wären Studien, in denen die spezifische Bedeutung von Leitworten wie ›poétique‹, ›écriture‹, ›sujet‹ im Vergleich zum Deutschen und auf der Folie ihrer philosophischen und philologischen Herkunftsgebiete erhellt würde. Solange

derartige Untersuchungen nicht oder nicht in größerer Zahl er-
bracht sind, kann sich manche der Einsichten noch verschieben.
Den Aufstieg in die aktuellere Einführungs- und Lexikonliteratur
des Fachs immerhin hat die neue Bewegung geschafft (vgl. z.B.
Brütting/Zimmermann 1975; Culler 1983; Bogdal 1990; 1993;
Brackert/Stückrath 1992/1994; Briegleb/Weigel 1992; Pechlinavos
1995; Baasner 1996; Eagleton 1997; vgl. die Lexika von Schweikle
1990, Hawthorn 1994, Nünning 1998).

II. Theoretisch-systematischer Teil:
Die Öffnung des Textes

Im folgenden werden die Bausteine zu einer poststrukturalen Text-
und Literaturtheorie versammelt. Unter den dargestellten Konzepten
ist keines, das nicht die Spur der Auseinandersetzung mit dem strukturalen Paradigma trüge. Das Bild des Textes als einem dem Prinzip
der Äquivalenz unterworfenen und potentiell abschließbaren System
von Relationen und Funktionen wird modifiziert. Jacques Derrida
wendet sich in seinem Essay »Die Struktur, das Zeichen und das Spiel
im Diskurs der Wissenschaften vom Menschen« (dt. 1976; frz. 1966)
ausdrücklich gegen die Kriterien von zentrierter Struktur, Formtotali-
tät und Kohärenz des Systems (in: Die Schrift und die Differenz,
insb. 422). Und Julia Kristeva verknüpft den Entwurf einer kritischen
Semiologie 1966 mit der Erwartung, »daß die für den Strukturalismus
typischen Mängel – nämlich sein ›statischer‹ und ›ungeschichtlicher‹
Charakter – allmählich überwunden werden« (Paragramme, 163).

Das nachstrukturale Bild des Textes ist statt auf ein geordnetes
Zeichenganzes auf den Prozess bezogen, der das Ganze trägt und
hervorbringt. Die Konsequenz folgt auf dem Fuße. Denn nicht das
System, der Prozess liefert nun die Leitkategorie für ein anti-repräs-
sentationistisches, auf poetische Eigenproduktivität ausgerichtetes
Verständnis der literarischen Tätigkeit. Auf terminologischer Ebene
ist die Verschiebung etwa daran ablesbar, dass das Wort ›signification‹ (Bedeutung) hinter die ›signifiance‹ (Bedeutungsprozess) zu-
rücktritt. Dass mit dem neuen Leitbild nicht jede Vorstellung von
Ordnung hinfällig wird, wird die Kontroverse um die Veränderbarkeit des Symbolischen zeigen (s. Kap. II.6).

Am Begriff des Textes scheiden sich mithin die Geister. Wie im
Strukturalismus stellt der Text den Kern auch des poststrukturalen
Literaturmodells dar. Der Unterschied ist jedoch, dass der Text jetzt
auf die sprachlichen Tiefenprozesse geöffnet wird, die ihn konstituieren und die als das Grundkapital der literarischen Formkunst eingeschätzt werden. Die poststrukturale Literaturtheorie ist dem Wesen nach Textpoetik. Sie arbeitet mit der Annahme, dass ein Text
von der Dynamik seiner Sprachzeichen einen kunstvollen, im Ergebnis dann als ›Literatur‹ zu bezeichnenden Gebrauch machen
kann. Die traditionelle Gattungspoetik mit ihrer Unterscheidung
nach Lyrik, Epik und Dramatik verliert an Gewicht. Die Textpoetik
›unterläuft‹ die Einteilung nach Genremustern.

1.   Das Zeichenkonzept Ferdinand de Saussures

1.1   ›Wendepunkt Saussure‹

Mit Ferdinand de Saussure (1857-1913) beginnt die moderne Linguistik, die in der zweiten Hälfte des 20. Jahrhunderts den *linguistic turn* der Wissenschaften hervorgebracht hat. In der Literatursemiotik nimmt Saussure heute einen eigenen Platz neben der pragmatischen Zeichenlogik von Charles Sanders Peirce und anderen in Europa und Nordamerika entwickelten kommunikativ betonten Entwürfen ein. Die Kritik am Repräsentationsmodell des Zeichens hat nicht zum Ende, sie hat zu Transformationen der Semiotik geführt (vgl. die Beiträge von Chvatík 1987, Červenka 1978, Haag 1997, Keller 1995, Kloepfer 1975, Koch 1991, Simon 1994, Spinner 1977, Trabant 1970, Wienold 1972. Überblicksstudien bei Brütting 1975, Bentele/Bystrina 1978, Busse/Riemenschneider 1979, Fellinger 1980, Trabant 1996).

In der Wissensepoche ›prä-Saussure‹ bis Ende des 19. Jahrhunderts schien es ausgemacht, »daß der Satz ein bestimmtes Bild eines Gedankens gibt oder geben will, daß er ihn darstellt in dem Sinne, in dem ein Gemälde sein Modell darstellt« (Ducrot 1973, 16). Gegen diese Auffassung der Sprache als »Bild eines Gedankens« setzte Saussure das Prinzip des regulierten Systems, nicht als erster zwar, doch mit jener Insistenz, die Schule macht (zu Saussure vgl. Jäger/Stetter 1983, Stetter 1994 u. 1997).

Die Ironie der Geschichte ist, dass sich im Anschluss an Saussure zwei Schulen formiert haben, die ihrer Konkurrenz zum Trotz aus der gleichen Quelle schöpfen. Strukturalisten wie Poststrukturalisten unterschreiben den Satz des Gründervaters, dass Sprache nicht Substanz, sondern Form sei. ›Form‹ meint dabei die Stellungsdifferenzen im System, aus denen die sprachliche Verschiedenheit hervorgeht. Hinsichtlich alles weiteren jedoch könnte man zu dem Schluss gelangen, dass es zwei Saussures geben muss. Da ist zum einen der Theoretiker der oppositionell gegliederten und potentiell abschließbaren Zeichenordnung – der Saussure der Strukturalisten. Da ist zum andern der Theoretiker der differentiellen Wertunterschiede, die sich der relationalen Beziehung unterhalb der Zeichengrenze verdanken – der Saussure der Poststrukturalisten.

Tatsächlich sind beide Positionen in den Vorlesungen (1906-1911) des Autors enthalten, die nach seinem Tod unter dem Titel *Cours de linguistique générale* (1916) publiziert wurden. Die Widersprüche sind nicht einfach nur auf die ungenaue Rekonstruktion der Kolleghörer zurückzuführen. Inzwischen wurden zuverlässigere Fassungen veröffentlicht, »die zentralen Begriffe und Unterscheidungen lagen aber auch schon in der aus Mitschriften rekonstruierten Erstfassung vor« (so Bentele/Bystrina 1978, 30). In den »Unterscheidungen« Saussures ist der Dissens der Schulen angelegt, was anders gesagt heißt, dass sich aus seinem Text zwei abweichende semiologische Wege herausfiltern lassen. Genau das haben Strukturalisten und Poststrukturalisten getan, zugunsten jeweils einer Logik nämlich, und mit der heute bekannten Konsequenz für die Texttheorie.

1.2 Die methodischen Grundunterscheidungen Saussures

Die methodischen Grundunterscheidungen Saussures sind relativ einfach nachvollziehbar. Sie gleichen einem Quartettspiel mit zwei Sets von Karten. Das erste Set umfasst die Paare ›Sprachsystem‹ und ›Sprechen‹ sowie ›synchronische‹ und ›diachronische Sprachbetrachtung‹. Sie stecken die wissenschaftlichen Prioritäten des Autors ab, der die Linguistik zum privilegierten Zweig einer allgemeinen Semiologie erheben wollte. Der Schwerpunkt liegt jedes Mal auf dem ersten Glied des Wortpaars. Die Sprache (langue) als derjenige Teil der menschlichen Rede (langage), der qua Regelsystem im Gedächtnis der sozialen Gemeinschaft verankert ist, wird über das individuelle Sprechen (parole) gesetzt, und das Studium der gegenwärtig vorhandenen Sprachverschiedenheiten (Synchronie) soll vor dem ihrer Entstehung (Diachronie) gehen.

Saussures Wertungen haben sich im französischen Strukturalismus stark niedergeschlagen. Das betrifft zumal die Betonung der Sprache als eines intersubjektiven Systems, in dem der Einzelne einen nachgeordneten Platz inne hat. Das Subjektkonzept der strukturalen Psychoanalyse knüpft hier an und kommt jener ›objektiven‹ Subjektivität nahe, die dem homerischen Griechentum nachgesagt wird: als Raum ohne ichhaftes Innen, die Gesetze des Handelns im Außen der Polis suchend. Das Unbewusste, so Lacan, insofern es sich am Ort des sprechenden Andern verwirklicht, »ist *draußen*« (Grundbegriffe, 137).

Die Bevorzugung des synchronen Moments hinzugenommen, stellt sich die Frage, wie denn da noch Veränderung denkbar ist. Saussure selbst hat sie zwiespältig beantwortet. Mit Nachdruck bestreitet er, dass die Sprache durch die Sprechenden veränderbar sei. Diese stünden in einer vorgegebenen, durch die diachronisch auftretenden Wandlungen nicht erschütterbaren Ordnung. Aber er räumt auch ein, dass jede Verschiebung auf der Ebene des Sprechens Veränderungen im Gesamtsystem nach sich ziehe (vgl. Saussure:

Grundlagen, 83-106). Von sprachwissenschaftlicher Seite ist die Alternative von Diachronie oder Synchronie als Scheinproblem zurückgewiesen worden. Sprache als Verständigungsvorgang beruhe auf historischer Veränderbarkeit, die auch in der Gegenwart wirke (so Knoop 1975). Als Minimum bleibt die Faustregel, dass die Strukturalisten die Prävalenzen Saussures übernehmen, während die Poststrukturalisten sie umdrehen. Jene ziehen Veränderungen innerhalb von geschlossenen Systemen oder zwischen ihnen in Betracht, diese fechten, die Zeitwirkung der Diachronie betonend, die Abschließbarkeit des Systems an.

Saussures zweites Set rührt direkter an die Struktur des Zeichens und den Kern des historischen Disputs. Es umfasst das Paar ›Bezeichnendes‹ (signifiant) und ›Bezeichnetes‹ (signifié) auf der einen und ›Assoziation‹ und ›Syntagma‹ auf der anderen Seite. Alle Begriffsglieder sind jetzt gleichermaßen wichtig. Das Paar Assoziation-Syntagma betrifft die Verknüpfungsregeln, nach denen ein im latenten Gedächtnis (Assoziation) der Sprechenden gespeichertes Zeichen auf der Ebene des konkret Gesagten (Syntagma) erscheint. Roman Jakobson hat diese Unterscheidung zu einer Zwei-Achsen-Theorie der Sprache ausgearbeitet, in der die Grundkoordinaten von Paradigma (=Saussures ›Assoziation‹) und Syntagma mit den Tropen der Metapher und Metonymie überblendet sind. Für die Theorie der Metapher sollte sich das als ein folgenreicher Schritt erweisen (vgl. Jakobson 1956; s. Kap. II.5.4 Metapher als Substitution).

Das Begriffspaar Bezeichnendes-Bezeichnetes leitet ins Zentrum der Debatte. Saussure schlägt eine zweistellige semiotische Beziehung vor, bei der das ›Bezeichnende‹ dem Lautbild des Zeichens entsprechen soll. Der Sprachlaut wird also nicht als rohe physikalische Natur, sondern als eine psychische Vergegenwärtigung aufgefasst. Das Bezeichnende stellt das »innere Bild der lautlichen Erscheinung« dar. Mit dem ›Bezeichneten‹ oder der Vorstellung (concept) liegt abermals eine mentale Abstraktion, eine psychische Prägung vor. Mit den Gegenständen in der Welt der Dinge hat es unmittelbar nichts zu tun. »Das sprachliche Zeichen«, unterstreicht der Autor, »vereinigt in sich nicht einen Namen und eine Sache, sondern eine Vorstellung und ein Lautbild« (Saussure: Grundlagen, 77).

An diese Bestimmungen knüpft Saussure einen Hauptfaden seiner Theorie an. Zwischen den – als solche untrennbar liierten – Seiten von Bezeichnendem und Bezeichnetem soll es keinerlei natürliche Zusammengehörigkeit geben. Es ist das Prinzip der Arbitrarität, der Konventionsbedingtheit der Zeichenverbindung. Es verbietet, Sprache als eine Nomenklatur von Sachgebieten zu behandeln. Das

Konzept der Nomenklatur, kritisiert Saussure, »setzt fertige Vorstellungen voraus, die schon vor den Worten vorhanden waren« (ebd., 76). In seiner Glosse »Saussure, das Zeichen und die Demokratie« (1973) hat Roland Barthes den Antinaturalismus Saussures ausdrücklich mit Lob bedacht. Das neue Sprachkonzept bilde eine Analogie zum historischen Übergang vom Lehensprinzip zur Gleichberechtigung der Individuen, denn »die Beziehungen zu den Nachbarn (den Mitbürgern) lösen nun die Signifikationsbeziehungen ab, der Vertrag tritt an die Stelle der hinfälligen, weil ungewissen Natur« (Barthes: Abenteuer, 160f.).

1.3 Opposition und Differentialität – Zwei Wege der Saussure-Rezeption

Kniffliger wird es auf der Ebene der Mikrosemiose, der Feinabstimmung der zeichenbildenden Prozesse. Ohne einen Akt der Unterscheidung kann es weder Zeichen noch Zeichenglieder geben. Soviel ist klar. Die Schwierigkeit ist, dass Saussure den Vorgang mit zwei Begriffen, nämlich »differentiell« und »oppositionell« belegt. Unter »Opposition« versteht er den Gegensatzbezug der Zeichen als ganze, d.h. als Einheit von Vorstellung und Lautbild. »Differentiell« hingegen meint die unaufhebbare negative Abgrenzung der Zeichenglieder untereinander. Der Begriffsunterschied wird jedoch nicht streng gehandhabt, ein Problem, das in den Schriften von Lévi-Strauss, Jakobson und Lacan (eine Ausnahme ist Barthes) wiederkehrt. Dort sind die Worte nahezu synonym geworden.

Saussure suggeriert gleichwohl, dass die differentielle Beziehung einen Prozess betrifft, der in dem Maße unabschließbar ist, als Glieder eben Glieder und kein Ganzes sind. Für die Zeichenglieder (signifiants und signifiés) würde sonach besonders zwingend gelten, was für die Zeichen (signes) allgemeiner gilt. Die Glieder unterliegen Unterscheidungen, »die nicht positiv durch ihren Inhalt, sondern negativ durch ihre Beziehungen zu den andern Gliedern des Systems definiert sind. Ihr bestimmtestes Kennzeichen ist, dass sie etwas sind, was die andern nicht sind« (ebd., 139f.). Derrida hat eingewandt, dass dieser Satz nur unter der Bedingung aufrechterhalten werden könne, dass die Glieder als ›signifiants‹ definiert werden. In der Tat sieht es auf Seiten der – signifikatsgestützten – Opposition anders aus. Hier stößt der unterscheidende Zug auf ein »positives Faktum«, wie Saussure mit Blick auf die assoziative Verknüpfung der Glieder zu einem Zeichenganzen sagt. Die Opposition grenzt die Zeichen voneinander ab, indem sie sie in einer bestimmten Stel-

lung im Sprachsystem isoliert und fixiert. »Nicht daß eines anders
ist als das andere, ist wesentlich, sondern daß es neben allen anderen
und ihnen gegenüber steht« (ebd., 145; eine Kritik an Derridas Bezugnahmen auf Saussure geben Lagemann/Gloy 1998, 96-100).

Die Unterscheidung per Opposition bewirkt einen höheren Grad
an linguistischer Determinierbarkeit als es die Differentialität vermag. Die Opposition bringt ein »System von Werten« hervor, in
dem die Zeichenglieder einen festen Platz haben. Vorbedingung ist,
dass die Zahl der Glieder bestimmt ist, wofür Saussure die »Phoneme« und die »Schriftzeichen« als Beispiel nennt. In die Systematik
der Opposition fügt sich das Prinzip der Äquivalenz ein. Saussure
spricht von Ähnlichem und Unähnlichem, nach deren Maßgabe der
Tausch der Elemente innerhalb eines Systems oder der Systeme untereinander erfolge. Der Akzent liegt auf den »ähnlichen Werten«.
Wichtiger als das Anderssein der Zeichen ist jetzt ihre Verrechenbar-
keit im System. Die Verschiedenheiten wären somit positivierbar
kraft der Logik der Opposition, ohne die sie der Negativität und
Mobilität eines offenen Prozesses überlassen blieben (Saussure:
Grundlagen, 127-144).

Damit ist der Bruchpunkt in Saussures Zeichenlogik eingeholt,
der auf idealtypische Weise den Abstand zwischen der strukturalistischen und der poststrukturalistischen Saussure-Rezeption markiert.
Auf die Entdeckung von Verschiedenheiten sind beide Richtungen
erpicht. Nicht umsonst hatte Saussure erklärt: »Alles Vorhergehende
läuft darauf hinaus, daß es in der Sprache nur Verschiedenheiten
gibt« (ebd., 143). Aber wo die Strukturalisten die Verschiedenheit
unter der Direktive von Oppositions- und Ähnlichkeitsbeziehung
eingrenzen wollten, gingen ihre Widersacher den anderen Weg. Sie
hielten sich an das Diktum Saussures, wonach die Bezeichnungen
»lediglich differentiell und negativ« seien (ebd., 144). Derrida
schließt den Satz an, dass »die Wörter und Begriffe nur in der differentiellen Verkettung sinnvoll werden« (Grammatologie, 122). Die
Wahl des Begriffs ist nicht schlecht getroffen, denn in einem stark
interpretierten und dem Signifikat und seiner Oppositionswirkung
als vorgängig gedachten »Differentiellen« war der Hebel zu finden,
mit dessen Hilfe das strukturale System geöffnet werden konnte.
Der Öffnung fiel als erstes das Zeichen zum Opfer, den Text als größere semiotische Einheit konnte es danach nicht unverschont lassen.
Die Aktion im Kleinen musste sich zwangsläufig im Größeren spiegeln.

2.   Kritik des Zeichens

2.1   Die einzelwissenschaftlichen Ansätze. Lacan, Kristeva, Derrida, Foucault

Die Intervention der Poststrukturalisten in das Repräsentationsmodell der Sprache geschah anhand des linguistischen Zeichens. Angriffspunkt war die Einheitsrelation von Signifikant und Signifikat, auf die sich das Äquivalenzdenken der Strukturalisten stützte: Etwas ist austauschbar gegen ein anderes. Zur Festlegung des Tauschwerts bot sich das Signifikat, die Seite der gedanklichen Vorstellung an, die trotz der Hochschätzung formaler Relationen einer Bevorzugung gegenüber dem Signifikanten nicht entgehen konnte. Lévi-Strauss sprach bezeichnenderweise von Symbolen als den »signifikativen Äquivalenten des Signifikats« (Anthropologie, 220). Dagegen wurde nun als eine Art trojanisches Pferd der differentielle Prozess der Signifikanten aufgezäumt. Er sollte die strukturale Festung von innen her schleifen, mindestens aber ins Wanken bringen.

An diesem theoriegeschichtlichen Projekt sind drei, vier Richtungen maßgeblich beteiligt. Es sind zunächst die Semiologie Julia Kristevas und die Schrifttheorie Jacques Derridas, welche letztere einem weit gefassten Begriff von Sprachphilosophie subsumiert werden kann. Kristeva und Derrida haben auch literaturtheoretische Positionen formuliert und eine wissenschaftliche Methodenkritik geleistet. Zeitlich und von der Sache her geht ihnen die strukturale Psychoanalyse Jacques Lacans voraus. Das Prädikat ›post‹ ist hier noch nicht am Platz, was aber nichts daran ändert, dass Lacan und ›die Poststrukturalisten‹ sich gegenseitig inspiriert und kritisch motiviert haben. Als vierte, ebenfalls der Sprachphilosophie zuzurechnende Partei wäre die Diskursanalyse Michel Foucaults zu nennen, obgleich hier Vorbehalte bezüglich des Leitbegriffs zu machen sind.

Jeder der vier Ansätze hat eine jahrzehntelange Entwicklung hinter sich, ist hochkomplex in sich selbst und in mehr oder weniger starker Abgrenzung gegenüber den andern befangen. Dass hier ein großes Gebiet der wissenschaftlichen Aufarbeitung harrt, wurde im Einleitungsteil erwähnt. Ein knapper Abriss der jeweiligen Leitbegriffe soll den Hintergrund liefern, von dem sich die nachfolgend referierten Konzepte abheben können. Alles, was nur irgend der nachstrukturalen Theorie von Text, Literatur und Subjekt zugeordnet werden kann, die Beiträge von Barthes, Cixous, Irigaray und de Man mit eingerechnet, ist als Adaption oder Evolution dieses Begriffsfelds zu lesen. Manches Missverständnis über ›den Poststrukturalismus‹ lässt sich im Rückgang auf die Grundlagen klären.

Der Psychoanalytiker *Jacques Lacan* (1901-1981) modifiziert den Begriff des Unbewussten. Das Unbewusste soll weder wie ein Dampfkraftwerk des 19. Jahrhunderts, noch ein Sammelbecken naturhafter Instinkte, und noch weniger das Revers bewusstseinsmäßiger Einstellungen sein, die nach einer Bemeisterung durch das Ich verlangen. Eher wäre an eine »moderne Rechenmaschine« zu denken, welche »die Wahlakte eines Subjekts moduliert« (Schriften I, 58f.). Lacans Neuinterpretation der Arbeiten Freuds geschieht unter Zuhilfenahme einer formallogischen Optik, die weitgehend auf dem Kombinationsprinzip der modernen Phonologie basiert. Dem Unbewussten wird ein sprachstrukturelles Fundament eingezogen, das an Lévi-Strauss erinnert. Dort das Verwandtschaftssystem, hier das Unbewusste, das strukturiert ist ›wie eine Sprache‹.

Lacans Anleihen bei der Semiologie sind vielseitig, widersprüchlich und sehr klärungsbedürftig (Ansätze hierzu bei Lacoue-Labarthe/Nancy 1990; Taureck 1992). Wo er von Zeichen (signe) spricht, scheint er sich verkürzt der Theorie von Ch.S. Peirce zu bedienen. Das Zeichen erscheint als eine Repräsentanz, die gleich einer Photographie in einer existentiellen Beziehung zu einem realen Objekt steht. Lacans wirkungsgeschichtlicher Geniestreich ist jedoch der Eingriff in das Zeichenschema Saussures, der in dem Aufsatz »L'instance de la lettre« (1957) dargelegt ist. Saussure hatte das Signifikat über den Signifikanten gesetzt und um beide herum eine Ellipse gezogen. Hiermit wurde einer tradierten Bildlichkeit von unten und oben und der Idee eines in sich geschlossenen Eis entsprochen (Saussure: Grundlagen, 78; 136-137). Lacan lässt nicht nur die Ellipse fort, er dreht auch das nun gleichsam aufgeschlagene Ei um, so dass das Signifikat seine vorherige Toplage an den Signifikanten abgeben muss.

Mit diesem Akt ist ein neuer Anspruch geboren. In der Artikulation des Unbewussten hat das bezeichnende Element Vorrang vor dem, was mit seiner Hilfe markiert und dem Prozess der Bedeutung zugeführt wird. Von einer Einheit der Glieder, und das heißt von einem Saussureschen Zeichen, kann direkter nicht mehr die Rede sein. In dem Augenblick, da die Kreislinie entfällt, ist das Küken sprich der Signifikant ins Sein entschlüpft und muss darin sein Fortkommen suchen. Es wird sich mit seinesgleichen zu mobilen Kettengliedern verbinden, ohne sich, um im Bild zu bleiben, brütend auf nur einer Bedeutung niederlassen zu können.

Es wäre freilich irrig zu glauben, dass nun der Zustand der Anarchie eingetreten wäre, denn die bei Saussure angelegte Bevorzugung des Signifikats ist bei Lacan in den Primat eines einzigen Signifikanten verschoben. Dies Verhältnis ergibt sich für den Autor mit Notwendigkeit aus dem Platz, den die Frage des Geschlechts im unbewussten Sprechen des Subjekts einnimmt. Der Primat fällt dem Signifikanten ›Phallus‹ zu, der die Funktionen des männlichen Genitals in eine allgemeinere Symbolik übersetzt. Der phallische Signifikant erfüllt gleichsam die Rolle des Hahns, ohne den ›nichts‹ geht‹. Dass ohne die Hühner auch nichts geht, wäre hier kein triftiger Einwand. Hühner gibt es viele, außerdem können sie nicht krähen. Andererseits ist es nicht so, dass der zum Meta-Signifikanten erhobene Phallus im inneren Kreis der Signifikanten nicht mehr vorkommen soll. Er ist quasi doppelt determiniert. Als Signifikant der ›immer schon‹ verlorenen Einheit des Subjekts ist er zugleich an die sprachliche Kette im Unbewussten gebunden (siehe Lacans Aufsatz »La signification du phallus«, 1958). Literatur wird als eine Instanz gewürdigt, in der die Choreographie der Signifikanten einen prägnanten Ausdruck haben kann. Lacans Seminar über *La lettre volée* (1956) von E.A. Poe gibt dafür das Beispiel (s. Kap. II.3.1).

Die Literaturtheoretikerin, Psychoanalytikerin und Dozentin für Sprachwissenschaft *Julia Kristeva* (geb.1941) setzt zu einer methodenkritischen Überwindung der strukturalen Semiotik an. Die Überwindung erfolgt aus dem Geist von Marx, Freud und Saussure, wie dem Aufsatz »La sémiologie – science critique« (1968) zu entnehmen ist. Grundlegend für Kristevas Argumentation ist die Spaltung zwischen Signifikant und Signifikat auf der einen, und zwischen bewusstem und unbewusstem Denken auf der anderen Seite. So einfach das klingt, so kompliziert wirkt es sich in der Theorie aus. Nicht nur, dass Fragmente der Subjekt- und der Zeichentheorie auf der Ebene des Beschreibungsgegenstands ›Sprache‹ zusammenprallen; die Sprache ist selbst schon im innersten Kern gespalten, und zwar durch Prozesse, die verschiedenartig fundiert sind. Ihre interne Zweiteilung wird von der Autorin für ›unheilbar‹ erachtet, ohne dass eine taktische Allianz zwischen den Prozesspartnern ausgeschlossen sein soll. Dass die Allianz nicht aufhebbar ist im Sinn einer dialektischen Synthese, verweist auf Kristevas Gegenposition zum idealistischen Denken; dass die Spaltung im Begriff der Opposition nicht aufgeht, schwächt die Autorität der strukturalen Semiotik ab.

Zur näheren Bestimmung der ›geeinten Zwienatur‹ von Sprache, Zeichen und Subjekt führt die Autorin die kategoriale Unterscheidung ›symbolisch‹ und ›semiotisch‹ ein. In ihrem Hauptwerk *La révolution du langage poétique* (1974) sind die Begriffe definiert. ›Semiotisch‹ heißt der Prozess des materiellen Verwerfens (rejet), der bewusst gegen Lacans formallogischen Ansatz gesetzt ist. Die Autorin konstruiert eine Widerspruchslogik, die enger an Nietzsche und Freud denn an Heidegger und Hegel angelehnt ist und deren Zentrum der sprechende Körper ist. Der Körper ist triebhaft im Sinne Freuds, aber nicht nackter Stoff, sondern beseelt, und dies wiederum nicht so, wie es im platonischen Dualismus von Leib und Seele gedacht wird. Die Seele, oder besser die Psyche, fügt sich dem Körper nicht als ein eigentlich Erstes hinzu, und der Körper hüllt die unvergängliche Psyche nicht wie ein abstreifbares Gewand von außen ein. Der Körper ist in Kristevas Modell von der ersten bis zur letzten Faser sprechend-besprochen, in die Produktionen des gesellschaftlichen Sinns eingebunden.

Für die Stabilität dieser Einbindung sorgt das ›Symbolische‹, das Bedeutungen setzt, ein kollektives Gedächtnis schafft, die sprachliche Syntax reguliert. In diese ›gepflegte‹ Kommunikation trägt das Semiotische sein subversives Notenrepertoire ein. Es fungiert als eine Art Stimmgabel, die das triebhafte Rauschen der lautlichen Signifikanten in Erinnerung ruft. Kristeva beschreibt die Signifikanten nach dem Vorbild der differentiellen Unterscheidung Saussures und fügt zur Veranschaulichung des körperlichen Substrats das Schema der biologischen Zellteilung hinzu. Was findet sich mithin am Grund der Sinnproduktion, mit den sozialen und familialen Institutionen unlösbar verquickt und durch sie in den Prozess der Geschichte hineingezogen? die unendliche Spaltung der Materie. Von ihr hängt ab, was Saussure als ›signifié‹ definiert und was der Autorin zufolge in den Diskursen des Wissens mit großer Regelmäßigkeit verdrängt wird.

Kristeva führt eine prä-signifikante Dimension in die Semiologie ein, die den naiven Ganzheitsbegriff von Zeichen, Text und Subjekt fragwürdig macht. In ihrer Studie *Semeiotikè* von 1969 prägt sie das Wort »Semanalyse«, Bedeutungsanalyse, welche »la zone générative« des Zeichens erschließen soll (Semeiotikè, 219). Der kritische Ansatz wird in die Arbeitsfelder Gesellschafts- und Kulturgeschichte, Literatur und Psychoanalyse projiziert, wobei die letztere im Lauf der 80er Jahre zusehends an Gewicht gewinnt. Das Forschungsinteresse der Autorin gilt dem kreativen Prozess, als dessen privilegierte Form sie die poetische Sprache betrachtet. Die semiosymbolische Spaltung der Zeichen wird dort auf konstruktive Weise bewältigt (vgl. z.B. Kristevas Analysen zu Proust, 1994).

Der Schrifttheoretiker, Philosoph und Dozent für Philosophiegeschichte *Jacques Derrida* (geb.1930) stellt den Begriff der Schrift (écriture) ins Zentrum der Theorie. ›Schrift‹ ist dabei nicht dem Gebrauch eines Buchstabensystems, etwa des lateinischen Alfabets gleichzusetzen. Gemeint ist Schreiben als autopoietischer Prozeß, Einschreibung, Spurenlegen. Das Wort ›Spur‹ (trace) wiederum wird vom Autor nicht so verstanden, wie es aus dem Waidmannshandwerk, der Kriminologie oder Wildwestfilmen bekannt ist. Dort deutet die Spur auf ein Wesen hin, das sie als Abdruck hinterließ und dem das Jagdfieber letzthin gilt. Die Spur erscheint in dem Fall als Medium für ein Gut oder Objekt, das dem Kern nach jenseits der medialen Vermittlung existiert. Gegen diese Fremdbestimmung zieht vor allem der ›frühe‹ Derrida zu Felde. Als Graphem, sich einritzender Schriftzug, soll die Spur ein Wert für sich, ja, der Wert aller Werte sein. Statt dass sie aus anderem ableitbar wäre, führt umgekehrt alles auf sie zurück. Die Rede des Autors von der »Spur der Spur« drückt diesen Sachverhalt gewollt tautologisch aus. Die Spur ist nicht das Objekt der Einschreibung durch ein vorgängiges Subjekt, sie ist ›das Schreiben selbst‹, das sich quasi aus sich heraus reproduziert.

Derridas frühes Hauptwerk *De la grammatologie* (1967) belegt, dass der Autor die Spur in ihr Recht setzen will. Sie verdrängt zu haben, wird der gesamten abendländischen Philosophie zur Last gelegt. Ihr Problemansatz ist Derrida zufolge von der Metaphysik der Präsenz, der Behauptung einer ursprünglich gegebenen Gegenwärtigkeit des Seienden beherrscht. ›Hinter‹ den Zeichen der Sprache werde stets ein Urbild (Plato) oder eine Ur-Sache (Aristoteles) angenommen, als deren sekundäres Medium die Sprache erscheine. Aus Derridas Sicht nimmt das Schema »die Form der Repräsentation, der Idee als Modifikation einer sich selbst gegenwärtigen Substanz« an. Die okzidentale Kritik des Zeichens sei diesem Repräsentationsschema verhaftet geblieben. Rousseau zum Beispiel habe das Zeichen einzig als Ausdruck des Verlusts einer ersten Präsenz oder Präsentation kritisiert (Grammatologie, 174, 507).

Im Gegenzug lässt Derrida die Einheit des Zeichens so radikal zerschellen, wie es kaum in einer anderen Theorie der zweiten Hälfte des 20. Jahrhunderts geschieht. Was bleibt, ist ein Prozessmoment, der in Derridas Schlüsselaufsatz »la différance« (1968) anhand des titelgebenden Kunstworts umrissen wird. Kein Schriftzug ist wie der andere – Saussures linguistisches Prinzip der Differentialität ins volle Recht gesetzt. Anders als dort jedoch wird für die *différance* kein Tag der Einheit läuten. Vom differentiellen Abstand ist jeder einzelne Schriftzug so unbarmherzig angekratzt, Derrida nennt es »markiert«, dass sie sich nie in einem Sinnpunkt versammeln könnten. Nicht, dass Sinnbildung für unmöglich erachtet würde. Doch dass sich der Sinn je, und sei es punktuell, als Einheit oder aufgrund einer Einheit bilden könnte, diese Aussicht ist konstitutiv ausgeschlossen.

Wie Kristeva projiziert Derrida die Kritik des Zeichens in mehrere Arbeitsfelder, zu denen Literatur und Psychoanalyse zählen, nur dass hier die Geschichte des Denkens den Leitpunkt gibt. Der hohe Abstraktionsgrad der Begriffe schließt ein textnahes Lesen aber nicht aus. In seiner Studie »La double séance« (1970/72) über die Prosa Mallarmés führt Derrida detailliert aus, dass der moderne literarische Text eine optimale Bühne für die Schrift sei. Das nachstrukturale Verständnis von Literatur zeigt sich in geradezu idealtypischer Weise. Denn was ist Literatur? der exponierte Fundamentalprozess des Schreibens oder besser der Schrift, da hier kein schreibendes Subjekt mehr im Vordergrund steht.

Über die Frage von Subjekt und Autorschaft ähnlich, hinsichtlich der Begründung anders verhält es sich beim letzten Autor dieser Reihe. Es ist der Sozialphilosoph, Psychologe und Philosophiedozent *Michel Foucault* (1926-1984). Foucaults ›Diskursanalyse‹ hat das geliefert, was den anderen Theorien zu fehlen scheint, die systematische Profilierung der historischen Dimension nämlich. Dabei drückt Foucaults methodologische Studie *L'archéologie du savoir* (1969) bereits durch die Metapher im Titel aus, dass die Historie nicht als das Tatenfeld großer Männer verstanden werden soll. Sie bildet ein Sedimentierfeld, ein »Archiv« von Bedeutungszuweisungen, die in ihrem Verhältnis zu den Systemen von Herrschaft, Macht und Wissen rekonstruiert werden müssen.

So anregend Foucaults Diskursbegriff gewirkt hat, so schwankend ist er seiner theoretischen Grundlegung nach (vgl. die Kritik bei Fink-Eitel 1989 und Frank 1983, 1984, 1989). Mit anderen Definitionen von ›Diskurs‹ hat sich Foucault nicht zwingend auseinandergesetzt. Unklar ist in seinem Entwurf, welche Vermittlung es zwischen dem geben soll, was einen Diskurs konstituiert, und dem, was ihn mit anderen Diskursen zu größeren Bedeutungseinheiten zusammenzufügen erlaubt. Die Mikroebene der Semiose ist hier nicht bestimmend. Aus *L'archéologie du savoir* geht hervor, dass die unterste der vom Diskursbegriff erfassten Einheiten die der Aussage (énoncé) sein soll. Der Diskurs beruht auf sprachlichen Einheiten, die speziellen Formationsregeln gehorchen, ohne bloß virtueller Natur zu sein. Die diskursbildenden Aussagen müssen faktisch getan sein und der forschenden Instanz in historischer Konkretion vorliegen. Für verstiegene Spekulationen ist kein Raum: Die Analyse kreist um reale Dokumente.

Einen gesellschaftsblinden Substantialismus des Denkens lässt der Autor ebenso wenig zu. Wenn er die Formationsarten eines Diskurses rekonstruiert, erinnert das zunächst an das Regeldenken der französischen Strukturalisten. Im Unterschied zu diesen fragt Foucault jedoch konsequent nach dem, was mit Hilfe der Regeln ausgeschlossen, marginalisiert, diszipliniert wird. Es ist, mit anderen Worten, das Verdrängte des Diskurses, das seine Aufmerksamkeit auf sich zieht und das im Rahmen der neuzeitlichen Moderne als das nichtintegrierbare Andere der Vernunft identifiziert wird. Insofern dieses Andere aber nur von einem System von Aussagen her gedacht werden kann, figuriert es als ein überwiegend semantisch, durch Serien von Merkmalszuschreibungen konstituiertes ›Objekt‹. In seiner Inauguralvorlesung *L'ordre du discours* (1970) lässt Foucault denn auch offen, worin die Andersheit des Anderen genauer verankert sein soll.

Dem Diskurskonzept Foucaults mangelt jenes Moment der Zeichenspaltung, das den semiologischen Theorien ihre besondere Dynamik gibt. Julia Kristeva weist den Diskurs als ein unbewegliches »Archiv für Strukturen« zurück und setzt ihm den Text als eine »Praxis des Strukturierens und Destrukturierens« entgegen, die bis »zu den subjektiven und gesellschaftlichen Grenzen« gehe (Revolution, 30f.). Wo die textorientierten Ansätze das Zeichen aus der Maulwurfsperspektive umstürzen wollen, nimmt Foucault, seiner archäologischen Metapher unerachtet, eher die Vogelperspektive ein. Die Sprache wird auf der Höhe dessen erfasst, was in der strukturalen Anthropologie und Psychoanalyse als die symbolische Ordnung charakterisiert wird, sei es dass Foucault deren Veränderbarkeit behauptet. Seine Analyse erfasst breit gefächerte Strukturzusammenhänge, denen jeweils wechselnde historisch-thematische Lagen entsprechen.

Genau diese Korrespondenzrelation hat Foucaults Arbeit für die moderne Literaturwissenschaft wiederum interessant gemacht. Denn Literatur kann nun doppelt, nämlich teils als eine Diskursart, also systematisch, und teils geschichtlich, als Objekt einer historiographischen Epistemologie beschrieben werden. Dazu noch ist es möglich, über den Historismus und die These eines positiv wissbaren Ereignisfelds ›hinter dem Text‹ hinauszugelangen. Nur ist schwer zu ermessen, was es bedeutet, dass der literarische Diskurs mit einem Material arbeitet, das den Diskurs als solchen konstituiert, Sprache also, diese dem Kern nach als eine differentielle Prozessrelation begriffen. In seinem frühen Essay »Le langage à l'infini« (1963) hebt Foucault zwar die sprachliche Selbstdarstellung des modernen Werks hervor, ohne klärenden Bezug zum Diskursbegriff jedoch, so dass Sprache und Diskurs verhältnismäßig isoliert nebeneinander stehen.

Ein Beispiel aus der Deutungspraxis mag das Dilemma auf den Punkt bringen. Denn der Versuch, das *Woyzeck*-Fragment Georg Büchners im Anschluss an Foucault als »Gegendiskurs« zur Gesell-

schaft zu beschreiben, sieht sich statt auf diskurstypische Analyse-
mittel auf traditionelle Stilkategorien wie Satire oder Ironie verwiesen. Wenig diskursspezifisch wirkt daneben auch der aus der marxistischen Ideologiekritik übernommene Anspruch auf Entlarvung
(vgl. Herdina 1991, insb.141-185; eine behutsam kritische Belich-
tung der These vom Gegendiskurs auch bei Kammler 1990, insb.
38-43). In der Reihe der Text- und Literaturkonzepte des Poststrukturalismus fällt der Diskursanalyse daher ein relativ begrenzter Platz
zu, der neben der Frage von Subjekt und Autorschaft (s. Kap. II.7)
das Konzept der archäologischen Lektüre (s. Kap. III.2.2) betrifft.

2.2   Die Begriffsalternativen zum Zeichen

Zwischen den Büchern *Elemente der Semiologie* (1979; *Éléments de
sémiologie*, 1964) und *Die Lust am Text* (1974; *Le Plaisir du Texte*,
1973) des Kultursemiologen Roland Barthes liegen knapp zehn Jahre – und eine Welt. Die Texte spiegeln den Übergang vom wissenschaftlichen Strukturalismus zu einem essayistischen Modus der Li-
teraturbeschreibung. In *Elemente der Semiologie* hatte Barthes den
für die Literaturanalyse sehr fruchtbaren Begriff der Konnotation
weiter ausgebaut (siehe ebd., 75-78; vgl. S/Z, 10-14). In *Die Lust
am Text* wird dieses Terrain verlassen. Der Autor sucht nun ein Verhältnis zum Text zu gewinnen, das nicht mehr auf Kodes beruht.
Erprobt wird eine Reflexion über den Text als ein Wollust (jouissance) erzeugendes Gewebe, das dem Leser statt als Produkt als Produktion vorliegt. Zur Vermittlung seiner Leseerfahrung erfindet
Barthes phantasievolle Umschreibungen wie »Treibenlassen«,, »Rauheit der Kehle«, »das Indirekte« oder den Erfahrungsmoment des
»C'est cela!« (eine kommentierte Liste der Figuren bei Mortimer
1989). Konzeptuell stützt er sich indes auf übernommene Begriffe,
deren Quellen er teils auch nennt. Er spricht in Anlehnung an die
materialistische Texttheorie Kristevas von der Sinnlichkeit der Signifikanz, und für das unsagbare Moment der Wollust wird die Analyse
Lacans namhaft gemacht.

    Gerade die aneignende Form der Rezeption bei Barthes ist nun
aber illustrativ. Sie zeigt, dass sich in der zweiten Hälfte der 60er
Jahre eine ›Kehre‹ der Texttheorie durchzusetzen beginnt, die auf einer Änderung des Saussureschen Schemas basiert. Zu dieser Zeit,
und bei Lacan schon vorher, werden Konzepte entwickelt, die das
sprachliche Zeichen auf jene Prozessdynamik öffnen, die durch den
Anspruch auf Einheit verdrängt zu werden droht. Es ist eine Dynamik, die der Sprache innewohnt, aber nicht unmittelbar sprach-

licher Ausdruck im Sinne einer Sachaussage ist. Man könnte sie
›Semiose‹ nennen, sofern darunter nicht eine Repräsentation von
Differenzen im aristotelischen Sinn verstanden wird, denen eine
identische Substanz zugrunde liegt. Vielmehr handelt es sich um die
bei Saussure skizzierte Artikulation von formalen Verschiedenheiten,
denen ein positiver Bezugspunkt fehlt. In dem Augenblick, da das
Zeichen als Bedeutungseinheit zerfällt, tritt die Prozessbedingung
für die Gattung ›Text‹ zutage, mit dem Gewinn, dass die Textgenese
auf eine tiefere theoretische Basis gestellt werden kann.

Signifikant, Semiotisches und Schriftspur sind drei Begriffsentwürfe für die keimzellenhaften Fragmente, aus denen der Text gemäß
der neueren Sicht ›auskriecht‹. Mit ihnen treten uns die kleinsten
und im Kern schon gespaltenen Bausteine für ein prozessbetontes
Literaturmodell entgegen. Dem vergleichenden Blick stellen sie sich
als eine Art Stufenleiter ›nach unten‹ dar. Kristeva fügt Lacans linguistischer Unterscheidung von Signifikant und Signifikat eine dritte Markierung hinzu, die dem physiologischen Substrat der Sprache
gerecht werden soll. Derrida sucht noch unter diese präsignifikante
Dimension zu kommen, die er der Welt des Phänomens für zugehö-
rig erklärt. Seine Schriftspuren entfalten den Text jenseits aller
Wahrnehmbarkeit aus einem Moment heraus, den der Autor als reine Bewegung denkt.

2.3 Signifikant (Lacan)

Der Signifikant (signifiant) begründet die Elementartheorie der Bedeutung in der Analyse Lacans, deren Wurzeln in die kulturphiloso-
phischen Debatten der 30er Jahre zurückreichen. Die deutschspra-
chige Rezeption basiert auf den seit den 70er Jahren publizierten
Übersetzungen. Aus Lacans *Schriften I* (zuerst 1973) und *II* (zuerst
1975) sind vor allem »Funktion des Sprechens und Feld der Sprache« und »Das Drängen des Buchstabens« bedeutsam. Einflussreich
sind weiter die Seminarbücher *Die vier Grundbegriffe* (zuerst 1978),
Das Ich in der Theorie Freuds (1980), *Encore* (1986) und *Die Ethik
der Psychoanalyse* (1996).

Es ist nicht unbedenklich, dass die Rezeption Lacans zunächst
über die Vorträge und Essays der *Schriften* erfolgt ist. Die zentralen
Elemente der Theorie sind darin zwar enthalten, doch oft nur in der
verkürzten Form von Kernsätzen, Formeln und typologischen Sche-
mata und stellenweise stark belastet durch das Existenzpathos der
Kriegs- und Nachkriegszeit. Die Seminarbücher sind philologisch
weniger zuverlässig, geben dafür aber die fragende und suchende

Haltung des Autors und die offenen Stellen seiner Theorie wieder (für Einführungen zu Lacan vgl. Bowie 1994, Pagel 1989, Payne 1993, Roudinesco 1993 insb. 354-358, Weber 1990, Widmer 1990, Wright 1985; eine Interpretation der Subjekttheorie Lacans unter dem Aspekt des Individuellen versucht Frank 1989).

Subjekt, Signifikant und Unbewußtes

Das Wort ›Signifikant‹ geht auf antike Traditionen zurück, die Lacan aber nur beiläufig streift. Sein Signifikantenbegriff wird aus einer dreifachen Unterordnung gewonnen, die mit der »Unterordnung des Zeichens im Hinblick auf den Signifikanten« beginnt. Die Einrückung des Zeichens unter den Signifikanten geht zu Lasten des Signifikats, das, zweite Unterordnung, selbst unter die »Vorherrschaft des Buchstabens« zu stehen kommt. Zeichenkritik ist für Lacan Signifikatskritik, d.h. Kritik an der Fixierung sinnhaft besetzter Vorstellungsfragmente. Ihm zufolge hat der Glaube an den Vorrang des Signifikats sogar die von Freud zitierte Kopernikanische Revolution unbeschadet zu überstehen vermocht. Das Signifikat finde immer sein Zentrum, »wohin Sie es auch bringen mögen«. Wenn Lacan nunmehr den Signifikanten ins Zentrum der Analyse rückt, dann mit der Absicht, das Signifikat daraus zu vertreiben. Es gelte sich von der Illusion zu befreien, »daß das Signifikante der Funktion entspreche, das Signifizierte vorzustellen, besser: daß das Signifikante seine Existenz im Namen irgendeiner Bedeutung zu verantworten habe«. Bedeutung ist immer nur entlehnt. »Das Signifikat, das ist der Effekt des Signifikanten« (Drängen, in: Schriften II, 22, 27; Encore, 38, 47, 109).

Der Entthronung von Zeichen und Signifikat folgt als drittes die Unterordnung des Subjekts unter den Signifikanten. Abermals verschieben sich die Kategorien, denn als ›Subjekt‹ kann nun nicht mehr gemäß der Tradition ein substantieller Kern des Denkens in Ansatz gebracht werden. Wenn Lacan von der »Dominanz des Signifikanten über das Subjekt« (Schriften I, 60) spricht, ist das Subjekt als sich unbewusst artikulierendes Wesen gemeint. Das Subjekt ist unterworfen, ›asujetti‹, weil das unbewusste Sprechen mit Chiffren arbeitet, die, wiewohl nicht unstrukturiert, keiner positiven Semantik gehorchen. Die Würde, die das Unbewusste durch seine Erhebung in den Stand eines Subjekts erlangt, wird ihm wieder genommen, da das Subjekt den Status eines Untertans hat.

Methodologisch gesprochen sind das Unbewusste und das ihm korrelierte Subjekt das Resultat einer Reduktion auf den Signifikanten. Die romantische Idee von Seele und Traum als der rückzuerobernden »Nachtseite der Naturwissenschaft« (Gotthilf Heinrich Schubert) büßt erheblich an Glanz ein. »Das Unbewußte«, so Lacan, »ist nicht das Ursprüngliche oder das Instinktive, und an Elementen enthält es nur die Elemente des Signifikanten«. Man habe die »konstituierende Rolle des Signifikanten im Status des Unbewußten« verkannt, wiewohl Freud in seinem Traumbuch oft genug die »Sprachstruktur« der Bilder angesprochen habe (Drängen, 34-38; 48). Die Korrelation von Subjekt, Signifikant und Unbewusstem wird durch die vom Autor oft wiederholte Gleichung gekrönt, derzufolge das Unbewusste strukturiert sei wie eine Sprache. Lacan setzt Unbewusstes und Sprache also nicht einfach gleich, er nähert sie einander durch das Wort ›wie‹ an.

Man könnte das Bild für eine einfache Metapher halten, wonach sich Unbewusstes und Sprache ähneln wie Unbewusstes und Nacht im romantischen Text. Das würde Lacans Theorie jedoch den originellen Einschlag nehmen, der nirgends ausgeprägter ist als hier. Das Unbewusste ist strukturiert »comme un langage« wie es wörtlich heißt (Encore, 46). ›Langage‹ bezeichnet die menschliche Rede ihrer grundsätzlichen Anlage nach, und hiervon ist das Unbewusste ganz unmittelbar betroffen. Die Tatsache, daß Menschen sprechen, drückt auch und gerade ihren unbewussten Äußerungen das Strukturgesetz der Sprache auf. In den Begriff des Signifikanten schließt Lacan konsequenterweise jene im Unbewussten abgelagerten Wahrnehmungszeichen mit ein, die Freud dem worthaften Ausdruck der Person noch hatte vorausgehen sehen (Grundbegriffe, 52). Mit den Buchstaben (lettres) der Sprache sind diese unbewussten Signifikanten aber nicht einfach identisch. Der Signifikant kann sich laut Lacan in Buchstaben, jedoch auch in anderen Zeichenmodalitäten verkörpern. In seiner Funktion als artikulatorische, per Unterscheidung gliedernde Instanz ist er auf nur eine Materialart nicht beschränkt. Die moderne semiotische Filmanalyse hat aus dieser Übertragbarkeit den Begriff des ›Bildsignifikanten‹ gewonnen.

Text als »Signifikantennetz«

Lacans Signifikantenkonzept hat das literaturtheoretische Denken der letzten Jahrzehnte beeinflusst, insofern es die Idee eines primären textlichen Dynamismus unterstützt. Gleichzeitig trug es zum Abbau einer substanzorientierten Konzeption von Bedeutung bei. Von einer Theorie der Literatur ist es allerdings so weit entfernt, wie es ein nicht vorrangig ästhetisch zentrierter Denkansatz nun einmal ist. Die Theorie der Psyche und die Theorie der Literatur treffen sich darin, dass beide mit einem Beisatz des Unbewussten am sprachlichen Ausdruck rechnen. Eine epistemologische Einheit sind sie darum nicht (vgl. die Kritik von Thoma-Herterich 1976). Dem Problem wäre in der literaturwissenschaftlichen Forschung mehr Aufmerksamkeit zu widmen als es bisher der Fall ist.

Der Signifikant betrifft ein unbewusstes Sprechen, das weder direkt literarisch noch der individuelle Ausdruck eines Subjekts ist. ›Sprechen‹ meint hier ›parole‹ nach den Gesetzen der ›langue‹ in Verbindung mit Saussures Theorem der unterscheidenden Artikulation. »Die Struktur des Signifikanten aber ist darin zu sehen, daß er artikuliert ist, was ja ganz allgemein von der Sprache gilt« (Lacan, Drängen, 26). Und wenn Lacan den analytischen Diskurs als den Hauptbezugspunkt seiner Theorie erwähnt, ist auch kein überprüfbares Objekt im Sinne von Analyseprotokollen gemeint, wie es die Diskursanalyse Foucaults erfordern würde. Gemeint ist das metatheoretische Konstrukt eines Gesprächs, dessen optimale Realisierung darin bestünde, dem Appell der unbewussten Zeichen zu folgen. Auf dieser Folie konkludiert Lacan, dass es statt des Sinns die Bezeichnung sei, welche den Diskurs kommandiere. »Der Signifikant ist zuerst Imperativ« (Encore, 36).

Stützpunkt des »Imperativs« ist der Bruch oder Balken (barre), der im Schema Saussures das Signifikat vom Signifikanten trennt. Dadurch, dass das Signifikat gemäß der Intervention Lacans ›unterm Strich‹ bleibt, ist gewährleistet, »daß allein die Korrelationen von Signifikant zu Signifikant einen Maßstab abgeben für jede Suche nach Bedeutung« (Drängen, 26). Bedeutung ist nicht einfach da, sie muss durch die Artikulation des Buchstabens ermöglicht werden, der sich zu diesem Zweck an einen anderen reiht. Noch eigentlicher ist es der Bruch, der den Befehl zur Bedeutungsbildung gibt. Jedoch auch der Bruch, merkt der Autor an, diene lediglich der Notation halber um deutlich zu machen, dass alles was er geltend macht, »schon markiert ist durch den Abstand des Geschriebenen«. Diese Auskunft stammt aus dem Jahr 1973, vom ›späten‹ Lacan mithin, der hier die Möglichkeit eines rigoros differentiell bestimmten und durch Offenheit gekennzeichneten Prozesses des Schreibens und Lesens abwägt. Zu einer poststrukturalen Zuspitzung kommt es jedoch nicht. So weit es die bis jetzt allgemein zugänglichen Texte erkennen lassen, arbeitet Lacan die in der Gebrochenheit des Geschriebenen aufblitzende mediale Spur der Schrift nicht systematisch aus. Ohne dass neue Einsichten auf dem Gebiet der Lacan-Rezeption auszuschließen sind, wird für die Literaturwissenschaft vorerst das strukturale Ordnungsmodell des Signifikanten leitend sein (siehe Lacan: Die Funktion des Geschriebenen, in: Encore, 31–42, Zitat 39; vgl. Kap. III.2.4: Lektüre des Unbewussten).

›Strukturales Ordnungsmodell‹ heißt Phonologie, und darauf be-
zugnehmend postuliert Lacan, dass sich die Signifikanten zusam-
mensetzen »nach den Gesetzen einer geschlossenen Ordnung«
(Drängen, 26). Zur Illustration führt er das in der psychoanalyti-
schen Literatur allseits beliebte Fort-Da-Spiel an. Freud hatte es in
Jenseits des Lustprinzips (1920) unter Berufung auf ein spielendes
Kleinkind als Beispiel für den Wiederholungszwang zitiert. Der
Zwang mag sich auch darin äußern, dass die Episode seit Freud un-
ausgesetzt neu zitiert wird. Eines Tages wird man wohl von einer
Fort-Da-Forschung sprechen müssen. Der als Wechsel zwischen
»Fort« und »Da« interpretierte Ruf des Kindes ist nun allerdings in
der Tat beispielhaft. Die Phonemopposition von ›o‹ und ›a‹ wird mit
einem Wortpaar entgegengesetzten Inhalts verknüpft, was den Übergang zwischen An- und Abwesenheit doppelt signifikant zu Gehör
bringt. »Die Reduktion jeder Sprache auf eine sehr kleine Anzahl
dieser phonologischen Oppositionen«, so Lacan, »läßt uns einen ge-
nauen Zugang zu unserem Gebiet finden« (Schriften I, 126). Die
Strukturierung des unbewussten Sprechens analog einer überschau-
baren Zahl von Oppositionen gibt dem Gesamtentwurf des Autors
einen Zug ins Feste.

Beginn der 60er Jahre spricht Lacan von einem »Signifikanten-
netz«. Was die Idee des »World Wide Web« vorwegzunehmen
scheint, folgt einer alten Metaphorik des Textes als Gewebe. »Uns
interessiert das Gewebe, das diese Botschaften einhüllt, das Netz, in
dem gelegentlich etwas hängen bleibt«. Ein Text ist für Lacan weniger als ästhetische Figur denn als Träger einer Dialektik von Aussage
und Aussagen (enoncé, enonciation) relevant. Den Analytiker interessiert, was im Netz »hängen« bleibt, »Botschaften« des unbewussten
Sprechens eben. Auf den gekreuzten Achsen von diachronischer Ver-
setzung und synchronischer Punktualität ordnen sich die Signifikanten zu Mustern, denen der Niederschlag einer unbewussten Rede
ablesbar ist. Statt in den numinosen Tiefen des Textes verborgen zu
sein, ist das Unbewusste strukturell erschlossen, dafür aber nicht weniger indirekt. Ein Unbewusstes, das unmittelbar aus sich heraus
spräche, gibt es nicht (obgleich Lacans Wahrheitspathos es mitunter
suggeriert). Es ist einzig anhand von Sprachwirkungen rekonstruierbar (Grundbegriffe, 51; 58).

Lacans Beitrag zur Entwicklung der Texttheorie seit den 60er
Jahren ist in diesem Entwurf kondensiert. Ein Text ist der Ort, an
dem der Signifikant mit sinnträchtiger Buchstäblichkeit auf das verweist, was ihn hervorgebracht hat – ein nach oppositionellen Unterscheidungen strukturierter Prozess des Aussagens zuletzt. In der
konzeptuellen Perspektive des Signifikanten kann ein Text von der

direkteren Dinglichkeit der Erfahrung abgelöst werden, während gleichzeitig seine methodische Anbindung an eine Logik mit strukturalem Exaktheitsanspruch möglich ist. Der Begriff ›Signifikant‹ hat sich im literaturwissenschaftlichen Wortgebrauch als Alternative zum Zeichen allgemein durchsetzen können.

2.4   Das Semiotische (Kristeva)

Der Begriff des Semiotischen liefert den Grundstein für Kristevas Entwurf eines Tiefenprozesses des Textes. Es bezeichnet weder eine Instanz für sich noch auch nur eine dominante Textposition. Der Begriff des Semiotischen ist an den des Symbolischen gekettet, wie dieser an jenen. Erst in beider Verbindung ist die Konstitution von Bedeutung (procès de la signifiance) denkbar. Die Verbindung stellt eine logisch nicht auflösbare, von Kristeva als »heterogener Widerspruch« umschriebene Kontradiktion dar. Die Autorin steht vor einem Dilemma. Sie nimmt eine für den Sprachprozess konstitutive Dynamik an, die den logischen Setzungen der Sprache vorausliegen soll und doch nur mit ihrer Hilfe beschreibbar ist. Das Problem ist für die gesamte moderne Semiologie relevant. (Siehe für Einführungen zu Kristeva Werner 1978; Lechte 1990; Suchsland 1992; Payne 1993; für die Entwicklung ihrer Theorie und der ›Tel Quel‹-Bewegung Brandt 1997; für eine Diskussion verschiedener Lesarten zu ihrem Werk Oliver 1993; für eine wissenschaftliche Monographie Schmitz 1998).

Die Funktionsweise des Semiotischen ist in Kristevas *Revolutions*-Buch (1978) ausgearbeitet. Informativ sind daneben die Texte des Bandes *Polylogue* (frz. 1977), die fast alle in die Sammlung *Desire in Language* (1980), und teils in den *Kristeva Reader* (1986) übernommen wurden. Es sind linguistische, kunsthistorische, semiologische und geschlechtskritische Studien, die diverse Facetten des Semiosymbolischen belichten. Die seit den 80er Jahren auf deutsch erschienenen Studien der Autorin über die *Liebe* (1989), das *Fremde* (1990) und die *Melancholie* (1992) setzen die Grundbegriffe stets schon voraus.

Die semiotische *chora*

Die Annahme eines Semiotischen erlaubt es, das Zeichen von innen zu öffnen, »d'ouvrir dans son dedans un nouveau dehors«, wie Kristeva 1969 formuliert (Semeiotikè, 218). Die Autorin bahnt einen Weg zwischen Lacan und Derrida hindurch, wie ihrer folgenden Polemik zu entnehmen ist: »Daß eine solche Überschreitung möglich ist, ohne daß sich das Subjekt in der Psychose verliert, bereitet der Metaphysik Probleme, sowohl der, die den Signifikanten zum unverletzbaren Gesetz erklärt, als auch jener, für die es kein Thetisches, also auch kein Subjekt gibt« (Revolution, 71). Kristevas Wort »Metaphysik« ist gegen Lacan gerichtet, der den »Signifikanten zum unverletzbaren Gesetz erklärt«. Gleichzeitig soll es Derrida treffen, der das Subjekt im Geflecht der Schriftspur zerstreue, statt es durch das Nadelöhr der thetischen Setzung hindurchzuführen. Mit dem Begriff des »Thetischen« verknüpft die Autorin die Möglichkeit, räumliche Positionen wie Innen und Außen oder logische Urteile wie Wahr und Falsch zu setzen. Selbst ist sie bemüht ein, wie ihr Übersetzer vermerkt, »doppeltes Spiel«, nämlich »auf zwei Registern« zu spielen. »Doppelt« heißt hier nicht »harmonisch«, im Gegenteil. Die Verbindung von Trieb und Sinn steht im Zeichen des Konflikts, für den das Semiotische besonders kompetent sein soll (Werner 1978, 13).

Das Semiotische wird mit Hilfe der an der Schnittstelle von Sprache und Biologie situierten Trieblehre Freuds abgeleitet. Kristeva beobachtet eine Fusions- und Abstoßdynamik der Triebe, die sie als ›Verwerfen‹ (rejet) definiert. Man könnte an eine geologische Verwerfung denken, bei der das Erdmaterial gebrochen und zu neuen Formen vereinigt wird. Die Dynamik der Triebe wird dem Subjekt durch die Funktionen des mütterlichen Körpers vermittelt, soll dabei aber schon von einem Netz intersubjektiver Beziehungen umgeben sein. Der körperlich-trieblichen Dynamik des Subjekts korrespondiert der universelle Prozess der Materie, der seinerseits von den Setzungen der gesellschaftlichen Sprache geschnitten wird. Der Materieprozess zeichnet sich nach Meinung der Autorin durch die Phasen Verwerfen, Stillstand und Akkumulation sowie erneutes Verwerfen aus. Als gemeinsames Steuerungselement von Trieb- und Materieprozess setzt Kristeva ein ›dispositive sémiotique‹ respektive die semiotische *chora* ein. An sich vorsprachlich, zielt die *chora* auf das Werden der Sprache, deren sinnhafte Ordnung sie durch ihr »Körperspasma« (ebd., 160) gleichzeitig irritiert. Für Kristeva liegt hier das menschliche Urdrama, die Keimzelle jeden Konflikts.

Eine ideengeschichtliche Parallele entnimmt sie Platons naturphilosophischem Dialog *Timaios*, in dem das Problem des sinnlichen Werdens verhandelt wird. Das Problem sollte durch Platons These eines ewigen wirklichen Seins folgenschwer verschärft werden. Der Lösungsversuch des *Timaios* sieht so aus, dass den für seinsfähig erachteten Gattungen von Urbild und Nachbild eine dritte, »Amme des Werdens« oder *chora*, »Behältnis« genannte Art beigesellt wird.

Die *chora* fungiert als eine nach ungewohnter Weise seiende Urmatrix des Seienden, allem, wie es im Dialog heißt, »dem ein Entstehen zukommt, eine Stelle gewährend, selbst aber ohne Sinneswahrnehmung durch ein gewisses Afterdenken erfaßbar, kaum glaubhaft erscheinend« (Platon: Timaios, 174). Kristeva betont den kontrapunktischen Zug des vom Modell der *chora* her gedachten Prozesses der Sprach- und Textbildung. Von der *chora* als der Matrix des Seienden geht nicht nur alles aus, was an sprachlichen Ausdrucksformen entsteht, die *chora* ist, da sie keine wahrende Festigkeit kennt, auch der Ort, an dem jede Form wieder vergeht. Auf die Phase von Akkumulation und Stillstand, auf die sich laut Autorin die Sinnaussage eines Subjekts stützt, folgt ein zweite, die den Prozess wieder umkehrt, so dass er von vorn beginnen kann. Kaum hervorgebracht, wird der Sinn wieder aufgelöst. Er ist den Verwerfungen des konkreten Sprachmaterials, der Laute, der Rhythmen, der Spur der Atemzüge ausgesetzt, die Kristeva als heterogen, d.h. dem Sinn gegenüber als andersartig begreift.

Text als »Grenzerfahrung«

Was Kristeva semiotische »Artikulation« oder »Funktion« nennt, ist schwer zu beschreiben. Das Semiotische ist kein Signifikant, wohl aber das Vorstadium dazu. Es bedeutet nichts, es erzeugt vielmehr, »was bedeutet«. Kristeva sieht es als die materielle Bedingung des Bedeutens an. Das Semiotische stellt lose verbundene Einheiten (ensembles) im Bereich von Stimme, Gesten, Farben her. Da es dem Primärprozess mit seinen Verschiebungen und Verdichtungen unterliegt, ist es doppelt strukturiert, ähnlich wie es oben für die *chora* skizziert wurde. Das Semiotische spaltet nicht nur, es fügt auch provisorisch zusammen. Aufgrund dieser Doppelung kommt die Dynamik des Verwerfens in den lose gefügten Einheiten nicht zum Stillstand, sondern setzt sich darin fort. Für die Autorin folgt daraus ein »Mehr an Negativität«, das die statische Ordnung der einfachen Opposition untergrabe. Die im Innern z.B. einer Lautverbindung auftretende Verschiebung und Verwerfung des lautlichen Materials zerstöre eine andere, rigidere Einheit, die Koppelung der sprachlich-logischen Oppositionsterme nämlich. Das Semiotische ersetze die Opposition »durch *infinitesimale Differenzierung des Phänotextes*« (Revolution, 131). Die stete Re-Differenzierung der sprachlichen Gegensatzordnung durch eine Dynamik von ›innen‹ oder ›unten‹ wird von Kristeva als Argument gegen den Formalismus der strukturalen Psychoanalyse angeführt. Das Semiotische, warnt sie, könne einzig zum Preis der Verarmung aus der sprachlichen Praxis verdrängt werden:

»Denn durch diese Verdrängung entstehen Metasprache *(métalangue)* und ›reiner‹ Signifikant« (ebd., 61).

An diesem Punkt kann Kristevas Konzeption des Unbewussten im Kontrast zu Lacans Entwurf gesehen werden. Im Licht des Semiotischen ist das Unbewusste nicht nur strukturiert wie eine Sprache, es weist auch eine Art vorsprachliche Strukturierung auf. »The Unconscious«, umschreibt Kelly Oliver Kristevas Konzeption, »is not only structured like a language, but it is also structured like what is heterogeneous to language« (Oliver 1993a, 94; für die unterschiedliche Auffassung des Symbolischen bei Kristeva und Lacan vgl. Suchsland 1992, 53-84).

Das Semiotische ist nun aber keine autonome Gattung, und so muss es sich mit den Signifikanten des Symbolischen unter das Joch der Bedeutungsproduktion beugen. Dieser Teil von Kristevas Theorie ist zentral, lässt aber auch manche Frage offen. Wie, durch welche Operationen kommt die Klammer zwischen den heterogenen Partnern zustande? Die Autorin spricht von einem »Sprung« auf die Stufe der Repräsentation, den die semiotische Funktion vollziehen soll. Als Muster scheint ihr der Akt der Identifikation im Raum der familialen Bindungen zu dienen. Jedenfalls passt hierzu, dass Kristeva in *Pouvoirs de l'horreur* (1980) die Vorstellung eines Präobjekts entwickelt, dem Spuren des semiotischen Triebkörpers anhaften. Die Verwerfung (abjection) dieses Objekts soll es dem Kind ermöglichen, sich von der archaischen Figur der Mutter zu lösen und in den größeren Kreis der intersubjektiven Beziehungen einzutreten. Kristeva spricht den individual- und zivilisationsgeschichtlich relevanten Themenkreis von Ekel, Schmerz, Schmutz, Schreck und Grauen an, der von der deutschen Literaturwissenschaft bisher kaum hinreichend beachtet wurde (anders im englischsprachigen Raum; vgl. die Beiträge in Fletcher 1990; Crownfield 1992; Oliver 1993b).

Kristevas Konzept des Textes ist von der spannungsvollen Kooperation des Semiotischen und des Symbolischen bestimmt. Der Text ist eine kompakte Zweischichtenstruktur, in welcher der Sinn durch die Sinne hindurch zum Ausdruck gelangt. Die Autorin spricht von einer Praxis der Bedeutung, in der das Triebfundament der Sprache anerkannt werde. »In der *chora,* die dem Text zugrunde liegt, kommt das gesamte Ensemble der Partialtriebe zum Durchbruch: in einer fortlaufenden Bewegung von Verschlingen und Verwerfen, von Einverleibung und Ausstoßung, von Drinnen und Draußen« (Revolution, 107). Das psychoanalytische Vokabular ist markant, nicht minder deutlich aber ist, dass es nicht auf ödipale Handlungsdramen zielt. Mit dem Triebdispositiv der *chora* wird dem Text ein

Konfliktfeld unterlegt, das noch nicht sinnzentriert, man könnte auch sagen noch nicht genitalzentriert ist.

Mit Hilfe der – von der neueren Literaturwissenschaft generell akzeptierten – Unterscheidung zwischen Genotext und Phänotext hat Kristeva das Trieb-Sinn-Verhältnis theoretisch präzisiert. Der Genotext repräsentiert das semiotische Substrat eines Werks, in dem labile semantische Verbindungen mit phonematischen, melodischen und rhythmischen Markierungen vermischt sind. Der Phänotext baut darauf auf und entfaltet die Kommunikation zwischen einem Subjekt des Aussagens und einem Empfänger (ebd., 94-97).

Kristeva sucht mit ihrem Semiotik-Konzept einer historisch avancierten Ästhetik Genüge zu tun, deren Kern sie in der Konstitution des Textes als einer »›Grenzerfahrung‹« (ebd., 131) erblickt. Die Grenze, die der Text laut dieser Sicht erfahrbar macht, umschreibt sie als »le transfini dans la langue« (Polylogue, 180; s. Kap. II.3.6: Text als Praxis). Mit dem »transfini« ist nicht etwa das unendliche Nichts der spekulativen Philosophie gemeint. Gemeint ist jenes nicht symbolisierbare Nichts, »das wir«, wie die Autorin unterstreicht, »als die von jeher in Spaltung befindliche Materie begreifen« (Revolution, 162). Kristeva stellt die Literatur gleichsam vom Kopf auf die Füße. Ihr materialistischer Ansatz soll zum Ende einer alten ontologischen Mystifikation der Literatur beitragen. Literatur ist durchaus nicht der Abdruck eines reinen Geistes (=Logos). Ihre Sinnseite zeigt sich vielmehr nur, wenn zur gleichen Zeit der Zeichenträger, d.h. die Sprache in ihrer sinnlich konkreten Gestalt wahrgenommen wird. Dieser Appell an die doppelte, sowohl sinnhaft als auch sinnlich orientierte Wahrnehmung der Subjekte ist zugleich das, was die Literatur vom allgemeineren Sprachgebrauch unterscheiden soll. Die semiotische Materialität ist einem Flugschreiber vergleichbar, der durch den sozial geprägten Zeichenkosmos des Textes hindurch dessen Herkunft aus einer nahen, da der Körperlichkeit entstammenden, und doch fremden, weil unverfüglichen Welt der Sinnesregungen anzeigt. Etwas ähnliches muss es sein, das den ›späten‹ Roland Barthes von einem Text sprechen ließ, »bei dem man die Rauheit der Kehle, die Patina der Konsonanten, die Wonne der Vokale, eine ganze Stereophonie der Sinnlichkeit hören kann« (Lust am Text, 98).

2.5   Schriftspur (Derrida)

Dem deutschsprachigen Lesepublikum begegnen Derridas Begriffe ›Schrift‹ (écriture) und ›Spur‹ (trace) oft in der Zusammenziehung zu ›Schriftspur‹. Die Verbindung ist legitim, da ja die Spur die Eigenbewegung der Schrift und nicht der Abdruck eines äußeren Objekts sein soll. Derrida hat die Begriffe in seiner *Grammatalogie* (1974) und den Aufsatzbänden *Die Schrift und die Differenz* (1976) und *Randgänge der Philosophie* (1976) erklärt. Der *Randgänge*-Band von 1976 legte erstmals auch den Schlüsselessay des Autors über die *différance* auf deutsch vor. In den Texten »Semiologie und Grammatologie« und »Positionen« aus dem gleichnamigen Band hat Derrida seine Kritik am Zeichenkonzept und dem Phonozentrismus Saussures nachvollziehbar formuliert. (1972; dt. 1990) (zu Derridas Schrifttheorie und seiner Zeichen- und Phonozentrismuskritik vgl. die Studien von Hörisch 1979; Englert 1987; Kimmerle 1988; Strozier 1988; B. Menke 1990 u. 1994; Ansén 1993, insb. 55-75; Payne 1993. Auf sehr klare Weise führen Lagemann/Gloy 1998 in Derridas Theorieansatz ein).

Ein grenzenloses Ensemble von Spuren

Derrida hat zu Platons Thema der *chora* ein Lektürefragment (frz. 1986; dt. 1990) vorgelegt, das die Differenz seines Denkansatzes zu Kristeva markiert. Statt die *chora* nur als Modell für ein theoretisches Problem zu nutzen, schlägt er vor, sie auf Platons Text selbst anzuwenden. Etwas ähnliches hatte Luce Irigaray in ihrem *Speculum*-Buch (1974) getan, sei es aus einem dezidiert feministischen Interesse heraus, was eine zweite Differenz zu Kristeva eröffnet. Irigaray hebt die Aporien des Weiblichen im Diskurs der Philosophie hervor, indem sie Zitate aus Plotins Kommentar zu Platons *chora* kommentarlos aneinanderfügt und den Text so quasi für sich sprechen lässt (Irigaray: Speculum, 215-225).

Der »Platonismus« hat sich Derrida zufolge stets an Platons Themenstellung orientiert, ohne die Überdeterminiertheit seines Textes zu bedenken. Ohne, anders gesagt, den Text als Grenzerfahrung zu lesen, was hier etwas anderes meint als bei Kristeva. Derridas Schlüsselwort lautet nicht ›semiotisch‹ sondern ›textuell‹. Die Unterscheidung zwischen Trieb und Sinn verweist er in die Tradition des Platonismus, mag ihr Zusammenspiel noch so ausdrücklich als ›heterogen‹ qualifiziert sein. Mit gleichem Vorbehalt begegnet er dem Begriff des Signifikanten. Der Signifikant impliziert nach Derridas Urteil den Begriff des Signifikats und also abermals eine gedankliche Zweiteilung, die hierarchieanfällig ist, im gegebenen Fall zum Vorteil des Signifikats. Von Texten spricht der Autor lieber als einem »grenzenlosen Ensemble« (Chora, 61). Der Diskurs der Philosophie trachte das »Grenzenlose« durch seine systematischen Oppositionen zu verdecken. Die unebene Beziehung der Chora zu allem, was mit ihr ein normales Paar und einen klaren Ursprung zu bilden scheine, werde dabei verwischt (ebd., 70).

Texte als »Ensemble« aber Ensemble von was? Nicht von Zeichen (signes), denn die sind in Derridas Augen ja gerade ein Instrument zur Beherrschung des Grenzenlosen, da sie mit Oppositionen arbeiten, »Die Epoche des Zeichens ist ihrem Wesen nach theologisch«. Ensemble von Spuren, muss die Antwort lauten. Das Verhältnis von Spur und Schrift stellt sich dem Autor so dar, dass die Schrift ein Repräsentant der Spur, nicht aber diese selbst sei. Die Spur im Sinne des Existierens *ist* nicht. Derrida weist mit einer an Heidegger erinnernden Gebärde auf »die (durchstrichene) Ursprünglichkeit der Spur, das heißt auf die Wurzel der Schrift« hin. Als »Wurzel der Schrift« kann die »Spur« hier offenbar deshalb bestimmt werden, weil die »Ursprünglichkeit«, die sie Derridas Aussage zufolge hat, im selben Satz als »durchstrichen« erscheint. Das Paradoxon des durchstrichenen Ursprungs leitet auf die Erkenntnis hin, dass die Ursprungsbewegung der Spur darin besteht, all das, was sich im nachhinein als ursprungshaft ausgibt, im vorhinein schon geteilt zu haben (Grammatologie, 28, 131, 187).

Mit dem imperativen Gestus des Lacanschen Signifikanten oder der Störenfriednatur von Kristevas *chora* hat Derridas Schriftspur wenig gemein. Sie ist wie eine Königin, wenn auch ohne Reich, wofür sie dann aber keine Rivalen neben sich dulden muss. Das beginnt bereits auf der Ebene des Begriffs. »Niemals«, betont der Autor, werde die Schrift »unter der Kategorie des Subjekts zu fassen sein«, sogar der Sprache gehe sie voran, könne sie doch »insofern sie die Bedingung für jedes sprachliche System darstellt, nicht selbst ein Teil davon sein«. Derrida erhebt für die als Spur verstandene Schrift den Anspruch, dass sie alles was ›ist‹ in vorgängiger Weise eröffnen soll. Damit greift Derrida über das übliche Verständnis von Schrift hinaus. Was er »Denken der Spur« nennt, betrifft nichts, das direkt lesbar wäre. Das Denken gilt, wie eine Kapitelüberschrift sagt, der »Schrift vor dem Buchstaben«. Die Schrift dient nicht zur Entschlüsselung oder Verschlüsselung von Zeichen. Sie ist in der Weise autonom, dass sie sich im Sinn des *graphein:* ritzen, zeichnen, kurz, als »Spurenzeichnung« unablässig selbst fortpflanzt. Aufgrund dieser Vorannahme sieht sich der Autor berechtigt, »die allgemeine graphematische Struktur einer jeden ›Kommunikation‹ zu behaupten« (Grammatologie, 9, 119; Randgänge 1976, 31, 151).

Verräumlichung und Verzeitlichung

Bei einem so umfassenden Anspruch erhebt sich die Frage, aufgrund welcher Ableitungen die Schriftspur ein Konzept genannt werden darf. Bestimmend ist, um es vorwegzunehmen, die Dynamik der Intervallbildung mit ihren Folgen für Zeit und Raum. Der Autor selbst jedoch möchte keinen seiner Entwürfe als Konzept, Methode oder etwas derartiges bezeichnet wissen. Er spricht allenfalls von Merkmalsbündeln, provisorischen Strategien, brauchbaren Worten. So auch hier. Er benutzt das Wort ›Spur‹ nur strategisch und misst ihm keinerlei substantielle Bedeutung bei. Angesichts der fortwirkenden Macht des Präsenzgedankens sei es besonders geeignet, mit den Entwicklungen umzugehen, die in eine andere Richtung weisen (Grammatologie, 122-23; nähere Kommentare zur Problematik von Derridas Spur-Begriff geben Lagemann/Gloy 1998, 124-136).

Wo Kristeva den Drahtseilakt zwischen, salopp gesagt, ›Sound und Semantik‹ erprobt, versucht Derrida, eine reine Differenz, eine »lautlose Spurenzeichnung zu denken«. Sie sei stets der Metaphysik zum Opfer gefallen, »deren ganze Geschichte notwendig auf die Reduktion der Spur ausgerichtet war« (*différance* 1976, 30). Der Autor wehrt sich gegen ein verdinglichendes Verständnis von Schrift, indem er die Produktion von Spuren als jeder materiellen Vorbedingtheit enthoben denkt. Er schreibt: »Sie (=die Produktion) ist von keiner sinnlich wahrnehmbaren, hörbaren oder sichtbaren, lautlichen oder graphischen Fülle abhängig, sondern ist im Gegenteil deren Bedingung« (Grammatologie, 109). Ob dem Autor mit dieser rigorosen These nicht doch ein wenig Platon in die Schriftspur geraten ist? Oder ist es der Heilige Geist? Ein Interpret Derridas stellt die Frage verbindlicher so: »Müßte der Aufweis der Nichtsekundarität der Schrift nicht so verlaufen, daß gezeigt wird, daß es die Äußerlichkeit, die *Materialität* der Zeichen ist, die an der Konstitution der Schrift beteiligt ist?« (Ansén 1993, 70).

Die Schriftspur ist laut-, aber nicht regellos. Sie folgt dem Prozess der Intervallbildung, der selber durch Verräumlichung und Verzeitlichung gekennzeichnet ist. Derrida greift auf die Idee einer psychischen Schrift zurück, die Freud in der »Notiz über den Wunderblock« (1925) skizziert hatte. »Verräumlichung als Unterbrechung der Anwesenheit im Zeichen *(marque),* was ich hier Schrift nenne« (Randgänge 1976, 152). Der unter dem Druck steter Unterbrechungen gitterartig ausgreifende Raum des Schreibens ist die unverzichtbare Voraussetzung für jede Art von Zeichensetzung. Für das Subjekt des Traums stellt sich das wie folgt dar: »Bevor der Sinn als Sinn, d.h. als eine nicht weiter reduzierbare Schicht des Signifikats am Signifikanten, konstituiert werden kann, ist jedes Zeichen, jedes Wort in seinem Körper durch das Merkmal seiner Einschreibung und durch alle Formen seiner Verräumlichung bearbeitet« (Englert 1987, 60). Mit jedem Zug der Einschreibung bricht ein Abstand auf, der neue Flächen und Abgrenzungen schafft und den Fluss der Zeit ›ent-linearisiert‹. Ohne dies wäre die sukzessive Entfaltung der Traumzeichen zu einem lesbaren Gesamtbild nicht möglich.

Beispielhaft ist aber bereits ein einfaches beschriebenes Blatt, dessen Anblick die Dichter der frühen Moderne fasziniert hat. Ob handgeschrieben, gedruckt oder virtuell präsent, es erweckt den Anschein eines brüchigen Mosaiks. (In seinen frühen Schriften simuliert Derrida den Eindruck mittels typographischer Collagen, Kristeva experimentiert zu der Zeit ebenfalls mit einem zweispaltigen Text, was letzthin aber recht anstrengend zu lesen ist.) Texte sind von der Absetzbewegung zwischen den Buchstaben, den Lücken zwischen den Zeilen und den ›marges‹, den weißen oder mit Kritzeleien besäten Rändern des Blatts geprägt. Die manifeste Typographie erlaubt den Rückschluss auf den Prozess, der diese vielfältigen Spuren und Figuren aus dem Textgrund hat hervortreten lassen. Genauer gesagt wird der unsichtbare graphische Prozess durch das brüchige Textmosaik, das den Anlass zu seiner Entdeckung gab, nicht verursacht, wohl aber drängt er sich dem Denken von da als »lautlose Spurenzeichnung« auf.

Ein drittes, von Derrida selbst nicht erwähntes Bezugsbeispiel könnte die *Theogonie* (700 v. Chr.) des griechischen Dichters Hesiod sein. Der Kernteil ab Vers 116 beginnt mit dem Satz: »Wahrlich, als erstes ist Chaos entstanden«, um dann die weiteren Elemente der Entstehungsgeschichte folgen zu lassen. Das griechische Wort ›Chaos‹ bezeichnet eine Öffnungsbewegung, ein ›Klaffen‹ oder ›Gähnen‹, das den Raum aus seiner vorzeitlichen Homogenität erlöst und die Stelle schafft, an der das Erscheinende entstehen und das Entstehende erscheinen kann. Man muss aber nicht bis zu Hesiod gehen, Ähnliches sagt auch Heideggers berühmtes Denkbild der Lichtung. Nicht das Seiende bringt den Riss hervor, der Riss ist es, der dem Seienden den Weg bahnt und selber ›nichts ist‹. Derrida räumt ein, dass solchen Wegbahnungen der Moment einer provisorischen Fixierung, »restance« genannt, korreliert sein müsse. Andernfalls sei Unterscheidung nicht möglich. »Ohne in der minimalen Einheit der zeitlichen Erfahrung festgehalten zu werden, ohne eine Spur, die das Andere als Anderes im Gleichen festhält, könnte keine Differenz ihre Arbeit verrichten und kein Sinn in Erscheinung treten« (Grammatologie, 109; ähnliche Verlautbarungen in: Marges, 378; Randgänge 1976, 137f.; Sporen, 160; Dissemination, 16).

Zusammengefasst: Aus der Sicht von Derridas »Spur«-Konzept ist der Text ein Gebilde, das keinerlei substantielle Basis hat. Es kann lediglich aus der rein immanenten Bewegung der Einschreibung von Spuren abgeleitet werden. Zwar spricht auch Lacan von einem ›reinen‹ Signifikanten und meint damit eine Markierung, die den Prozess der Einschreibung dadurch überschreitet, dass sie ihn symbolisiert. Diese Überschreitung wäre nach Derrida aber schon der Ausdruck einer »Reduktion der Spur«. Anstelle von symbolisierenden oder vorsymbolisierten Textelementen sind es, wie er hervorhebt, einzig dem Raum-Zeit-Gesetz unterliegende Differenzen, welche die »*Texte,* Ketten und Systeme von Spuren konstituieren« (Grammatologie, 113). Bei den letzten Worten kommt viel auf die Betonung an. Als »*Systeme* von Spuren« sind Texte einer je spezifischen Ordnung unterworfen und von ihr her befragbar. Als »Systeme von *Spuren*« hingegen bilden sie jenes »grenzenlose Ensemble«, in dem Derridas Beitrag zur nachstrukturalen Öffnung des Textes besteht. Die Öffnung ist in logischer Hinsicht denkbar weit vorangetrieben. Grenzen, vor denen Halt zu machen wäre, gibt es für die Spur nicht, oder doch nur unter dem Druck jener Verdrängungsoperation, die der Autor mit der Waffe der philosophischen Opposition geführt sieht.

3.   Textkonzepte: Text als ›symptomales Gedächtnis‹

Zwei Symptommodelle

Die kritische Auseinandersetzung mit dem Strukturalismus setzte eine Vielzahl von Denkfiguren frei, zu denen auch die Vorstellung vom Text als einem ›symptomalen Gedächtnis‹ gehört. Die poststrukturalen Lesekonzepte knüpfen daran an. Das grundlegende Argument lautet wie folgt: Texte enthüllen nach Art eines Symptoms die innere Differentialität der sprachlichen Äußerung und somit jenes Moment, von dem die Kommunikation getragen wird. Konkret jedoch hat das Differenzmoment ›nichts zu sagen‹, es bleibt ›unsagbar‹. Die gängigen Diskurse neigen dazu, die unbequeme Erscheinung entweder zu verdrängen oder sie zu einem substantiell Unsagbaren, zum ›Geraune‹ zu mystifizieren. Damit verliert das Differenzmoment seinen irritierenden Charakter, aber auch seine Eigenart. Es ist allenfalls noch ein Symptom im pathologischen Sinn.

Der Vorstellung vom Text als einem symptomalen Gedächtnis korrespondieren sonach zwei Modelle von Symptom. Auf der einen Seite herrscht die klassische Definition Freuds, wonach das Symptom der Ausdruck einer misslungenen Verdrängung von Triebansprüchen ist. Symptome sind kein Zeichen für Verdrängung, sie sind »Anzeichen einer *Wiederkehr des Verdrängten*« (Freud, Verdrängung, 114f.). Die psychologische und die materialistische Literaturtheorie haben dies Modell übernommen. Demnach kehren die ungelösten Konflikte von Individuum und Gesellschaft in den künstlerisch deformierten Figuren eines literarischen Werks wieder und halten der Gesellschaft einen Spiegel vor, in dem sie ihre familial, klassenmäßig oder sonstwie verzerrten Züge zu erkennen vermag.

Maßgeblich für den Poststrukturalismus ist das zweite Modell. Es ist in den Lektüren zu finden, die der marxistische Philosoph und Philosophiedozent Louis Althusser (1918-1991) im Anschluss an Freud und Lacan entwickelt hat. Althusser liest Sprachformeln, die in wissenschaftlichen Texten ›auffällig‹ sind, als Indiz für unbewusste ideologische Konflikte. Den Ausdruck ›sozialistischer Humanismus‹ zum Beispiel deutet er 1963 als Flucht in die Ideologie des Bürgertums, weil ein Ersatz für die teils unzureichend entwickelte marxistische Theorie gebraucht werde (in: Für Marx, 168-195, insb. 192-194). Julia Kristeva beruft sich in ihrem Essay »Semiologie als kritische Wissenschaft« von 1966 ausdrücklich auf Althusser. Ihr Satz, dass der Diskurstyp der Semiologie »sich als handfestes Symptom der kulturellen Umwälzungsprozesses zu erkennen gibt« (ebd., 35), bringt die Einsicht zum Ausdruck, dass die wissenschaftlichen Terminologien prägend auf den gesellschaftlichen Diskurs einwirken (s. Kap. III.2.3).

Der poststrukturale Symptombegriff changiert so weit ins allgemein Semiotische, dass ein wiederkehrendes Textsignal zwar ›auffällig‹, aber nicht mehr pathogen wirkt. Symptom ist fortan etwas Positives. Es zeigt an, dass etwas ›funktioniert‹. Theoretisch wird es auf ein signifikantes, also auf Verständnis drängendes, in einer einheitlichen Intention aber nicht resümierbares Geflecht von Anzeichen zurückgeführt. Statt von Krankheiten, Konflikten oder Ersatzlösungen spricht das Symptom nun von Prozessen, die anders denn indirekt nicht artikulierbar sind.

Mit der ›Mimesis des Symptoms‹ gewinnt der Text eine Dimension, die für das poststrukturale Literaturverständnis typisch ist. Literatur ist nicht nurmehr der Spiegel bestimmter sozialer oder individueller Konflikte. Sie ist ein elementares sprachzeichenhaftes Gedächtnis, vielleicht *das* Gedächtnis von Kultur, Gesellschaft und Zivilisation überhaupt. In der Literatursprache sind die Spuren der verschiedenen Prozessschichten der Kommunikation verzeichnet, mittels der die Subjekte ihr individuelles und kollektives Dasein zu deuten, zu analysieren und zu arrangieren trachten. Literatur zeigt, dass die ausformulierten – zu Oppositionen erstarrten – Konflikte der Endpunkt einer langen Kette sind, an deren Anfang Spuren, Risse, Male der Einschreibung stehen. Die mitverzeichneten Prozesse der Einschreibung sind so flüchtig, dass sie den Anspruch auf ein gefestigtes Ich oder ein geordnetes System ins Wanken zu bringen drohen und darum selbst durch Abwehrmaßnahmen bedroht sind. Würde die Prozessdimension offener anerkannt, könnte ein guter Teil der üblichen, gewissermaßen sekundär erzeugten Verdrängungskonflikte erübrigt werden (zum Gedächtnis-Thema vgl. die unterschiedlichen Ansätze von Assmann 1983; Bossinade 1990; Harth 1998; Haverkamp/Lachmann 1991; Lachmann 1990; Simon 1998; Weigel 1994).

Die methodische Aufmerksamkeit für sprachliche Elementarprozesse ist selbst Symptom. Sie zeigt an, dass die kritischen Erben von Strukturalismus, Phänomenologie und Hermeneutik in die Suche nach alternativen Denkmustern seit den 60er Jahren eingebunden sind. Doch statt einen durch Negation des Vorhandenen bewirkten Vorgriff auf das Nochzuzureichende zu tun, beharren die Poststrukturalisten auf dem Vorhandenen. Dieses Vorhandene ist aber weder ein objektiv Gegebenes, noch zuerst das, was sich gemäß der marxistischen Utopie etwa Ernst Blochs in den individuellen und kollektiven Pathologien der spätbürgerlichen Gesellschaft als deren Unabgegoltenes behaupten soll. Es ist das, was aus dem sprachzeichenhaften Gedächtnis des geschriebenen Werks spricht, an die Grundbedingungen der Kommunikation erinnert und nur zum Preis einer reduzierten Fremd- und Selbsterfahrung überhört werden darf.

Diese Annahme soll am Beispiel von Textkonzeptionen illustriert werden, die in der literaturtheoretischen Diskussion bis heute aktuell sind. Dieser Einschränkung fallen die Gemeinschaftsarbeiten von Gilles Deleuze und Félix Guattari zum Opfer, die in den 70er und frühen 80er Jahren eine hohe Reputation genossen. Es sind das Buch *Anti-Ödipus* (dt. 1974), die Essays über *Kafka* (dt. 1976) und der Interviewband *Rhizom* (dt. 1977). Einzig die These einer ›kleinen Literatur‹ (littérature mineure) hat sich allgemeiner behaupten können. Sie ist auf die Artikulation von sozialen Minderheiten bezogen, die sich einer großen Sprache bedienen, wie es Kafka tat. Das Textkonzept der Autoren stützt sich auf das Bild eines dezentrierten Wurzelgeflechts, ›Rhizom‹, das die Herrschaftslogik von Signifikant, Gesetz und Symbolischem konterkarieren soll. Eine polemische Replik darauf ist bei Manfred Frank zu lesen, der die Prämisse eines ungezähmten ursprünglichen Begehrens als Symptom von Zivilisationsflucht liest. Unterstellt sei »ein Ur-Positives, den Wunsch, der erst nachträglich in die Maschen der symbolischen Ordnung gerät und sich dort dissoziiert« (Frank 1983, 400-454, Zitate 410 u. 424). Dass sich der kulturkritische Ansatz der beiden Autoren – ihre Einzelproduktionen bleiben hier außer Betracht – nicht stärker hat durchsetzen können, hängt in der Tat wohl mit der relativen Schwäche der semiologischen Begründung zusammen. Das Rhizom-Konzept wirkt anschaulich, in seiner Wende gegen gesellschaftliche Institutionen aber eher diffus und allgemein.

3.1 Text als Begehren (Lacan)

Die Passion des Begehrens

Am Signifikanten hängt, nach Signifikanten drängt doch alles, namentlich das menschliche Begehren, das in erster Linie nicht einer Sache, einem Gut oder einem besitzbaren Objekt zugewandt ist. So eine Kardinalmaxime Jacques Lacans, von der viele neuere Textinterpretationen inspiriert sind.

Die Vernetzung von Signifikant und Begehren ist methodisch auf ein und dieselbe Dynamik gestützt. Lacan bestimmt sie in Abwandlung des Freudschen Begriffspaars Verschiebung und Verdichtung als Operation von Metapher und Metonymie. Dass diese Operation, ebenso wie das Begehren, unbewusst ist, wird in der literaturwissenschaftlichen Rezeption so deutlich nicht immer gesehen. Von Begehren (désir) wird oft ohne spezifische, auch ohne sexuelle Konnotationen gesprochen, und fraglich ist, was außer Fausts »rastlosem Streben« damit beschreibbar wäre. Noch verwickelter wird die Sache dadurch, dass Lacan Schlüsselworte seiner Theorie wie ›Phallus‹, ›Symptom‹, ›Begehren‹ um 1970 in neue Parameter wie ›Kontingenz‹, ›unbewusstes Genießen‹, ›Liebe‹ zu verschieben begann. Auf das linguistische Modell folgte eine Topologie von Knoten, Ring und Faden, die das Unbewusste in seinem unmittelbaren Sein darstellen sollte. Eine 1971 unter dem Eindruck einer Japan-Reise verfasste Skizze des Autors zeigt, dass seine Sicht auf das Literarische von der Veränderung mit betroffen war. Statt auf die ›Institution‹ Literatur und die Ordnung des literarischen Scheins wird der Blick auf die ›Literalität‹ der Schriftzeichen und die Spur ihrer singulären und flüchtigen Zerklüftung gelenkt (vgl. Lacan: Lituraterre).

Die sprachliche Determinierung des Begehrens immerhin steht fest, und sie ist es auch, die den Begriff in die literaturtheoretische Diskussion eingeführt hat. Freuds Begriff des Wunsches scheint auf infantile Handlungs- und Besitzansprüche und damit auf außertextliche ›Inhalte‹ oder ›Intentionen‹ zu verweisen. Mit Lacan hingegen konnte ein Text als Text, als eigensprachliche Konstruktion ›symptomal‹ gelesen werden. Hinweise gibt der Autor in den Aufsätzen seiner *Schriften I* und *II*. Auf die zweifache Operation in der Sprache Bezug nehmend, spricht er von »den ewig auf das *Begehren nach etwas anderem* ausgerichteten Bahnen der Metonymie«. Was sich da anbahnt, ist nicht ohne Drama:

> »Durch sein Symptom schreit das Subjekt die Wahrheit dessen heraus, was dieses Begehren in seiner Geschichte gewesen ist, so wie nach Christus‹ Wort die Steine geschrien hätten, hätten ihnen die Kinder Israels ihre Stimme geliehen.
> Darum auch vermag nur die Psychoanalyse im Gedächtnis die Funktion der Wiedererinnerung genauer zu bestimmen. Verwurzelt im Signifikanten, löst sie durch das Heraufsteigen der Geschichte im Menschen die platonischen Aporien der Reminiszenz« (Das Drängen des Buchstabens, in: Schriften II, 44).

Das Begehren hat eine Geschichte, die in den unbewussten Operationen der Sprache gespeichert ist wie eine Komposition in einem elektronischen Rechner. Im Rahmen der analytischen Kur ist sie abrufbar und kann das »tote«, scheinbar vergangene Begehren neu inszeniert werden. Das Symptom des Subjekts findet Gehör beziehungsweise zu seiner Wahrheit; andernfalls bliebe es stumm wie die von Lacan nach der Bibel zitierten »Steine«. Durch die Verknüpfung von »Christus‹ Wort« und »Symptom« wird suggeriert, dass das Begehren nichts weniger denn eine Passionsgeschichte sein kann. Beide, Signifikant und Symptom, drängen auf die Wiederholung dessen, was sich den »Bahnen der Metonymie« eingeschrieben hat. In seiner als »Romrede« (1953) bekannten Erklärung über den Primat der Sprache in der analytischen Kur hebt Lacan hervor, »daß das Symptom sich ganz in der Sprachanalyse auflöst, weil es selbst wie eine Sprache strukturiert ist, und daß es eine Sprache ist, deren Sprechen befreit werden muß« (Schriften I, hier 109). Und so treffen wir denn den Signifikanten in der Funktion eines unbewussten Gedächtnisses an, das die Schicksale des Begehrens verzeichnet hält, um ein Ohr zu erreichen, das zu hören vermag.

Als Passion kann das Begehren aber schon deshalb konnotiert werden, weil es mit Mangel zu tun hat. »Desire is not a relation to an object, but a relation to a LACK« (so Evans 1996, 37). Den Subjekten qua sprachabhängigen Wesen ist die Erfahrung mangelnder Einheit vom Kindesalter an eingebrannt. In seiner frühen Schrift über »Das Spiegelstadium als Bildner der Ichfunktion« hat Lacan diesen Gedanken zuerst mit Bezug auf die imaginäre Konstitution des Ich umrissen (in: Schriften I; auch in Kimmich 1996; für eine kritisch kommentierte Darstellung des Spiegel-Konzepts vgl. Gekle 1996). Dies Konzept des Spiegel-Ich mit seiner Implikation von Verführung, Aggressivität und Verkennung der anderen Person hat es in der Literaturwissenschaft zu großer Popularität gebracht. Es konnte mit dem klassischen Topos des Narziss verknüpft oder mit kritischer Absicht auf die spekulative Struktur der idealistischen Verstehens- und Interpretationslehre angewandt werden. Es mag auch an literarische Einsichten erinnert haben, die lange vor Lacan verfügbar waren. Zu Beginn des Combray-Kapitels in Prousts *A la recherche du temps perdu* (1913-1927) etwa ist davon die Rede, dass wir als soziale Person eine geistige Schöpfung der anderen seien.

Entscheidend für die Heraufkunft des Begehrens ist nicht das Verhältnis zu spiegelbildlichen Subjekten oder die Verhaftung des Subjekts im Spiegel von seinesgleichen. Es ist sein Verwiesensein auf jenes Andere, das Lacan als den grundsätzlich durch Mangel gekennzeichneten Ort der menschlichen Rede bestimmt. In der Sekundärliteratur wird die enge Verzahnung von »Begehren« und »Mangel« mitunter im Sinne eines Objektbezugs, etwa als »›Begehren nach dem Mangel‹« gefasst (v. Bormann 1995, 24). Zunächst deutet Lacan allerdings nur ein gemeinsames Richtungsverhältnis an, wenn er von dem Begehren spricht, »das auf diesen Mangel zielt, den es unterhält« (Drängen, 41).

Als privilegierter Signifikant des Begehrens fungiert der Phallus, wie Lacan in »Die Bedeutung des Phallus« und »Subversion des Subjekts« (beide in: Schriften II) sowie in Teilen des Seminars *Encore* ausführt. Für eine gedanklich sorgfältigere Arbeit des Autors zum Thema Phallus sei auf das noch unübersetzte Seminar von 1957/58 *Les formations de l'inconscient* (Veröff. 1998) verwiesen.

Die diversen konzeptuellen Figurationen des Phallus gehen in letzter Instanz auf die dem unbewussten Gedächtnis eingeprägte Entdeckung des kindlichen Subjekts zurück, dass da, wo das Genital der Mutter ist, kein Penis ist. Indem Lacan die Entdeckung als Kastration benennt, folgt er der Begriffsvorgabe Freuds und legt sie in einem Deutungsrahmen fest, der ein Grundaxiom seiner Theorie bildet. Es lässt sich so zusammenfassen, dass der phallische Mangel der Frau den Phallus dazu prädestiniere, zum Signifikanten des Mangels schlechthin, und, insofern ohne die Vorstellung eines bedeuteten Mangels kein Begehren denkbar ist, Begehren aber wieder vom Signifikanten abhängig ist, zu einem privilegierten Signifikanten aufzusteigen. Lacan interpretiert den Phallus als einzigen Signifikanten ohne ein Signifikat, wobei zweifelhaft ist, ob nicht eher ein Signifikant ohne ein Referenzobjekt am geschlechtlichen Körper der Frau gemeint ist.

Unter dem Einfluss der feministischen Wissens- und Diskurskritik seit den 70er Jahren hat sich eine Debatte entzündet, in der es neben Zustimmung auch Einspruch gab. Als positiv wird durchwegs vermerkt, dass Lacan den Geschlechtsbiologismus der Freudschen Psychoanalyse durch eine antinaturalistische Sprachsymbolik abgelöst habe. Andererseits wird erwogen, ob nicht die Grundfixierung von Frauen auf die Position ›nicht-phallisch‹ die kindliche Abwehr gegen die Erkenntnis reproduziere, dass die Eltern sexuierte Wesen und keine mythischen Kugelgestalten sind. Die Mutter eine Frau? Nur das nicht! Der Phallus drohe als verdeckter Fetisch zu fungieren und als Antwort auf Fragen ausgegeben zu werden, die der tieferen Analyse entzogen bleiben. Außer Frage steht indes, dass die Debatte um die Geschlechterdifferenz an Perspektiven gewonnen hat, seit sie auf die Ebene von Sprache, Symbol und Diskurs verschoben wurde. Die Literaturwissenschaft kann von dieser Verschiebung nur profitieren, außerdem bietet sie einen guten Ausgangspunkt für eine weitergehende Reform der psychoanalytischen Geschlechtstheorie (für kritische Reflexionen auf Lacans Theorie vgl. z.B. v. Braun 1985; Gallop 1982; Butler 1991 u. 1995; Taureck 1992; Vinken 1992; Lummerding 1994, Gekle 1996. In größerer Nähe zu Lacan argumentieren Mitchell/Rose 1982; Ragland-Sullivan 1989; Safouan 1973; Seifert 1987; Weber 1990; über das Symbol s. Kap. II.6).

»Der entwendete Brief«

Das 1957 publizierte »Seminar« Lacans »über E.A. Poes ›Der entwendete Brief‹« handelt unmittelbar von der Rolle des Signifikanten und mittelbar von der Rolle des Begehrens (Lacan: Poe, in: Schriften I, auch abgedruckt in Gallas 1972; vgl. das Resümé Lacans in: Das Ich in der Theorie Freuds, 243-261). Das Seminar ist zwar nicht die einzige, aber die einzig systematische Studie des Autors über Literatur. Es wäre aber nicht gerecht, ihr einen literaturanalytischen Anspruch zu unterstellen. Es geht Lacan darum, die höhere Determinierung des Subjekts aus dem Durchlauf eines Signifikanten zu illustrieren. Der Signifikant garantiert die Unzerstörbarkeit des Begehrens und bahnt der intersubjektiven Beziehung den Weg. Er macht das Subjekt zur Marionette seiner unbewussten Antriebe und hat immer das letzte Wort. Lacan lässt es den Signifikanten in Form einer kleinen Ansprache selber verkünden: »Du glaubst zu handeln, während ich dich bewege an Fäden, mit welchen ich deine Begierden verknüpfe« (Poe, 40).

Die als »Wahrheit« umschriebene Verknüpfungsarbeit des Signifikanten sieht Lacan als »die Voraussetzung jeder Fiktion« an. »Jeder

Fiktion« impliziert, dass die Operation der Signifikanten der Verschiedenheit der Textgattungen vorausgeht, was zugleich erklärt, warum dem Autor jede Geschichte – ob literarisch oder nicht – gleich gut wäre. Unterdessen negiert er keineswegs die Wirkung, die von der erzählerischen Kommentierung der Dialoge bei Poe ausgeht. Ohne diese Technik würde die Handlung des Dramas »unsichtbar« bleiben (ebd., 10). Unstreitig ist schließlich auch, dass Lacan eine Struktur an dem Text herausarbeitet, die als dessen narratives Grundgerüst angesehen werden darf.

Von Mallarmé ist der Satz überliefert, er habe englisch gelernt, um Poe im Original zu lesen. Ob der Satz auch von Lacan stammen könnte, mag nun allerdings fraglich sein. Sicher ist nur, dass er für sein Seminar nicht eine der sprachlich und atmosphärisch dichteren Schauergeschichten Poes, sondern einen vernünftig aufklärbaren Kriminalfall ausgewählt hat. Die amerikanische Romanistin Jane Gallop suggeriert augenzwinkernd, der französische Amerika-Kritiker Lacan habe sich von einem französischen Meisterdetektiv anziehen lassen, den ihm ein großer amerikanischer Dichter als Ideal vorgesetzt habe (in: Other, 69).

The Purloined Letter von Edgar Allan Poe (1809-1849) erschien 1845 und wurde von Charles Baudelaire ins Französische übersetzt. Der ›plot‹ der Geschichte ist, dass ein kompromittierender Brief an die Königin von Frankreich von einem Minister entwendet und durch ein schlichtes Imitat ersetzt wird. Nicht die mit der Suche beauftragte Polizei, wohl aber der Detektiv Dupin findet das Billet und entwendet es nun seinerseits, um es an die rechtmäßige Empfängerin zurückzugeben. Der Clou ist, dass Dupin das geraubte Stück am paradoxalen Ort eines offenen Verstecks entdeckt. Der Dieb hat das Blatt einfach umgefaltet und, »a little too self evident«, im offenen Raum seines Bureaus ›verborgen‹. Ludwig Wittgenstein umschreibt in den *Philosophischen Untersuchungen* (1953) den Paradox einer unsichtbaren Sichtbarkeit so, dass die für uns wichtigsten Aspekte der Dinge durch ihre Einfachheit verborgen seien, und genauso ist es hier.

Der Clou bei Lacan wiederum ist, dass er den Brief, »la lettre« , als Stellvertreter des »reinen Signifikanten« liest. Die sich wiederholende Bahn des Briefs überschneidet sich mit der unbewussten Dynamik des Subjekts dergestalt, dass Poes Text als Gedächtnis der intersubjektiven Realisierung des Begehrens, will sagen in seiner Wende zum Ort des Anderen als Ort der Sprache lesbar wird. Die unterschiedlichen Orte der Geschlechter sind darin mit verzeichnet. Die Person, die den Brief in ihrer Obhut hat, oder richtiger, die der Brief in seine Obhut nimmt, rückt in die weibliche Position. Der Besitz eines derart signifikanten Stücks lässt auf den Akt einer klandestinen Aneignung schließen. Am deutlichsten trifft es den Minister, für dessen behauptete Transformation ins Weibliche Lacan jedoch einen anderen Grund angibt. Seines Diebstahls wegen habe der Minister eine symbolische Schuld auf sich geladen, die ihn nötige, nach dem Modus der Neurose vorzugehen und sich dem Bild seines ohnmächtig schuldigen Opfers anzugleichen. »Wiederkehr des Verdrängten« schließt der Interpret (Poe, 33f.).

Damit hat Lacan die Sicht auf den Text um eine bedeutsame Note erweitert. Poes Erzählung kann ein intentionales Symptom im Sinne Freuds entnommen werden, wonach eine fehlgeschlagene Verdrängung, hier in bezug auf Schuld, sich am Handeln der Person verrät. Sie kann aber auch und zugleich als Symptom gemäß der strukturalen Perspektive gelesen werden. In dem Fall offenbart ein durch Wiederholung auffällig gewordenes Textmoment die »Wirkung des Unbewußten«, will heißen, erläutert Lacan, »daß der Mensch vom Signifikanten bewohnt wird« (ebd., 35). Das Symptomale bekundet sich jetzt in seiner positiven Funktion. Es zeigt an, dass etwas im Sprechen insistiert, ohne dass es ein Subjekt – im Sinne der Passion des Begehrens – überhaupt nicht gäbe.

Die Poe-Debatte

Um Lacans Poe-Seminar hat sich in den 70er Jahren eine Kontroverse entsponnen, die sich zu einer Hauptmoräne der strukturalpoststrukturalen Literaturdiskussion abgelagert hat. Dabei hat insbesondere auch Lacans These über den Zusammenhang von Sprache, Unbewusstem und Geschlechtsposition zündend gewirkt. Sie trug dazu bei, dass die Kontroverse mit einem für texttheoretische Fragen sonst eher ungewohnten intellektuellen Feuer geführt wurde.

Den direkteren Anstoß zu der Auseinandersetzung gab Derrida mit dem Essay »Le facteur de la vérité« (frz. 1975; dt. 1987). Er verschmilzt darin eine Kritik an Lacans Poe-Lektüre mit dem Vortrag seiner eigenen schrifttheoretischen Positionen. Seine Kritik lautet, dass sich Lacans Poe-Seminar zu wenig vom Lektüreschema der Psychoanalyse abhebe. Zwar stelle die textbezogene Lesart einen Fortschritt gegenüber dem autor- und themenzentrierten, im Grunde also literaturfeindlichen Deutungskanon der Psychoanalyse dar. Letzthin lese Lacan aber nicht textbezogen genug, was Derrida in die Formel von der vernachlässigten »Schreibszene« des literarischen Werks fasst (»scène d'écriture« im französischen Original, »Schriftszene« gemäß der publizierten Übersetzung). Die Formel dient ihm zugleich dazu, die imaginäre Topologie der Kastration anzugreifen, in die er die strukturale Psychoanalyse verstrickt sieht.

Unter »Schreibszene« versteht Derrida eine Teilungsbewegung im Raum des Textes, die den Signifikanten ›überbordet‹, d.h. sich als umfassender erweist als dieser. Die Textspuren sind von ihrer Konstitution her gespalten und bleiben dieser Spaltung jederzeit und allerorten ausgesetzt. Mit diesem Apodiktum weist Derrida Lacans Wort zurück, wonach der Brief als materielles Objekt zerrissen werden könne, der Signifikant als solcher aber unteilbar sei und daher immer seinen Bestimmungsort erreiche (siehe Lacan: Poe, 22f.; 41). Derrida verwirft diese Position als »Atomystik«. Er hält dagegen, dass ein Signifikant immer auch *nicht* ankommen könne, dass er sogar im Fall des Ankommens von der Möglichkeit des Nichtankommenkönnens gezeichnet sei. Lacan beharre nur deshalb auf der Unteilbarkeit, weil er den ›reinen‹ phallischen Signifikanten vor der Dissemination, d.h. seiner unwiederbringlichen Zerstreuung im Text und durch den Text zu bewahren wünsche. Die Zirkulation des Phallus werde in den Rahmen eines herrscherlichen Pakts eingeschlossen. Dieser Pakt gehe als transzendentales Signifikat den textlichen Signifikanten voran und lenke den Prozess der analytischen Deutung. Schließlich habe der Phallus einen festen Platz in der Topologie der Kastration (der Frau), an dem er folgerichtig immer wieder ankomme (Derrida: Facteur, 213-216, 273; für Derridas Kritik an Lacan vgl. das Interview »Positionen«, dt. 1986, frz. 1971).

Derrida hat die Frage der Ästhetik im Blick, wenn er den Text als eine für sich zu rekonstruierende Dimension, als »Schreibszene« behauptet. Gleichzeitig unterstellt er der psychoanalytischen Theorie, dass sie diese Szene zu ignorieren versuche. Täte sie es nicht, wäre sie gezwungen, ihre Verstrickung in die Szene einzugestehen. Die Psychoanalyse streite jedoch ihr eigenes Immer-schon-in-einen-größeren-Rahmen-eingeschrieben-sein, kurz, ihre Textabhängigkeit ab. Derrida definiert die »Schreibszene« auch als Entzug eines festen Grunds, *mise en abîme*, und ähnlich hatte es Novalis zwar nicht genannt, aber doch gesehen: Das Weltall zerfalle in unendliche, immer von größeren wieder befasste Welten.

Lacans Poe-Seminar, so Derrida im Detail, befrage nicht den Statut des literarischen Textes und beschränke sich auf den Aufweis einer Wahrheit, die anderswo verortet sei. Das reduziere das literarische Beispiel auf »eine *Botschaft*«. In einer kursorischen Gegenlektüre hebt er hervor, dass Lacan die Rolle des Erzählers in Poes Text unterschätze. Dessen Rede spalte, verschiebe und verzweige doch gerade mittels weiterführender Verweise die von Lacan nur formalistisch und quasi neutral herausgearbeiteten Bahnen des Signifikanten. »Verfehlt man die Position des Narrators, seine Einbindung in den Inhalt dessen, was er zu erzählen scheint, so lässt man all das aus, was von der Schriftszene die beiden Dreiecke überbordet«. Derridas szenographische Wahrnehmung läuft darauf hinaus, als ›literarisch‹ das zu qualifizieren, was dem »Überborden« nicht einfach nur eine Bahn oder einen Raum, sondern eine Bühne gibt. Das Geschriebene kann sich dort als Exponent einer vervielfältigenden Teilung manifestieren. In der Summe behauptet Derrida, dass Lacan das symptomale Gedächtnis des Textes theoretisch nicht tief genug erfasst habe (Facteur, 201, 266).

Die us-amerikanische Literaturwissenschaftlerin Barbara Johnson hat in ihrem berühmten Aufsatz über »Poe, Lacan, Derrida« (1978) ihrerseits Derrida kritisiert. Derrida wiederhole die seinem Kontrahenten vorgeworfene Fixierung auf analytische Theoreme insofern, als er bestrebt sei, seine eigene Schriftphilosophie an die Stelle des kritisierten Objekts zu setzen. Indes seien Phallus, Signifikant und Brief keineswegs unantastbar, da sie selber als Teilung fungieren, strukturell nämlich, da Lacan sie eben nicht als Substanzen definiere. Das Eintreffen des Signifikanten an seinem Bestimmungsort dürfe darum nicht substantialistisch ausgelegt werden. »The letter's destination is thus wherever it is read« (Johnson 1978, 169). Johnson lässt offen, welches Gewicht der Umstand hat, dass sie die Intention Lacans aus dem erschließt, was er im Text selbst nicht sagt.

Slavoj Žižek wiederum identifiziert den entwendeten Brief kurzerhand als das Verdrängte. Seines Erachtens entspricht es einer naiven Auffassung vom Unbewussten, wenn man wie Derrida annehme, das Verdrängte könne auch *nicht* wiederkehren. Derrida sage selbst, dass es keinen Text ohne eine Spur von Textualität gebe, und nichts anderes bedeute es, dass ein Brief immer seinen Bestimmungsort erreiche (Žižek 1991, 32f.). Es hat den Anschein, dass Kritik und psychologische Diagnose sich hier vermischen. Ein Neurotiker, wer glaubt, eine Spur könne sich unwiederbringlich verlieren.

Edith Seifert schließlich nimmt die Nähe von ›Brief‹ und ›Signifikant‹ zum Anlass, eine spezifisch weibliche Verlustposition in bezug auf den Phallus zu umreißen. Der Verlust des Briefs versetze die Königin/Frau in die Lage, der Bindung an den großen Anderen lies den Absender des Briefs zu entsagen und in die Kette der symbolischen Ersatzbildungen einzutreten. »Der Verlust des Anderen ihrer selbst, des ›Eigenen‹, führt sie vor die Notwendigkeit der (partiellen) Streichung dieses Anderen und ließ eine Metaphernstruktur entstehen (Ersetzung des Briefs durch ein Imitat)« (Seifert 1987, 162). Das Dilemma dieses Vorschlags ist, dass die Frau nun zwar den ›Anderen‹ streicht, ihrerseits aber nicht als ein gestrichenes Subjekt ›Frau‹ in Erscheinung tritt. Der Anspruch auf ein unverlorenes Eigenes droht unter den phallischen Ersetzungen ungebrochen fortzuleben.

Direkter auf die Literatur bezogen rät Shoshana Felman dazu, von der »interimplication« von psychoanalytischer Theorie und poetischem Text auszugehen. Der poetische Text arbeite mit Signifikanten, die dem der Sprachanalyse zugänglichen Unbewussten entstammen und sich der Mystifikation eines TextJenseits verweigern. Lacans Seminar über Poe sei daher richtungweisend für eine Analyse des Unbewussten (des Verdrängten) »not as hidden but the contrary as exposed – in language – through a significant (rhetorical) displacement« (Felman 1987, 45). Ähnlich, wenngleich methodisch präziser argumentiert Ulla Haselstein (1991), die zugleich beweist, dass die Poe-Debatte den französischen und angloamerikanischen Rahmen überschritten hat. Der Verfasserin zufolge hat Lacan die Verstrickung der Psychoanalyse in den Textprozess durchaus thematisiert, sei es denn narrativ und nicht metasprachlich. Statt die Textualität zu verdrängen, wie Derrida meine, habe Lacan sie »in seinen Texten *versteckt*« (Haselstein 1991, 101-157; hier 153; s. Kap. III.2.4: »Analytisches Lesen«. Zur Poe-Debatte vgl. Gallop 1986; Muller/Richardson 1988; Wright 1989. Zu Brief, Signifikant und Literatur vgl. Frank 1978, 351-365; Hiebel 1990; Steinbrügge 1997).

Helga Gallas: »Michael Kohlhaas«

Einen paradigmatischen Beitrag legte die Germanistin Helga Gallas 1981 mit ihrer Analyse des *Michael Kohlhaas* (1810) von Heinrich von Kleist vor. Die Novelle wird im Hinblick auf die Identitätssuche des Helden als »Begehren« gedeutet, und Lacan als derjenige angewiesen, der erstmals ein derartiges Textverständnis auf psychoanalytischer Grundlage zu formulieren erlaubt habe. Theoretische Explikation, methodische Reflexion, Wissenschaftskritik und textnahe Analyse werden von der Verfasserin souverän verbunden. Im Anschluss an Lévi-Strauss, Lacan und Jakobson erhebt sie den Anspruch, die literarische Interpretation nicht in einer letzten, schon gar nicht einer letzten außertextlichen Struktur aufgehen zu lassen. Ihres Erachtens hat gerade auch der Marxismus den Gegenstand »Literatur« falsch konstituiert, weil er ihn durch eine historische und nicht durch eine textliche Struktur determiniert sah (Gallas 1981, 11-12; 106-109; ein Resümee der Kleist-Lacan-Deutung in Gallas 1992, 599-604).

Die Kohlhaas-Analyse von Helga Gallas ist eine eigenständige Arbeit. Parallelen zu Lacans Poe-Seminar sind dennoch genauso un-

übersehbar wie zu den Maximen der strukturalistischen Literaturanalyse überhaupt.

Kleists Text wird nach Sequenzen gegliedert, deren Akteure einander substituieren oder verdoppeln, die Plätze tauschen oder Dreiecke bilden, wobei Kohlhaas die Rolle des ödipalen Sohns spielt.
Die Kurfürsten erscheinen als Vater-, Lisbeth und die Zigeunerin als
Mutterfiguren, und an die Stelle des Begehrensobjekts ›Pferd‹ tritt
als dessen »Äquivalenz« der Zettel, den Kohlhaas in der Kapsel am
Hals trägt. Zwischen den Gliedern der Serie bestehen formale Beziehungen, die die Interpretin als differentielle Abstände benennt,
dann aber gut strukturalistisch als Homologie nach dem Schema a:b
wie c:d definiert (ebd., 70f.).

Die Objekte oder richtiger die Signifikanten des Begehrens werden als Phallusmetaphern gedeutet, was an den Kern der Textinterpretation führt. In Kleists Text soll ein Verdrängtes wirksam sein,
das zugleich als Maß für die Bildung von Äquivalenzen dient. Dies
Verdrängte ist laut Gallas der phallische Signifikant, der genauer der
Phallus der Kastrationsszene ist. Eine dingbezogene Deutung des
Begehrens entfällt damit, denn, so die Autorin: »Das Begehren richtet sich nicht auf ein reales Objekt, sondern auf die Vorstellung von
etwas, das es real nie gegeben hat (den Phallus der Mutter)« (ebd.,
87). Zu der behaupteten Entrealisierung des Phallus stimmt der
Satz, dass Begehren im Grunde ein »Begehren nach nichts ist« (ebd.,
88). Aus der Notwendigkeit, jenes ›Nichts‹ zu verdecken und zu verschieben, leitet Gallas das hermeneutik-kritische Konzept einer ge-
sperrten Sinnfindung ab. Das Objekt des Begehrens (der analysie-
renden Person inclusive), kann nie eingeholt werden. Es ist
strukturell verloren.

Die Interpretin rückt den Text in ein Licht, das ihm Eindeutig-
keit versagt und ihn gleichzeitig auf Äquivalenzverhältnisse hin ab-
sucht. Es gibt, verloren oder nicht, einen Besitz, der den Helden
»am teuersten ist« (ebd., 71). Die Maßvorgabe hält die Analyse in
vorgezeichneten Bahnen, mag die Serie der phallischen Ersetzungen
an sich auch unabschließbar sein. Insoweit träfe zu, was Poe seinen
Detektiv Dupin über die Pariser Polizei sagen läßt: »They have no
variation of principle in their investigations«. Verstellt sind Fragen,
die auf eine komplexere Textsymptomatologie hinführen könnten.
Eine solche Frage wäre etwa, ob nicht die Kohlhaasschen Pferde –
sie erscheinen immer im Koppel – den Phallus über das Standard-
motiv der Kastration hinaus in clownesker Weise spalten, ihn ›disse-
minieren‹, mit Derrida zu reden. Und der Zettel schließlich, dieser
schon bei Poe so schwer einsehbare umgefaltete ›Fetzen‹: Er ließe
sich anhand von Derridas Topos der mit sich selbst nicht zur Dek-

kung gelangenden Textfalte (pli) oder der Ein- und Ausfaltungsbewegung des Textes (hymen) in den Raum einer weiblichen Sexualsymbolik stellen, der bei Gallas gemieden wird.

Unterdes zeigen Arbeiten im Anschluss an Gallas und Lacan, dass die ausdrückliche Frage nach dem »weiblichen Textbegehren« nicht zwangsläufig zu einer ergiebigeren Lesart führt. Eine Studie zu Bachmann, Haushofer und Zürn zum Beispiel sieht das weibliche Begehren allenfalls in den Zwischenräumen der Texte, nicht etwa anhand von sprachsymbolischen Konfigurationen angedeutet (Morrien 1996). Alles in allem hat Lacans Konzept des Begehrens neue Perspektiven auf die Konstitutions- und Funktionsweise des literarischen Textes ermöglicht, ohne dass seine Leistungsfähigkeit für Theorie, Analyse und Interpretation von Literatur schon genügend reflektiert wäre (für weitere Literaturanalysen im Umfeld Lacans vgl. Appelt 1989, Bossinade 1996, Hofmann 1996).

3.2 Text als erotischer Körper (Barthes)

›Körper‹ als Vergleichspunkt

Roland Barthes (1915-1980) hat sich gleichfalls mit Edgar Allan Poe beschäftigt. Anstelle einer Detektivstory wählte er jedoch die Schauergeschichte »The Facts in the Case of M. Valdemar« (1845). Der Titelheld der Erzählung ist ein klinisch toter Mann, der durch einen mesmerischen Eingriff am Pol des Lebens festgehalten, vom Erzähler verhört und schließlich seinem Tod überlassen wird. Das Analysefragment (1973) zeugt von der Zwickmühle, in der sich der späte Barthes befand. Es fällt ihm schwer, das Instrument der strukturalen Analyse aufzugeben, gestattet sie es doch, den Text nach Satz- und Handlungssequenzen, kulturellen Kodes und konnotativen Bezügen zu ordnen. Tatsächlich hat der Autor nie aufgehört, mit binären Kriterien zu arbeiten, so ›plaisir-jouissance‹ und ›lisible-scriptible‹ für den Text und ›punctum-studium‹ für das photographische Bild (Barthes 1970, 1973, 1980; einführend zu Barthes vgl. Neumann 1979, Röttger-Denker 1989; zu Barthes Schreibansatz O'Neill 1984, Brown 1992; zu Bachmann und Barthes vgl. Brinkemper 1986; zu Barthes Lektürekonzept s. Kap. III.2.1).

Gleichwohl wird Barthes durch ein Phänomen angezogen, das sich mit dem binären Schmetterlingsnetz nicht mehr einfangen lässt. Es ist der berühmte Satz des Valdemar: »Ich bin tot«. Barthes erkennt, dass diese Mitteilung weder eine das Gegenteil evozierende Verneinung noch eine haltbare Affirmation oder schlichtweg eine unglaubwürdige Aussage ist. Sie ist vielmehr »die *unmögliche Äuße-*

rung« (Abenteuer, 291). Die Logik des zweiwertigen Gegensatzes stößt an ihre Grenze. »Paroxysmus der Transgression, die Erfindung einer unerhörten Kategorie: des *Wahr-Falschen, des Ja-Nein; Tod-Le-ben* wird als ein unteilbares, unkombinierbares, undialektisches *Ganzes* gedacht« (ebd.). Mit dem »Paroxysmus der Transgression« wird ein Begriff evoziert, der von dem französischen Schriftsteller Georges Bataille (1897-1962) intensiv bearbeitet wurde. Man wird ihn in keinem Theorietext des Poststrukturalismus vergebens suchen. Verausgabung, Verschwendung, Überschreitung, Exzess bezeichnen Denkfiguren, mit denen das an Hegel orientierte Systemdenken entgrenzt werden sollte.

Barthes »Valdemar«-Analyse klingt in Sätzen aus, die an Derridas Hinweise zum »Entwendeten Brief« erinnern. Die Erzählung zwinge den Lesenden eine Unentscheidbarkeit der Kodes auf, die durch keinen Rekurs auf den Autor zu beheben sei. Es gebe nur »einen Performator, der in seiner eigenen Produktion steckt« (ebd., 297). Wichtig ist, dass Barthes zu einem neuen Modus der Beschreibung vorstößt. Der Text wird von einem produktiven Vergleichspunkt her zum Sprechen gebracht. Dieses Vorgehens wegen ist Barthes mit Cixous verwandt, deren Feminismus allerdings spezifischere Akzente setzt. Um den Text als Körper und den Körper als Text betrachten zu können, stützt sich Barthes auf eine Analogie, die vom Prozess der semiotischen Spaltung beherrscht wird. Seine Analysen zu Bild, Musik, Kultur stützen sich auf dieselbe Konstruktion. Barthes beruft sich auf Saussure, der die Spaltung des linguistischen Zeichens in Signifikant und Signifikat durch ein System von Analogierelationen ergänzt habe. Er habe so eine epistemologische Wende, nämlich die Ablösung des Ursprungsgedankens herbeigeführt (in: Abenteuer, 159-163).

›Körper‹ lautet somit der Vergleichspunkt. Er liefert Barthes das symptomale Netz, innerhalb dessen ein Text einfache Gegensätze zu ›transgredieren‹ vermag. Einzelne Sätze sind jetzt weniger wichtig als die Textwirkung im ganzen und diese fesselt mehr als etwa der Diskurs der Mode mit seiner »armen Rhetorik« (Barthes, Mode, 243). Die Stunde des *Plaisir du Texte* (1973) ist gekommen. Die Textwirkung resultiert aus der Gespaltenheit des sprachlichen Materials, und je zwingender die Lesenden in diese elementare Brüchigkeit hineingetrieben werden, desto eher ist es ihnen vergönnt, ›jouissance‹, Wollust zu erleben.

Bettina von Arnim sprach von der Wollust als dem, was unsere Sinne bewegt. Barthes nennt es Eros. Eros ist was die Erfahrung der Spaltung sucht, statt sie zu meiden. »Ist die erotischste Stelle eines Körpers nicht da, *wo die Kleidung auseinanderklafft?«* (Lust, 16).

Wie Körper so Text. Beide sind dem gliederlösenden Eros verpflichtet, denn ihre Festigkeit erweist sich als löslich. »Der Text hat eine menschliche Form, er ist eine Figur, ein Anagramm des Körpers? Ja, aber unseres erotischen Körpers« (ebd., 25f.). Mit dem Wort »Anagramm« evoziert Barthes ein antikes Genre, das durch die Arbeit Jean Starobinskis über die *Anagramm*-Studien (1906-1909) Saussures in den 60er Jahren neu in die wissenschaftliche Debatte gelangt war. In den Publikationen der Poststrukturalisten wird es regelmäßig zitiert. Die Strategie der sinnverändernden Umgruppierung der Buchstaben regte zum Beispiel Julia Kristeva dazu an, Ana- und Paragramm als Prototyp des textkonstitutiven Verfahrens zu interpretieren (s. Kap. II.4.1, III.2.3).

Barthes denkt Eros im Unterschied zu Platon und Freud nicht als Kraft, die einigt. Für den Vorstellungsbereich des Ganzheitlich-Imaginären gebraucht er den Begriff der Liebe. Doch folgert er nicht, dass Eros destruktiv sei, im Gegenteil, »nicht die Gewalt imponiert der Lust; die Zerstörung interessiert sie nicht; was sie will, ist ein Ort des Sichverlierens, der Riß, der Bruch, die Deflation, das *fading*, das das Subjekt mitten in der Wollust ergreift«. Nach dem Beispiel der Leibphilosophie Nietzsches soll der Körper weder als Objekt christlicher Daseinsangst verteufelt noch zum apollinischen Marmorbild verklärt werden. Er ist das, was immer schon ›vergeht‹. Barthes überbietet Nietzsche sogar noch, wenn er an die Stelle des Willens zur Macht den Willen zur Wollust setzt (Zitate Lust, 14; 21; vgl. die »Fragmente einer Sprache der Liebe«, insb. 158-159).

Das Ideal des Neutralen

Eine weitere Analogie schließt sich an. Das wollüstige Genießen soll der Perversion der Psychoanalyse vergleichbar sein. So wie eine perverse Strebung auf Partialobjekte gerichtet ist und sich dem Ideal der genitalen ›Mündigkeit‹ versagt, ist das textbezogene Genießen auf Fragmente, parzellierte Teile, Unterbrechungen bezogen. Das Gedächtnis eines verdrängten polymorphen Begehrens soll der Text trotzdem nicht sein, jedenfalls nicht im Sinn eines Bewahrens. Texte sind Orte des »*fading*« . Beim Anblick der tachistischen Bilder Bernard Réquichots notiert Barthes: »All dieses Überschriebene, ins Nichts Geritzte, läßt das Vergessen einfließen: Es ist das unmögliche Gedächtnis« (Sinn, 232). Von einem »Konflikt des Gesetzlichen und des Ungebändigten« wie in Goethes »Wahlverwandtschaften« oder Kristevas Semiosymbolik will Barthes ebenso wenig etwas wissen. Der »Konflikt«, so sein Urteil, »ist immer codiert« (Lust, 24). In seiner auf unbedingten Anti-Repräsentationismus zielenden Textauffassung geht es um die »skandalöse Wahrheit der Wollust«. »Skanda-lös« ist, dass die Wollust, »wenn jegliches Imaginarium des Redens erst einmal eliminiert ist, durchaus *neutral* sein kann« (ebd., 24). Wo sich dieses »*Neutrale*« im Text offenbart, erkennt Barthes jenes positiv symptomale Funktionieren, das sich dem klassischen Ver-drängungskonflikt entzieht.

Die Annahme eines neutralen Moments der erotischen Erfah-rung hat nicht unerheblich zum Erfolg von Barthes Textästhetik bei-getragen. Stärker als die methodische Umsetzbarkeit der Idee wirkte dabei ihre enthusiasmierende Kraft (vgl. z.B. die mimetische Nach-zeichnung der Figur des ›Neutre‹ bei Comment 1991). Mit Barthes schien es möglich, der Literatur ein hierarchiefreies Differentes ab-zulesen – wollten die Poststrukturalisten nicht gerade dies? – und sich mit diesem Angebot zu identifizieren, ohne dem ideologischen Streit um irgendwelche Rechte ausgesetzt zu sein. Das Problem der strukturalen Opposition? Ein Scheinproblem sozusagen, von den Werken der ›jouissance‹ immer schon überholt. Desgleichen die Fra-ge, welche ›objektive‹ Referenz die Textzeichen hätten. Wenn der Körper immer schon ›im Text‹ ist, wozu dann noch ›außen‹ suchen?

Ganz in dem Sinn überlegte Derrida, ob nicht Barthes und Wal-ter Benjamin die grundlegenden Texte zur Frage nach dem Referen-ten in der technischen Moderne verfasst hätten (Tode, 13). Und Ju-lia Kristeva hob rühmend hervor, dass Barthes eine neue Art von Wissensdiskurs entwerfe, indem er das Subjekt des Begehrens in das literarische Objekt, den Text, einschließe, dessen Heterogenität da-bei immer anerkannt werde (Littérature, in: Polylogue, 52-54). Ge-rade die Anerkennung von Heterogenität jedoch ist aufseiten der Kritik bezweifelt worden. Barthes fetischisiere vielmehr das Frag-mentarische und neutralisiere den Text-Körper im Sinn von de-se-xualisieren, unkenntlich machen in bezug auf die geschlechtliche Differenz. Das Ideal des Neutralen deute auf einen Mangel an opti-scher und analytischer Tiefenschärfe hin. Die Literaturkritikerin Naomi Schor schließt die Frage an, ob das »degendering« des Kör-pers bei Barthes am Ende nicht lediglich ein »defeminizing« sei, das die männlichen Prärogative unangetastet lasse (Schor 1987, 97; vgl. die subtile Kritik von Johnson 1996). Unstreitig scheint am Ende nur, dass Barthes den parzellierten Text als Verbündeten gegen die Verdrängung ansieht, denn »nichts ist wirklich antagonistisch, alles ist plural. Leichtfüßig passiere ich die Nacht der Reaktion« (Barthes: Lust, 48).

3.3   Text als »Mimesis spielen« (Irigaray)

Die verdrängte Andersheit der Frau

›Text als Symptom‹ – diese Sicht wird von der Psychoanalytikerin, Philosophin und Sprachwissenschaftlerin Luce Irigaray in einem dezidiert kulturdiagnostischen Sinn vertreten. Texte enthalten die Spuren der verdrängten Andersheit der Frau, deren Pendant die Indifferenz der traditionellen Geschlechtstheorie sei. ›Verdrängt‹ ist dabei im Sinn von ›zensuriert‹ und ›Text‹ als Teil einer übergeordneten Aussagestruktur zu lesen. Texte sind Bestandteil eines Wissensdiskurses, den für Irigaray die abendländische Philosophie von Platon bis Heidegger und die Psychoanalyse seit Freud und Lacan repräsentieren.

Die Wirkung dieser Autorin im deutschsprachigen Raum ist begrenzt geblieben. Auf Seiten der Frauenbewegung stieß sie auf Vorbehalte, die sich im Kritikpunkt des Essentialismus, d.h. einem ursprungsgerichteten Weiblichkeitsdenken vereinigen lassen. Der Essentialismus-Vorwurf hat sich im Lauf der 70er Jahre allerdings zum Klischee verfestigt. Die Möglichkeit, Irigarays Texte gegen den Strich zu lesen, wie es bei bedeutenden Oeuvres üblich ist, wurde kaum genutzt. Fundierte Studien zu ihrem Denkansatz sind am ehesten in der Philosophie sowie im angelsächsischen Sprachraum zu finden (vgl. z.B. Whitford 1991, Chanter 1995). In der Regel ist das interessierte Lesepublikum auf Aufsätze, Teilkapitel oder den Pflichtteil zu Irigaray, Cixous und Kristeva in feministischen Überblicksdarstellungen verwiesen (vgl. z.B. Deuber-Mankowsky 1986; Postl 1991; Schor 1992; Weber 1994; Rippl 1995; kongenial zu Irigaray Lindhoff 1995; für einen einlässlichen Textvergleich Irigaray-Derrida vgl. Schällibaum 1990).

Ungeachtet der Probleme hat sich seit den späten 70er Jahren eine Linie der literaturkritischen Arbeit herausgebildet, die Irigarays Topos vom subversiven ›Anderswo der Frau‹ als Lektüreschlüssel nutzt. Die literarische Produktion von Autorinnen wird als ein sprachsymbolisches Feld gelesen, dem die Spuren der ›Krankheit Patriarchat‹ eingeschrieben sind nebst den Versuchen einer ›Heilung‹ davon. Ein Beispiel sind die in den 80er Jahren vorgelegten Publikationen der Literatur- und Kulturwissenschaftlerin Sigrid Weigel, insbesondere ihr Buch *Die Stimme der Medusa* (1987). In eine ähnliche Richtung weisen die Analysen unter anderem der Literatur Anne Dudens von Franziska Frei Gerlach (1998).

Wenn Irigaray von ›Symptom‹ spricht, sind genau genommen zwei Texte involviert. Da ist zuerst der Text der philosophischen Tradition, in dem das Weibliche nicht als solches imaginiert wird. Es erscheint vielmehr, wie Irigaray zuspitzt, als Anderes des Selben, konkret des selbstzentrierten Männlichen. Frauen sind hier das Andere, ohne wirklich anders zu sein. Der historisch dominanten Vorgabe wird ein zweiter Text aufgesetzt, der die Imagination eines autonomen Weiblichen zurückerobern soll. »Vielleicht zurückkehren zu diesem Verdrängten des weiblichen Imaginären?« (Irigaray: Waren, 11). Der von Lacan entlehnte Begriff des »Imaginären« verweist auf die statische, raum- und bildorientierte Dimension der Psyche, an die Irigaray ihre Entwürfe einer weiblichkeitsspezifischen Körperwelt anschließt. Dabei hat speziell ihr Bild der sich selbst sprechenden Geschlechtslippen derart heftige Abwehrreaktionen provoziert, dass diese eine Studie für sich wert wären (in: Geschlecht, 1979; dazu z.B. Osinski 1998).

Das Problem dürfte sein, dass Irigaray die Begriffe ›Frau‹ und ›Weiblich‹ ohne eine Dialektik des Mangels denken will. Damit verzichtet sie ähnlich wie Deleuze und Guattari in den 70er Jahren auf ein Negativum, das den Ansatz des psychoanalytischen Denkens im Prinzip stark macht. Die Aufgabe wäre, das Negative bzw. den Mangel präziser auszuarbeiten, wo es um die Bedingungen der geschlechtssymbolischen Position von Frauen geht. Andernfalls bleibt den Bildern des Weiblichen in der Tat nur ein ebenso großer oder geringer Erklärungswert, wie man ihn dem Ort der Frau als ›Nicht‹, ›Anderes‹ oder ›Jenseits‹ des Phallus zusprechen kann (vgl. Lacan: Encore, 85-96).

Das Konzept der ›doppelten Syntax‹

Irigarays unbestrittenes Hauptwerk ist das Buch *Speculum* (frz. 1974; dt. 1980). Seine rhetorische Struktur ist so angelegt, dass sie das kritische Anliegen der Autorin unterstützt. Hilfreich für das Verständnis des Projekts sind neben den zahlreichen Essays der Autorin die frühen Interviews, insbesondere über die »Macht des Diskurses«, 1976 erstmals auf deutsch erschienen (in: Waren).

Irigarays Konzept einer »zweiten« oder »doppelten Syntax« steht der poststrukturalen Theorie des Textes nahe. Eine Erweiterung der geschlechtlichen Syntax soll es ermöglichen, das gängige Modell von männlicher Selbst-Repräsentation und weiblicher Re-Präsentation durch eine Sprache ohne inneren Hierarchiezwang zu ersetzen (Speculum, 175-177; vgl. Unbewusstes, 20-24). Das ›zweite Geschlecht‹ wird also nicht die erste Stelle einnehmen dürfen, die das männliche Subjekt im Raum des patriarchalen Denkens besetzt hat. Das Gegenmittel soll das Hauptsymptom nicht schlichtweg ablösen. Beabsichtigt ist vielmehr, die Rangfolge zu verwirren, wie denn spätestens seit den Publikationen Irigarays die bloße Verkehrung der Hierarchien zum Standardtabu des feministischen Diskurses gehört. Die »zweite Syntax« hätte den herrschenden Wissensdiskurs nicht zu kopieren, sondern seine Konstruktionen, Dispositive, Szenographien auf enthüllende Weise zu wiederholen. Irigaray nennt das »Mimesis spielen«. Die Übersetzerinnen ihres Buchs geben den erstrebten Effekt wie folgt an: »Das mimetische Wiederholen, das Nachplappern verzerrt, vexiert, karikiert den pietätvollen Ernst wissenschaftlicher Theorie« (in: Speculum, 471; für eine nähere Interpretation des Verfahrens vgl. Brügmann 1989).

Irigarays Vexierspiel der Wiederholung wird häufiger mit Derridas Ansatz der Dekonstruktion verglichen, mit dem es Ähnlichkeiten hat, aber nicht identisch ist. »Mimesis spielen« ist auf die geschichtlich bedingte Unmündigkeit von Frauen gerichtet und fällt durch eine teils parodistisch gebrochene Entlarvungstendenz auf. »Man hat ohnehin nie etwas verstanden. Warum also soll man nicht das Mißverstandene bis zur Erschöpfung wiederholen?« (Speculum, 182). Von einem freien Spiel kann nicht die Rede sein. »Die Symptome«, schreibt die Autorin an gleicher Stelle, »sind von unerbittlicher Genauigkeit«. Die »zweite Syntax« ist an die historische Vorgabe gekettet, von deren Pathologie sie parasitär zehrt. Das erinnert von fern an Annette von Droste-Hülshoffs *Die Judenbuche* (1842), wo es im Kontext von Rechtsentscheidungen heißt, nur dem Verlierenden fiele es zuweilen ein, »in alten staubichten Urkunden nachzuschlagen«. Als Verliererin des Kampfs um die Diskursmacht ist es bei Irigaray die Frau, der es einfallen muss, sich über den »autoritären Diskurs der Väter« (Waren, 11) kundig zu machen.

Der historisch Benachteiligten ist es so immerhin möglich, einen neuen Text zu produzieren. ›Neu‹ ist er in dem Verständnis, dass sich das symptomale Geflecht eines Sprechens ausbilden kann, das sich pronociert als weiblich setzt und die Verdrängungen des ersten Textes anficht. »Parler femme«, Frau-sprechen lautet das Kunstwort der Autorin hierfür (Unbewußtes, 19-24). Eine andere Umschreibung ist »Rekto-Verso-Struktur« der Texte, die ein »Übergehen der beiden von einem zum andern« bewirke. Irigaray bezeichnet ihren Ansatz als » psychoanalytisch« und versteht darunter ein »Horchen auf ihre (=der Philosophie) Prozeduren der Verdrängung und Strukturierung der Sprache, die ihre Repräsentationen stützt« (Waren, 31; 35). So wie in der analytischen Kur dank der Überdeterminiertheit der Sprache etwas Unerwartetes aufsteigen kann, soll im kulturellen Text etwas freigesetzt werden, das es vorher so nicht gab. Da weder der ›autoritäre Vätertext‹ noch der ›subversive Tochtertext‹ isoliert voneinander existieren, bildet sich das Genre eines ›doppelten Geschlechtertextes‹ aus.

Ein Musterbeispiel dieser intertextuellen Verkuppelung ist der erste Teil des *Speculum*-Buchs. Es ist eine Auseinandersetzung mit Freuds Schriften zur Sexualtheorie und zur Weiblichkeit, die als »Der blinde Fleck in einem alten Traum von Symmetrie« überschrieben ist. Die Überschrift ist Programm. Der »blinde Fleck« resultiert nach Ansicht der Verfasserin daraus, dass der psychoanalytische Diskurs sein Befangensein in tradierten Geschlechtsmustern ›nicht sieht‹. Im Anschluss an Niklas Luhmann könnte man sagen, dass Irigarays Verfahren des »Mimesis spielen« einen Text zweiter Ordnung schafft, indem es die Psychoanalyse als den zu beobachtenden ersten Text installiert.

Das mimetische Beobachten bedient sich graphischer und rhetorischer Strategien. Die sexualtheoretischen Überlegungen Freuds werden zitiert, mit Fragen, Wortwiederholungen, Kurzkommentaren und gezielten Verschreibungen konfrontiert und von Kursivierungen, Auslassungen, Einreden, Anführungszeichen, Einklammerungen und Parenthesen durchbrochen. In einen Satz Freuds über den Objektwechsel des Mädchens wird ein quasi erläuternder Zusatz eingeschoben: »Es entsteht dann die Frage <unter Männern>, wie geht das vor sich« (Speculum, 35). Einer Erklärung Freuds zum Kastrationskomplex ist die auf Bekanntes verweisende Formel »Und siehe da« vorangestellt. Kurz darauf werden seine Erläuterungen durch die Frage »Wie das?« unterbrochen, als werde jetzt die erhellende Antwort erwartet (ebd., 101). Ein auf zwei Druckseiten viermal wiederholtes »also« drückt scheinbares Begreifen aus, ein andermal ist es zu einer per Sperrdruck ironisierten Konzession gesteigert: »Wir müssen nun zugeben: DAS KLEINE MÄDCHEN IST ALSO EIN KLEINER MANN« (ebd., 30; 116f.).

Die feministische Ironie trifft ihr Ziel aber so recht nur dann, wenn der Ausgangstext ausgiebig im Wortlaut zitiert wird. Im positiven Sinn zeigt das etwa auch Irigarays Text »Cosi fan tutti« von 1976. Die Autorin führt darin eine Polemik gegen die Thesen Lacans, die sie in ihre eigene Rede hineincollagiert hat (in: Irigaray: Unbewußtes, 71-89; Geschlecht, 89-109). Im negativen Sinn beweisen es ihre unter dem Titel *Amante marine* (1980) und *L'oubli de l'air* (1983) veröffentlichten Bücher zu Nietzsche und Heidegger. Irigaray geht darin ein Gespräch mit der Weltanschauung und weniger mit dem realen Diskurs der Philosophen ein. Wenn jedoch, wie nun der Fall, die Stimme des ›anderen‹ Textes nicht stark genug präsent ist, laufen die Fragen an ihn ins Leere und sinkt die Kritik zu einer Anklage nach immer denselben Punkten herab. Die Mimesis umkreist nurmehr das eigene Sprechen. Damit gerät die Grenze eines Experiments in Sicht, dessen Leistung es gleichwohl ist, dem

poststrukturalen Konzept der Intertextualität einen pointiert geschlechtskritischen Ansatz hinzugefügt zu haben.

3.4   *écriture féminine* (Cixous)

Das Thema der *écriture féminine* hatte in der Bundesrepublik der
70er und 80er Jahre Konjunktur. Es verband sich mit der Kontroverse um weibliches Schreiben und weibliche Ästhetik. In die Debatte mischte sich 1983 auch die Schriftstellerin Christa Wolf mit
den beiden im Westen verlegten Büchern ihres *Kassandra*-Projekts
ein. »Unvermeidlich der Moment«, notiert die Autorin im Zuge einer poetologischen Reflexion, »da die Frau, die schreibt (die, im Falle Kassandras, ›sieht‹), nichts und niemanden mehr vertritt, nur sich
selbst, aber wer ist das?« (Voraussetzungen, 90). Die zweifelnde Frage, mit der Wolfs Satz endigt, hätte im engeren Umfeld der Debatte
eher befremdlich geklungen, auch ging es dort nicht vorrangig um
die Frage einer »Geschichte weiblichen Schreibens« (vgl. Prokop
1992). Zur Erörterung standen die textästhetischen Signaturen an,
die aus einer weiblichen Körper- und Libidostruktur ableitbar waren. Zum ›engeren Umfeld‹ zählt vor allem die Schriftstellerin, An-
glistin und Literaturdozentin Hélène Cixous (geb. 1937), auf deren
gedankliches Repertoire die Bestimmungsversuche der *écriture féminine,* so auch hier, meist hinauslaufen. Das Thema in seiner historischen Kontextualität ist jedoch ungleich viel komplexer. Das Konzept der *écriture féminine* ist ebenso ein Produkt des Denkens ›nach
dem Strukturalismus‹ wie es dieses mitgestaltet hat.

Cixous ist eine produktive Autorin. Allein im Verlag ›des femmes‹ hat sie über zwanzig Theaterstücke, Romane und Prosaarbeiten
herausgebracht. Die kritische Diskussion um die *écriture féminine*
im deutschsprachigen Raum ist dennoch überwiegend anhand einer
geringen Zahl von Essays, Vorträgen und Seminaren der Autorin aus
den 70er Jahren geführt worden (siehe als Beispiel für die kritische
Tendenz der Diskussion Othmer-Vetter 1988). Die Editionssituati-
on ist desolat. Maßgeblich, weil praktisch einzig verfügbar, waren
die beiden Aufsatzbändchen *Die ewige Zirkulation des Begehrens*
(1977) und *Weiblichkeit in der Schrift* (1980). Die Titelworte zeigen
die poststrukturale Rahmung an. Thematisch bedeutsam sind weiter
die teils in Kooperation verfassten Schriften der Autorin *Le Rire de
la Méduse* (1975), *La Jeune Née* (1975) und *La Venue à l'écriture*
(1977). Im Themenheft *Das Lächeln der Medusa* der Zeitschrift *alternative* von 1976 sind Auszüge aus Cixous Arbeiten abgedruckt.
(Einführend zu Cixous vgl. Conley 1984, Moi 1985, Weigel 1987,

Brinker-Gabler 1988, Shiach 1991, Schulte 1995, Sellers 1996, Penrod 1996; für wissenschaftliche Text- und Motivanalysen Fisher 1988, Heymann 1991, Stevens 1999; für eine Synopse zum feministischen Schreiben in Frankreich vgl. Sellers 1991).

Zwei Ökonomien des Schreibens

Als roter Faden zieht sich durch die Verlautbarungen der Autorin der Kampf an zwei Fronten. Auf der einen Seite wird das Denken in Oppositionen bekämpft, das stets eine Position der andern und stets die Frau dem Mann unterordne. Der andere Gegner, Bündnispartner des ersten, ist die Figur der Kastration, die in der Ansicht kulminiert, dass ein Geschlecht für zwei Geschlechter genug sei. Cixous gewichtet die Kastration als eine Ökonomie der Erhaltung, die sie mit kapitalistischer Regulierung, Nähe zum Tod, Angst vor Selbstverlust assoziiert und als ›männlich‹ deklariert. »Der Geist der Berechnung beherrscht seine Investitionen und Gegeninvestitionen, auf daß es nie am Mangel mangele« (Schreiben, 157). Dem wird eine als ›weiblich‹ titulierte Ökonomie der Verausgabung, des Überflusses und der Sinnlichkeit nein, nicht entgegengesetzt, das wäre Opposition, sondern nebengeordnet (Weiblichkeit, insb. 69). Dass Cixous der zweiten Ökonomie den Vorzug gibt und diese in ihren fiktionalen Texten auch praktisch umsetzen will, das allerdings ist nicht zweifelhaft.

Was Irigaray im Konzept der ›doppelten Syntax‹ zusammendenkt, ist bei Cixous in zwei je autonom für sich existierende Bezugsreihen auseinandergelegt. Wie zum Ausgleich hierfür sollen die Reihen aber nicht streng über die real existierenden Geschlechter verteilt sein. Das Schreiben nach den Merkmalen der weiblichen Ökonomie, hinfort *écriture féminine* genannt, soll den Männern im Prinzip gleichfalls möglich sein. Als Beispiel führt Cixous den Romantiker E.T.A. Hoffmann an. Die Literaturwissenschaftlerin Ricarda Schmidt hat dagegen den Einwand erhoben, dass Cixous als ›weiblich‹ ausgebe, was zum historischen Stilkanon der Romantik gehöre. Ironischerweise komme dieser Stil in Hoffmanns Erzählung »Der Sandmann« (1817) nun aber vorrangig den Männerfiguren zugute. Die Kritikerin zieht den Schluss: »Um den Stellenwert eines innovativen Textes in bezug auf Phallologozentrismus zu beurteilen, müßte er m.E. erzähltheoretisch genauer analysiert werden, als Cixous es tut, literaturhistorisch präziser eingeordnet werden sowie hinsichtlich seiner Strategien, Weiblichkeit und Männlichkeit zu signifizieren, untersucht werden« (Schmidt 1988, 89).

Das Schreiben nach den Merkmalen der männlichen Ökonomie wird laut Cixous auch von Frauen praktiziert, und das besonders in Zeiten gesellschaftlicher Repression. Der Zusatz verrät, dass die Autorin das weibliche Schreiben stärker von den Zwängen kollektiver Abwehr und Verdrängung bedroht sieht als es die etablierten Formen literarischer Praxis sind. Der Akzent auf dem Merkmal des Überflusses wiederum macht klar, dass auch sie den Sprachort des Weiblichen, wie den des Begehrens überhaupt, ohne Rekurs auf die einschneidende Erfahrung des Mangels denken will, denn: »eine andere Logik sagt eine Erotik ohne Bruch an« (Schreiben, 157). Im Hinblick auf die Gewaltgeschichte der Sexualität eine nachvollziehbare Option, die aber weder analytisch noch historiographisch konkret unterbaut wird. Es entsteht der Eindruck, als müsse die Distanzierung von den geschichtlichen und theoretischen Aporien des Kastrationsmodells notwendig mit dem Verzicht auf jedwede Form von Negativität bezahlt werden. Zumindest wäre zu sagen, dass Cixous, die nun allerdings mehr Poetin als Theoretikerin ist, die Chance zu einer exakteren Bestimmung der »anderen Logik« vergibt. »Da Cixous Phallisches nicht als konstitutives Element für eine weibliche Libido in Erwägung zieht, müßte spätestens hier eine ›weibliche Definition‹ des Symbolischen erfolgen. Indem sie aber diesen Versuch unterläßt, wird Weibliches lediglich auf Vorödipales reduziert« (so Waniek 1993, 56).

Der Raum des Vorödipalen

Was sind die Symptome der ›verschrifteten‹ weiblichen Körperstruktur bei Cixous? Vier Merkmale kehren in ihrer Beschreibung regelmäßig wieder, nämlich ›offen‹, ›plural‹, ›fließend‹ und ›lebendig‹. Das offen-abständige Moment der Schriftzeichen wird nicht, jedenfalls nicht unter negativem Bezug, als ›Bruch‹ gedeutet. Es wird als Angebot zu einem Übergang gesehen, auf dessen Bahnen ein Text sich in kontinuierlichen Rhythmen, Bildfolgen und Sinnketten entfalten kann. Diese Einschätzung ist mit der Idee eines unendlichen Aufschubs in Derridas Konzept der *différance* verwandt, dessen Axiom einer unhintergehbaren Spaltung Cixous aber nicht teilt. Als Beleg für die Möglichkeit einer gleichsam gewaltfrei erzeugten Offenheit führt sie das Werk der brasilianischen Schriftstellerin Clarice Lispector an. Unterdessen arbeitet sie in ihren Literaturbetrachtungen nicht mit einem System überprüfbarer Hypothesen, sie argumentiert vielmehr ähnlich wie Barthes auf der Grundlage einer erweiterten Analogierelation.

Auch Cixous setzt Text und Körper analog, an die Stelle des Perversitätsbezugs rückt sie jedoch eine Phänomenologie der Maternität. Ihr zufolge nimmt die Verdrängung des Weiblichen mit der Verdrängung der vorödipalen Mutter ihren Anfang, was ihr die Geschichte der Philosophie summarisch bezeugt. »Die Welt des ›Seins‹ kann im äußersten Fall sogar unter Ausschluß der Mutter funktionieren. Vorausgesetzt, es gibt Mütterlichkeit, ist die Mutter überflüssig: der Vater spielt – ist – dann die Mutter« (Cixous: Schreiben, 135f.). Auf den diagnostizierten Ausschluss der Mutter reagiert Cixous mit dem Vorhaben, die verlorene Spur wieder aufzunehmen. In einem Schlüsselsatz klingt das so: »Weiblich schreiben, heißt, das hervortreten zu lassen, was vom Symbolischen abgetrennt wurde, nämlich die Stimme der Mutter, heißt Archaischeres hervortreten zu lassen« (Zirkulation, 42f.). Das Wort »archaisch« ist sowohl auf die frühe Lebenszeit des Subjekts als auch auf die Epoche der Mythen gemünzt, wobei Cixous speziell die Gestalt der Fruchtbarkeitsgöttin und Tochtermutter Demeter neu zu bewerten sucht. Die Romanistin Domna Stanton hat das Unternehmen kritisch als »Naturalisierung« eines prä-historischen Konstrukts kommentiert (Stanton 1986, 165). Jedenfalls kämen Figuren wie die in ihre Leidenschaft verstrickte Medea oder Phädra dem von Cixous entworfenen Bild der Frau weniger entgegen.

Wie die Prosastücke *LA* (1976) und *Illa* (1980) zeigen, ist es speziell die Vorstellung der mütterlichen Gabe, welche die textästhetische Wahrnehmung der Autorin leitet. Als Zeichen der spendenden Mutter figurieren die Milch, die Stimme, die Musik, das Meer (la mère), deren ›weißes‹ Fließen dem metonymischen Gleiten der Buchstaben analog gedacht wird. Statt nurmehr das Grab einer toten Frau zu sein, soll die *écriture féminine* ihre Gestalt lebendig erhalten. Hierzu passt der Hinweis der Autorin auf »eine Art offenes Gedächtnis, das ohne Unterlaß zuläßt« (Cixous: Zirkulation, 44). Und noch etwas passt dazu, die in der neueren Metapherndiskussion diskutierte These nämlich, dass die Metonymie aufgrund ihrer hierarchiefreien Verknüpfungsstruktur als eine privilegierte Figur weiblichen Schreibens anzusehen sei (vgl. Lachmann 1984; kritisch Weigel 1985). Im Gegenzug kann es den Anschein haben, dass Cixous den Text zwar auf eine unterbelichtete Symptomschicht hin öffnet, das damit verbundene Projekt einer analytischen Aufklärung dann aber zu schnell wieder fallen lässt. Das Verdrängte droht zur Totalen des geschriebenen Textes vergrößert und in dem Sinn auch vergröbert, nämlich eingeebnet, nivelliert zu werden. Dadurch, dass dem »weiblichen Text« (Cixous: Zirkulation, 42) die Chance zu einer schärferen Kontrastbildung genommen wird – ginge es denn im vorödipalen Raum immer so friedlich zu? – wird ihm zugleich ein Teil seiner sprachlichen Spannung genommen, die als solche ja nicht nur der Logik der Opposition geschuldet sein muss.

3.5 Text als *différance* (Derrida)

Derridas Konzept der *différance* ist dem Kern nach schnell referiert. Die *différance* ist die zweiphasig angelegte Bewegung der Schriftspur, die methodisch auf einer Umakzentuierung des Freudschen Primärprozesses beruht. Spricht Freud von Verschiebung, so Derrida von Aufschub. Was da aufgeschoben sein soll, ist die Entscheidung über die endgültige Bedeutung eines Worts oder eines Textes. Freuds Begriff der Verdichtung hingegen wird in ein Feld von Schnittstellen übersetzt, in dem die Spuren sich voneinander unterscheiden können. ›Aufschieben‹ und ›unterscheiden‹ sind zwei Bedeutungsaspekte des Verbs *différer* und zeigen zugleich die doppelte Tätigkeit der *différance* an. ›Tätigkeit‹ darf dabei weder als Handlung eines Subjekts noch als bloßes Geschehenlassen gedacht werden. Die Endung -ance des Kunstworts *différance* deutet auf eine Stellung zwischen aktiv und passiv hin.

Symptomalen Wert hat ferner der Buchstabe ›a‹ der *différance*. Das ›a‹ ersetzt das ›e‹ des französischen Substantivs ›différence‹, mit dem es qua Lautvokal verwandt ist und mit dem es beim Sprechen verwechselt werden kann. Um so nachdrücklicher hebt das ›a‹ den notwendigen Rückbezug jeder Kommunikation auf das stumme Medium des Graphischen hervor. Indem er die Aphonie der Schrift betont, sucht Derrida einem metaphysischen Konzept des Ursprungs entgegenzuwirken, in dem Stimme, Atem und Laut als Garanten einer idealen Innerlichkeit gelten (Derrida: *la différance*. Hier und im folgenden zitiert nach dt. 1976; siehe insb. 11-13. Schlüssige Erläuterungen zum Thema der *différance* gibt Derrida in dem Interview »Grammatologie und Semiologie«).

Nach solchen Vorüberlegungen gelangt der Autor zu dem Satz, »daß die ›*différance*‹ die konstituierende, produzierende und originäre Kausalität bezeichnet, den Prozeß von Spaltung und Teilung, dessen konstituierte Produkte oder Wirkungen die *différents* oder *différences* wären« (ebd., 13). Wenn es keine Kommunikation gibt, die an der hier behaupteten »konstituierenden Kausalität« vorbeikommt, kann es auch kein repräsentatives Ableitungsverhältnis zwischen den formalen Prozessfiguren eines Textes und seinen konkreteren thematischen oder bildhaften Gestaltungen geben. Es gäbe im Text nichts, das *nicht* als graphisches Symptom, oder, im Rahmen des Zitats gesprochen, nicht als Produkt der originären »Spaltung und Teilung« lesbar wäre. An die Stelle des einfachen Ursprungs tritt »ein Ursprungsgeschehen, das in sich different bleibt, weil es zumindest zweipolig erläutert werden muß« (so Kimmerle 1988, 39).

Ein Problem sieht Derrida erst da, wo der symptomale Charakter der Schrift bzw. der Schriftcharakter des Symptoms verdrängt wird. Die orthodox psychoanalytische Literaturinterpretation sei ein solcher Fall. »Bleibt man blind gegenüber dem Gewebe des ›Symptoms‹ selbst, seiner eigenen Textur, dann überwindet man es mühelos und gelangt zu einem psycho-biographischen Signifikat, dessen Verknüpfung mit dem literarischen Signifikanten von da an äußerlich und kontingent wird« (Grammatologie, 275). Um ein ehernes Los handelt es sich aber nicht: »Dies ist also eine nicht gelungene Verdrängung, die sich auf dem Wege historischer Auflösung befindet« (In: Die Schrift und die Differenz, 302).

Aus der inneren Differentialität der Schrift folgt die These ihres selbstreferentiellen Bezugs. Nur was durch ein Intervall geteilt ist, kann sich auf ›sich‹ respektive eins seiner differentiellen Doppel beziehen, in denen es den offen angelegten Ermöglichungsgrund seiner selbst hat. Die These der Selbstreferentialität von Texten ist zentral für den Diskurs des Poststrukturalismus. Das gilt namentlich für das Allegoriekonzept Paul de Mans (s. Kap. II.5.6). Sie wird auch von Derrida stark vorgetragen. Ein Text ist in seiner Sicht nie etwas anderes aber auch nie weniger denn Symptom seiner eigenen Prozessstruktur. Jeder weiterführende Bezug ist statt auf ein scheinbar textunabhängig gegebenes Referenzobjekt auf andere Texte und die darin versammelten Zeichenspuren gerichtet. Ein kühner Gedanke? Novalis hatte das gesamte Universum im Blick, als er in der »Enzyklopädie« (um 1798) notierte: »Alles ist sich gegenseitig Symptom«. In Derridas »Grammatologie« liest es sich so: »*Ein Text-Äußeres gibt es nicht*« (ebd., 274). Wollte man am klassischen Repräsentationsverhältnis des Symptoms festhalten, könnte man sagen, dass Derridas Theorie die Determination jeder Kommunikation durch die Teilungs- und Erweiterungsdynamik der Schrift behauptet.

différance und die Konstitution von Bedeutung

Wie ist unter solchen Umständen Bedeutung möglich? Derrida legt die doppelte Aktion von ›aufschieben‹ und ›unterscheiden‹ so aus, dass sie der Etablierung einer Gegenwart entgegenwirkt, in der sich die Bedeutung absolut würde festsetzen können. Es gibt Bedeutung, doch ist sie ohne Dauer. Sie unterliegt der raum-zeitlichen Expansion durch die Schriftspur, die der Autor wie folgt skizziert:

»Die *différance* bewirkt, daß die Bewegung des Bedeutens nur möglich ist, wenn jedes sogenannte ›gegenwärtige‹ Element, das auf der Szene der Anwesenheit erscheint, sich auf etwas anderes als sich selbst bezieht, während es das Merkmal *(marque)* des vergangenen Elements an sich behält und sich bereits durch das Merkmal seiner Beziehung zu einem zukünftigen Element aushöhlen läßt, wobei die Spur sich nicht weniger auf die sogenannte Zukunft bezieht, als auf die sogenannte Vergangenheit, und durch eben diese Beziehung zu dem, was es nicht ist, die sogenannte Gegenwart konstituiert: es selbst ist absolut keine Vergangenheit oder Zukunft als modifizierte Gegenwart« (Derrida: différance, 18f.; Übersetzung von mir geändert, JB).

Die Bedeutung ist sich selbst nie absolut gegenwärtig – und das gilt für Derrida absolut. Die bedeutungsstiftenden Elemente des Textes, seine Grapheme, waren weder in einer vergangenen Zeit in sich geschlossen, noch werden sie es künftig je sein. Sie sind aufgrund der sie teilenden und aufschiebenden Intervalle in jeder Phase und an jedem Platz der Textstruktur durch ihre Nachbarelemente touchiert, »ausgehöhlt«, von ihrer eigenen fiktiven Ganzheit abgeschnitten.

Plausibel ist diese Aussage freilich nur, wenn, wie oben geschehen, das Wort »Gegenwart« im achten Satz durch »Zukunft« ersetzt wird. Zugleich muss das Wort »nicht« vor »weniger« gestellt sein. In der 1976 bei Ullstein gedruckten Übersetzung liest es sich, wahrhaft sinnentstellend, anders. Für die Nachdrucke von 1988 (Passagen) und 1990 (Reclam) gilt ein gleiches. In dem 1968 bei »Tel Quel« und 1972 bei »Minuit« vorgelegten französischen Text lautet der strittige Passus wie folgt: »la trace ne se rapporte *pas moins* à ce qu'on appelle *le futur* qu'à ce qu'on appelle le passé« (Derrida, in: Marges, 13; Hervorh. JB).

Einfach ist der Satz nicht, aber doch nachvollziehbar. Die Schriftspur bezieht sich auf Vergangenheit und Zukunft als den Modalitäten einer durch Intervalle (psychoanalytisch gesprochen: durch den Aufschub der endgültigen Wunscherfüllung) in sich selbst geschiedenen und daher als solche nicht fixierbaren Zeitstruktur. Nach dem gleichen, die Linearität irritierenden Unterbrechungsprinzip wird die Gegenwart sprich die »Szene der Anwesenheit« konstituiert. Auf dieser offenen »Szene« tritt die Bedeutung, so fest sie im Hier und Jetzt verwurzelt zu sein scheint, stets nur als eine prismatisch gebrochene Figur in Erscheinung.

Im Rahmen seines einflussreichen Vortrags über »Freud und der Schauplatz der Schrift« (frz. 1966; dt. 1976) geht Derrida noch ein Stück weiter. Zunächst stellt er mit Blick auf die verhinderte Geschlossenheit der Bedeutung fest, dass die Spur die »Auslöschung ihrer eigenen Präsenz« sei. In einem nächsten Schritt projiziert er die sich einer letzten Festlegung verweigernde und daher immer wieder wie von selbst verschwindende Spur der Schrift auf die Entstehung des Unbewussten. Die sich einschreibende und sich auslöschende Spur »ermöglicht« hiernach, was »man die Verdrängung im allgemeinen nennen könnte«, die Urverdrängung mit einbegriffen (in: Die Schrift und die Differenz, 349).

Der Autor behauptet kurzum, dass ohne Rekurs auf die *différance* Verdrängung, und folglich auch Unbewusstes, nicht denkbar sei. Jedenfalls gelte das dann, wenn man jene Konzepte der bei Freud noch wirksamen metaphysischen, also gegenwarts- und gegensatzbetonten Begrifflichkeit entziehen wolle. Die Radikalität von Derridas Anspruch tritt hier voll zutage. Wenn die Aktivität der *différance* der psychischen Spaltung des Subjekts noch vorausliegt, ist sie den anderen Theorien einen Schritt voraus. Statt dem Unbewussten nur zu gleichen (›ist strukturiert wie‹), ermöglicht die *différance* es auch, und statt vor der Verdrängung nur bewahrt werden zu müssen, ist sie deren Voraussetzung. Umgekehrt, aber folgerichtig, ist gerade die *différance* durch Verdrängung bedroht. Sie leitet jede Entfremdung von der Präsenz ein, deren Wiederaneignung immer nur bruchstückhaft gelingt (so Derrida: Grammatologie, 247). Die Philosophin Sarah Kofman hat Derridas Thesen direkter in ein psychoanalytisches Vokabular übersetzt. Weil die Spaltungsarbeit der *différance* den Tod bezeichne und deshalb Angst mache, sei sie »immer schon verdrängt und verleugnet« (Kofman 1987, 54).

Hymen und Dissemination

Die *différance* Derridas und der im nächsten Abschnitt skizzierte Praxis-Begriff Kristevas sind eine Frucht der späten 60er Jahre. Mit ihnen kommen Textkonzepte ins Spiel, die sich ohne Nostalgie für eine angeblich heile Vorzeit auf das Leitbild der ästhetischen Moderne beziehen. Zugleich sehen sie den aufklärerischen Anspruch von Literatur in bezug auf Sprache und Sinnproduktion von keiner wie immer gearteten Postmoderne überholt. Ferner sind sie um innovative Erklärungsansätze gegenüber den Sprachwirkungen bemüht, die sie an der Literatur aufweisen. Das unterscheidet sie von den stärker psycho-semantisch vorfixierten Beschreibungen bei Lacan, Barthes, Irigaray, Cixous (Paul de Man ist hier ausgenommen). Derridas Arbeiten zur Literatur sind im deutschsprachigen Raum relativ spät rezipiert worden. Die *Grammatologie* (dt. 1976) mit ihren Dekonstruktionsthesen war dem Publikum früher verfügbar. Die drei unter dem Titel *Dissemination* gebündelten großen literaturtheoretischen Essays des Autors zu Platon, Mallarmé und Sollers sowie die Einführung »Hors livre« liegen erst seit 1995 auf deutsch vor. Ihre eigentliche Rezeption muss noch beginnen.

Derridas Hauptgegenstand ist die Philosophie. Wie intensiv er außerdem mit Fragen der literarischen Ästhetik befasst ist, zeigen seine Analysen zu Celan, Baudelaire, Blanchot, Kafka, Poe, Genet, Artaud, Ponge, Mallarmé, Sollers, Rousseau, um nur die Namen zu nennen. Er ist um eine Neuformulierung literaturtheoretischer Fragen unter dem Aspekt von Schrift und Schreiben bemüht. Das Muster der *différance* wird ständig neu konfiguriert, damit es den stärker vorkodierten Begriffen wie Literatur, Zeichen, Signifikant entzogen werden kann. Unter den neu geprägten »skripturalen Metaphern« (Séance, 274), fallen zwei geschlechtsassoziative Figuren auf, die Derrida dem Werk Mallarmés entnommen hat. Sie lauten ›Dissemination‹ und ›Hymen‹ und sind für seine Literaturtheorie zentral.

›Dissemination‹ nennt der Autor die Vorstellung einer unkontrollierbaren Zerstreuung des Samens. Er führt sie auf einen anfänglichen Schnitt im Lebenskeim zurück, der das Kastrationsgesetz des Vaters als eine nachträgliche Fiktion erscheinen lässt. »Als ursprüngliche Kastration, die älter ist als die vom Vater verlangte ›Beschneidung‹, stellt sie deren Bedingung der Möglichkeit dar« (so Kofman 1987, 73). Analog hierzu repräsentiert das bereits im *différance* -Text von 1968 zitierte ›Hymen‹ nicht die Frau als solche. ›Hymen‹ ist ein semantisch unentscheidbares Wort, das bei Mallarmé zwischen den Bedeutungen Jungfräulichkeit und Vermählung oszilliert. Derrida bezweckt, wie er einmal einräumt, den Diskurs zu re-sexualisieren (Otobiographies, 181). Das Hymen wird in eine Kette verwandter sexualbezüglicher Metaphern wie Invagination, Falte, Schleier, ›opération féminine‹ eingerückt, die einen durch die Opposition von Geistig-Männlich und Sinnlich-Weiblich verdunkelten Geschlechtsbezug reaktivieren sollen. Anders als bei Irigaray ist damit kein Anspruch eines weiblichen Eigenen verbunden. Umgekehrt soll der die männliche Geschlechtsposition anweisende Phallus kein Ausnahmesignifikant, also nicht ohne inneren Schnitt wie bei Lacan sein.

Derridas bisher konzentriertester und zugleich umstrittenster Text zur Thematik des Weiblichen ist *Sporen. Die Stile Nietzsches* von 1972. Im deutschen Sprachraum wurde ihm eine gespaltene Rezeption zuteil. Auf der einen Seite wird das Weibliche im Anschluss an Derrida als eine Figur gedeutet, als deren Ort der differentielle Abstand des Textes selbst erscheint. »Als Unentscheidbarkeit über Repräsentation und deren Subversion werden das Weibliche und der Text zu Modellen füreinander« (so Menke 1994, 202). ›Von der Hüterin des Hauses zur Amme der Unentscheidbarkeit.‹ So könnte man die Kritik zusammenfassen, die auf der anderen Seite erhoben wird. Demzufolge nimmt Derrida in seiner Nietzsche-Lektüre eine Instrumentalisierung des Weiblichen vor, die dieses zu einem selbst nicht mehr dekonstruierten »Ideal von Dekonstruktion« erhebt (so Klinger 1994, 227; ähnlich argumentiert Spivak 1992, siehe insb.185; 201).

Wahr ist, dass Derrida seine Dekonstruktionen fast ausschließlich auf die Weiblichkeitsbilder männlicher Autoren stützt. Mit der Dekonstruktion des männlichen Selbstbilds oder dem Männerbild von Frauen muss er anscheinend noch beginnen. Bis da haben ihm ›Hymen‹ und ›Dissemination‹ zweierlei eingebracht. Zum einen kann Derrida die Unentscheidbarkeitszumutung literarischer Texte anhand von literarischen Wortfunden illustrieren. Zum anderen und obendrein fallen ihm zwei geschlechtsassoziative Figuren zu, die ein Funktionieren der sprachlichen Bedeutung unterhalb der gängigen Geschlechtsopposition anzeigen. Am Ende kann er sogar behaupten, dass der metaphysische Begriff der Kastration spätestens von der literarischen Moderne um 1900 subvertiert worden sei (für den Versuch zu einer Rekonstruktion dieser Begriffskritik vgl. Werner 1985).

Supplement oder die Dramaturgie der Falte

Im Brennpunkt von Derridas literaturtheoretischen Essays steht Platons Poetologie der *mimesis*, deren Argument an und für sich bekannt ist und von Derrida neu unter die Lupe gelegt wird. Die an den sinnlichen Schein gefesselte nachbildende Tätigkeit der Kunst sei stets am Wahrheitsanspruch der als geistige Anschauung definierten Philosophie gemessen und auf dieser Basis für zweitrangig erklärt worden. Die Literatur brachte bestenfalls Schattenbilder von Schattenbildern hervor. Derrida verwendet das Wort »Literatur« regelmäßig in Anführungszeichen, um anzudeuten, dass es die Literatur als Gattung für sich nicht geben kann. Dies gelte auch und gerade da, wo sie unter Verkehrung der antiken Vorzeichen einen Wahrheitsanspruch im Begriff des ästhetischen Scheins zu setzen bemüht war (Platons Pharmacie, in: Dissemination, 69-190).

An diesen Punkt schließt Derrida seine literaturtheoretische These an. Sie besagt, dass die Poetologie der Mimesis im Werk des französischen Symbolisten Stéphane Mallarmé (1842-1898) nicht einfach nur verabschiedet werde, was vorher schon geschehen sei. Mallarmé entwickle vielmehr eine andere Art von Mimesis, ›anders‹ deshalb, weil sein Ansatz durch und durch literarisch sei. Im Raum dieser anderen, nicht mehr philosophisch determinierten Mimetologie gebe es keinen Wahrheitsanspruch, der außerhalb des vom literarischen Text selbst exponierten Verfahrens zu finden sei. (Man möchte es fast für eine Freundlichkeit halten, dass Mallarmé dem von Derrida untersuchten Text den Titel »Mimique« gab).

Derridas Essay über Mallarmé wurde erstmals 1970 in *Tel Quel* in einer Teilfassung veröffentlicht und erschien 1972 in dem Sammelband *La dissémination*. Er ist »La double séance«, wörtlich: die zweifache Sitzung überschrieben (Die zweifache Séance, in: Dissemination, 195-320). Der Anklang an den doppelten Prozess der *différance* ist unüberhörbar. Manfred Frank hat den weitläufigen, im Original über hundert Druckseiten umfassenden Essay im Schlussteil seines *Neostrukturalismus*-Buchs (1983) behandelt. Dabei nimmt er speziell Mallarmés Figur der Falte (pli) auf, die er bei Derrida zu einem von der Reflexionsfigur der Philosophie unterschiedenen Topos des literarischen Selbstbezugs ausgearbeitet sieht. Die Falte, so Frank im einzelnen, bezeichne den von Mallarmé auch mit dem Farbwert »Weiß« belegten differentiellen Abstand zwischen den textlichen Zeichen. Die Schließung dieses Abstands werde programmatisch vereitelt. Frank zitiert, »was Derrida – mit Mallarmé – die Fältelung des Textes nennt«, und führt aus: »Der Ausdruck biegt sich auf sich zurück – so wie das die Metapher oder die Reflexion auch tun –, aber mit dem Unterschied, daß sich die Schlange nicht in den Schwanz beißt, sondern wie ein gekrümmter Magnet zwei unabhängige Enden hat: der Sinn berührt sich nicht mehr selbst, es gibt kein Kriterium für die Identität des Sinns eines Ausdrucks« (Frank 1983, 187).

Das Bild leuchtet ein. Weil die Text-Falte sich nicht über sich schließt, entsteht ein offenes Ende, ein Abstand, ein neues »Weiß«. Man könnte auch sagen, dass das Weiß schon da war und sich der Zeichenreihe nur neu wieder einfügt. Es *muss* sich einfügen, da es »kein transzendentales Privileg hat«, wie Derrida unterstreicht (Séance, 283). In der Vorrede zum *Disseminations*-Buch warnt er, dass der innertextliche Abstand nicht verdinglicht werden dürfe, wie es seines Erachtens die Psychoanalyse tut. »Das Leere, der Mangel, der Schnitt etc. haben dabei den Wert eines Signifikats oder, was auf dasselbe hinausläuft, eines transzendentalen Signifikanten angenommen: Selbstdarstellung der Wahrheit« (ebd., 34).

Anstelle der »Wahrheit« sieht Derrida etwas anderes am Werk. Er nennt es »supplementäre Struktur« und schreibt ihr die Möglichkeit zu, die Wahr-Falsch-Logik von Opposition und Substitution zu überschreiten. Das Supplement verweigert sich dem Zwang zu einer ausschließenden Entscheidung: es ist ein Prozesselement der Schrift qua Spur. Es bezeichnet nicht, ersetzt nichts, das in einfacher Weise ursprünglich wäre, und setzt auch nicht entgegen. Es fügt einem Textelement lediglich ein differentielles Doppel hinzu und erweitert es so, den Aufschub der ›wahren‹ Bedeutung sichernd, auf das größere textuelle Umfeld hin (Derrida, Séance, 283-285; zu »Supplement« siehe Kap. II.5.3: »Metapher als Supplement« und Kap. III.2.1: »Disseminale Lektüre und Supplement«).

Selbsterweiterung des Textes auf der Grundlage einer Faltungsarbeit ohne Verschluss – ein anderes Wort für die Strategie des Supplements. Mallarmé soll sie nicht nur praktiziert, sondern inszeniert, ja, dem Lesepublikum als die eigentlich literarische Signatur seiner ›écriture‹ entdeckt haben. Frank erläutert den Konnex unter Verweis auf die lautmalerische Tradition der Dichtung seit der Romantik wie folgt: »Wenn wir die Bedeutung von Zeichen als das Sagbare definieren, so können wir ihre spezifische – von keinem Bezeichnungssystem der Welt ersetzbare – Poetizität das Unsagbare nennen – getreu einer für Mallarmés Werk konstitutiven Unterscheidung« (Frank 1983, 594f.). Die Verbindung von »Poetizität« und »Unsagbarem« sollte aber nicht darüber hinwegsehen lassen, dass Derrida die poetische Wirkung der Literatur durchaus nicht für unvermittelbar hält. Eher behauptet er, dass die Avantgarde nichts mit größerer Insistenz vermittle als diese. Literatur erscheint in seiner Sicht als das, was den supplementären Überschuss des Textes in Szene setzt, der Lektüre erschließt, oder, wie der Autor oft schreibt, re-markiert (s. auch Kap. II.3.1, 61-63: Derridas Beitrag zur Poe-Debatte).

Im Zuge des ›Remarkierens‹ werden Bilder, Figuren, gestische Motive oder graphische Arrangements hervorgehoben, durch die der Text ›sich repräsentiert‹, als Bewegung nämlich, und genauer als den abwechselnd hergestellten und wieder gelösten Kontakt der differentiellen Elemente. Zweifellos ist dies der Teil von Derridas Theorie, der am schwersten auf den Begriff zu bringen ist. Der Autor umkreist ihn oft in paraphrasierenden Wendungen. Er bemerkt zum Beispiel, dass Mallarmés Text einen Fächer nicht bloß als empirisches Objekt bezeichne, denn er schreibe in das betreffende Motiv überdies »die Bewegung und die Struktur des Fächers als Text ein, als Entfaltung und Rückfaltung all jener Valenzen, als Verräumlichung, Falte und Hymen *zwischen* all diesen Sinneffekten, als sie in den Bezug von Differenz und Ähnlichkeit versetzende Schrift« (Séance, 283). Werde diese Supplementstruktur oder Dramaturgie der Falte übergangen, drohe der Text auf seine bloße Thematik zurückgebracht und um seine schriftästhetische Selbstdarstellung verkürzt zu werden. Mit dieser Warnung klingt »La double séance« aus, in der die Literatur des vorigen Fin de Siècle als Symptom einer »Mimesis ohne Original« (Frank 1983, 590) entzifferbar wird.

Offene Fragen

Derrida hat von Nietzsches Kritik der Wahrheitsidee, Heideggers Seinsfrage und der Analyse des Unbewussten bei Freud starke Impulse empfangen. Ebenso gewiss ist, dass er die *différance* nirgends konkreter thematisiert hat als an Texten der Literatur. Schwebt das Konzept demnach zwischen abstraktem Formalismus einerseits und realer ästhetischer Erfahrung andererseits? Ein Kritiker weist Derridas Entwurf damit zurück, dass es ihm im Vergleich zur Kunstphilosophie Adornos an Vermittlung mangle: »Derridas Unternehmen, die ästhetische Negativitätserfahrung über den Begriff des Textes unmittelbar in nicht-ästhetische Negativitätserkenntnis zu übersetzen, muß scheitern, weil die unmittelbar ins Nichtästhetische übersetzte ästhetische Negativitätserfahrung unbegründbar wird« (Menke 1991, 278; für eine Gegenposition vgl. Wellmer 1990). In Derridas eigenen Begriffen könnte von einer »unmittelbaren« Übersetzung zwischen ästhetischer Erfahrung und nicht-ästhetischer Erkenntnis allerdings so wenig die Rede sein wie von einer »strukturell« gesicherten Differenz zwischen ihnen.

Das geht etwa auch aus Derridas Studie *Für Paul Celan* (1986) hervor. Er umschreibt darin die *»philosophische Erfahrung«* als »Unsicherheit bezüglich der Grenze des Bereichs der Philosophie« und weist der Literatur das Vermögen zu, diese »Unsicherheit« produktiv zu machen (ebd., 95f.). Wenn die *différance* als die stets aufgeschobene Entscheidung über die letztmögliche Unterscheidung fungiert, verlöre sich nun aber in der Tat die Option einer verbindlichen Grenzziehung. Für die Literaturwissenschaft ist das keine Bagatelle. Es droht die Gefahr des Kontextverlusts, da historisch relevante Unterscheidungen tendenziell unklar werden (vgl. die Reflexionen zu Derrida und Celan von Felka 1991).

Ein Problem ist ferner, dass die *différance* ihrem Verfasser zufolge ›älter‹ ist als sämtliche Textgattungen, deren Heraufkunft sie ja erst ermöglichen soll. Das gibt ihr eine gespaltene Stellung zwischen Tradition und Exzeption. Ein Interpret schildert die *différance* so, dass sie »wesentliche Kriterien transzendentalphilosophischen Denkens aufweist: sie ist allgemeine Möglichkeitsbedingung/besitzt jene spezifische Notwendigkeit und ist ihrem Wesen nach ein Gesetz, eine Ordnung. Und dennoch ist sie im eigentlichen Sinn keine transzendentalphilosophische Größe, weil ihr Evidenz und Identität in sich selbst fehlt« (Tewes 1994, 122).

Die Frage, was Literatur auf dem Hintergrund der *différance* ist, führt auf eine ähnlich gespaltene Konzeption. Derrida verleiht der Literatur einen Status, der in schwer auslotbarer Weise zweideutig ist. Einerseits ist sie eine privilegierte, weil potenziert selbstreferentielle und manifest selbstproduktive Textart. Andererseits, und zwischen diesen Polen schillernd, ist Literatur eine Schrift ›wie jede andere‹. Die Normalitätszuschreibung vermag das Privileg nicht einfach zu annullieren. Immerhin wird der Literatur das Vermögen konzediert, den Prozess des Sich-als-textliche-Schrift-Markierens derart zu steigern, dass von einer doppelten Markierung (double marque) die Rede sein kann. Diese Doppelung soll sogar die ›eigentliche‹, im epochalen Kontext der Moderne deutlich gewordene Leistung des literarischen Textes sein. Gleichwohl soll Literatur im Anspruch auf Selbstdarstellung nicht verharren dürfen. Täte sie es, oder würde ihr die Möglichkeit dazu konzeptuell eingeräumt, würde sie jener Illusion der Selbstpräsenz verfallen, der in Derridas Augen der Wahrheitsdiskurs der Philosophie verhaftet ist.

3.6   Text als Praxis (Kristeva)

Die »Logik der Erneuerung«

Hinter Kristevas Konzept der Textpraxis (pratique textuelle) steht eine kritische Intention. Die Autorin will den Tiefenprozess der Sprache nicht den Esoterikern und die symbolische Ordnung nicht den Ideologen überlassen. Die Triebkraft des Semiotischen soll in eine literarische Funktion eingebunden sein, die gesellschaftsbezogen, aber nicht gesellschaftskonform ist. Literatur, als signifikante textuelle Praxis statt als Institution verstanden, hätte Ideen, Ideologien und Ideale gerade aufzulösen. Von einem Ideal, dem der Revolution nämlich, sind Kristevas frühe Arbeiten nun allerdings regelrecht durchtränkt. Avantgarde, Umsturz, Praxis und, allen voran, Subversion – das war die Sprache der neomarxistischen Zirkel der 60er Jahre. Die Metapher der Neugeburt in den späteren psychoanalytischen Studien der Autorin ist eher religiös inspiriert, bleibt dem Praxis-Begriff aber durch den Erneuerungsaspekt verbunden. Dass Kristeva die »*Logik der Erneuerung*« (Revolution, 176) umso beharrlicher von der Literatur erwartet, als sie diese als Teil des sozialen Prozesses begreift, macht ihre besondere Art von Poststrukturalität aus. Es markiert zugleich ihre Differenz zu Studien wie *Die Struktur der modernen Lyrik* (1956) von Hugo Friedrich, in der die formale Seite von ästhetischer Innovation und Negativität begünstigt wird (für eine am Körper-Begriff orientierte Definition von Kristevas Poststrukturalität vgl. Rajan 1993).

Die Textpraxis öffnet ein Symptomfeld, das vom Konflikt zwischen Trieb und Sozialstruktur beherrscht ist. Begriffsabbreviaturen wie diese sind ihrerseits symptomatisch. Sie weisen auf die eigentümliche Hermetik von Kristevas Schriften hin, die auf einem komprimierten Sprachgebrauch und der Kombination mehrerer Theoriefelder beruht.

Im Fall des Praxis-Gedankens sind es Marx und Freud, deren Theoreme Kristeva kombiniert. Mit Hilfe von Marx wird der Trieb

›objektiviert‹, auf gesellschaftliches Handeln bezogen, im Anschluss
an Freud wird das Subjekt ›ent-objektiviert‹, nämlich eben seinen
Trieben ausgesetzt. ›Subjekt im Prozess‹ lautet die Formel, die beide
Seiten verklammert hält. (Der subjekttheoretische Ansatz der Autorin ist in einem Vortrag von 1977 bündig dargelegt, siehe Kristeva:
Subjekt). Nach Ansicht der Autorin sperrt Hegels Begriff der Erfahrung den Konflikt des Subjekts in den Grenzen des Bewusstseins
ein. Anders die Praxis. »Denn die Praxis erhält ihre Bestimmung in
jenem Augenblick, da die Einheit des Bewusstseins durch ein nicht
symbolisiertes Außen (=das Semiotische) aufgerissen wird von objektiven Widersprüchen, aus denen die Triebverwerfung den neuen
Gegenstand herausbildet, dessen Bestimmungen im materiellen Außen existieren« (Revolution, 201). Der herausgebildete »neue Gegenstand« verwirklicht sich wider die Macht des Bewusstseins, aber
als Teil der gesellschaftlichen Struktur, auf die er Einfluss nimmt
qua überprüfbare subjektiv-symbolische Formation (ebd., 202).

Als Voraussetzung für symbolische Neubildungen nimmt Kristeva Formen der Sozialität an, die sich von autoritären Strukturen
schon etwas gelöst haben. Die Dialektik von Trieb und Sinn werde
»durch ein *hierarchisch fluktuierendes* Gesellschaftssystem« begünstigt
(ebd., 107). Das gesellschaftshistorische Vorfeld beschreibt sie unter
dem Titel »L'État et le Mystère« als die Krise des bürgerlichen Staa-
tes im Frankreich des 19. Jahrhunderts. Dieser gut 240 Seiten umfassende Teil fehlt in der deutschen Ausgabe, die sich auf den Epo-
chenumbruch um 1900 und einige Worte zur französischen
Avantgarde beschränkt.

Die These der Autorin lautet, dass die bürgerlich kapitalistische
Gesellschaft Ende des 19. Jahrhunderts die Bindung an religiöse
und feudale Muster der Weltdeutung verliere. Das Bürgertum sehe
sich mit den Säulen seiner eigenen Ordnung konfrontiert, die keine anderen als die der Sprache selbst seien. Die literarische Avantgarde beziehe daraus die Legitimation zum sprachlichen Experi-
ment. Die Sprache arbeite sich an dem die Triebkraft der Subjekte
teils zerstreuenden, teils auf die Grundlagen der Bedeutungskonstitution hinleitenden Entwicklungsstand der kapitalistischen Pro-
duktionsverhältnisse ab. In den Rahmen einer normierten Erzähl-
gattung lasse sie sich nicht mehr einbinden, wie es für Kristeva mit
der Herrschaft der traditionellen Gattungspoetik ohnehin vorbei
ist. Um 1900 komme eine Praxis des Textes auf, die andere Kriterien setze.

Sinnproduktion und Verwerfen

Was genau ist das Praxismoment am Text? Es führt eine Reflexivität in die Literatur ein, die anders als bei Derrida nach ›außen‹, auf angrenzende Felder der Sinnproduktion gerichtet ist, mit denen sie in Wechselwirkung steht. Der Text entnimmt dem gesellschaftlichen Kontext symbolische Muster, um sie der Dynamik des semiotischen Verwerfens auszuliefern. Diese Dynamik hat in Kristevas Perspektive nichts Naturhaft-Ursprüngliches, im Gegenteil, sie ist Inszenierung, Re-Inszenierung, Inszenierung zweiter Ordnung. Die semiotische Trieborganisation des Textes ist bereits ›gezähmt‹, d.h. durch die Regeln der gängigen Kommunikation vorstrukturiert und in ein textliches Kompositionsnetz eingebunden, mit dessen Hilfe sie künstlich neu entfacht werden kann. Kristeva hebt hervor, dass das Semiotische im Raum der Literatur »rekursiv erzeugt wird als eine Art ›zweiter Rückkehr‹ der Triebfunktionalität in das Symbolische« (Revolution, 78).

Die Rekursivität, zweite Wiederkehr oder »*Wiederkehr* des Verwerfens« ist nicht dasselbe wie Wiederholung, wenn man darunter die Wiederaufnahme einer konstanten Identität versteht. Die zweite Wiederkehr verhindert die totale »Verdrängung des Verwerfens«, insofern sie die Dynamik der Triebe in das »signifikante Netz« des Textes zurückführt. Die Autorin kommt an dem Punkt einem emphatischen Begriff von Kunst nahe. Statt sich in Subversion zu erschöpfen, trägt das Semiotische zum Gelingen der sprachlichen Form bei, die nach dieser Sicht eine lebendige Form ist. Literarische Texte gewinnen so den Rang eines elementaren ästhetischen Gedächtnisses. Sie erinnern die Gesellschaft an ihre triebliche Basis, falls es ihnen gelingt, ihr »das fundamentale Verwerfen, die Spaltung der Materie, wieder vorzuführen, und zwar im schönen Schein einer lustvollen Differenzierung, die für die Allgemeinheit akzeptabel ist« (ebd., 182).

Im Rahmen der Textpraxis wird das Semiotische zu einem positiven Symptom. Es beweist, dass ein *produktives* Fehlschlagen der Verdrängung möglich ist. Nicht, dass nicht verdrängt würde oder Verdrängung unnötig wäre. Doch gibt es eben etwas, das aus einem größeren dynamischen Reservoir schöpfen kann als es die Verdrängung mit ihrem Zwang zur Eingrenzung vermag. Infolgedessen kann das Semiotische es sich auch leisten, sich immer neu in den Systemzusammenhang eines Textes einspannen zu lassen und darin seine Verwerfungsarbeit zu tun. Unter solchen Bedingungen wird dem Bezug des Textes auf die gesellschaftliche Sinnproduktion ein doppeltes Motiv zuteil. Nicht nur, dass die Produktion als solche sichtbar wird, sie kann sich auch als angreifbar zeigen. Kristeva bringt das zweite Motiv besonders stark in ihrem Schema der vier signifikanten Praktiken: ›Erzählung‹, ›Metasprache‹, ›Kontemplation‹ und ›Text‹ vor. Der signifikanten Praxis ›Text‹ wird die Möglichkeit konzediert, die »Zerstörung des Zeichens und der Repräsentation« zu vollenden (ebd., 98-113; Zitat 111).

Als konkretes Beispiel führt die Autorin die *Chants de Maldoror* (1869) von Isidore Lautréamont-Ducasse an. Die Brüchigkeit des gesellschaftlichen Sinngefüges werde darin lustvoll freigesetzt. »Lautréamont macht das Lachen zum *Symptom des Bruchs*, des heterogenen, der signifikanten Praxis innewohnenden Widerspruchs« (ebd., 217). Das Beispiel ist jedoch nur begrenzt verallgemeinerbar. Kristeva begegnet der Literatur der frühen Avantgarde mit Bewunderung, aber auch mit Skepsis, wenn sie von ihrer »Unfähigkeit« spricht, »den signifikanten Prozeß gesellschaftlich und historisch zu objektivieren« (ebd., 191). Dass diese Skepsis Mallarmé mit einschließt, lässt den Abstand zu Derrida erkennen, der sich direkter daran zeigt, dass Kristeva eine andere Lesart des Hymen-Motivs vorschlägt. Ihr zufolge ist das Hymen im Text Mallarmés mit der Figur einer fetischisierten Weiblichkeit verknüpft, die der Ausdruck einer sprachexperimentell erprobten, letzthin aber geleugneten Geschlechterdifferenz ist. (Dieser Abschnitt ist nur in der französischen Ausgabe enthalten und wäre von der deutschen Rezeption noch aufzuarbeiten. Siehe »L'auteur et la danseuse«, in: La révolution, 599-609; eine ähnliche Kritik an Derridas Hymen-Motiv bei Spivak 1992, 190-192).

Die frühe Moderne bleibt der Autorin zufolge dem Feld des Subjektiven verhaftet, das sie immerhin erschlossen habe: »Der Avantgarde-Text des 19. Jahrhunderts tritt hinter die gesellschaftlichen Prozesse zurück; er stellt wohl deren verdrängtes Moment heraus, und indem er es herausstellt, konstituiert er auch jenes Moment, das jede konstituierte Einheit wieder auflöst; doch er stützt die herrschende Ideologie gleichzeitig, insofern er ihr Ersatz verschafft, wo sie Mangel leidet, freilich ohne das System ihrer Reproduktion in der Repräsentation anzugreifen« (Revolution, 208). Das Urteil lautet kurzum: Die verdrängte Abhängigkeit der bürgerlichen Gesellschaft von der Triebdynamik der Sprache wird von der literarischen Avantgarde um 1900 enthüllt und gleichzeitig wiederverdrängt.

Ein anderes Beispiel Kristevas ist der französischen Literatur der frühen 70er Jahre entnommen. Allerdings handelt sie es nicht unter dem Stichwort der »Praxis«, sondern dem des »Polylogue« ab. 1974 veröffentlichte sie einen Aufsatz unter diesem Titel über den ein Jahr zuvor in Paris erschienenen und mit dem Buchstaben *H* überschriebenen Roman ihres Ehemanns Philippe Sollers.

Die Interpretin befindet, dass Sollers Text die satzmäßige Ordnung der Sprache entgrenze, ohne dabei an Klarheit einzubüßen. Das Subjekt des Textes trete weder nur mit sich oder mit anderen, sondern mit der Sprache selbst in Dialog. Es tauche in die rhythmisch-semiotische Materialität der Sprache ein, daraus aber stets wieder hervor, so dass es imstande sei, dasjenige zu bedeuten (signifier), wovon es als Subjekt überschritten werde. Kristeva bezeichnet jene größere Dimension als das sprachliche Unendliche, »le transfini dans la langue«. Sie endigt ihre Analyse mit der Konstatierung, dass der Text die Einheit der Familienstruktur auflöse, indem er diese auf reine Funktionen im Prozess der Bedeutungskonstitution reduziere. Zudem soll Sollers »text-polylogue« in der Weise politisch sein, dass er die Widersprüche der im Umbruch befindlichen französischen Gesellschaft der 60er Jahre benenne. Die beiden letzten, für die kritische Funktion der Literatur so bedeutsamen Punkte werden von der Autorin allerdings eher abstrakt behauptet als analytisch unterbaut. Es würde sich lohnen, den Aufsatz – ein komplex und unorthodox angelegter Text – im ganzen näher zu prüfen (in: Polylogue, 173-222; Zitate 180; 195; auf englisch in: Desire in Language, 159-209).

Der ›Fall‹ Céline

Aus Kristevas Kritik der frühen Avantgarde erhebt sich die Frage nach den ethischen Implikationen ihrer Theorie. Welche Art von Gesellschaftsbezug entscheidet darüber, ob Literatur ›Praxis‹ ist oder nicht? Wenn jedes Sinnangebot ›verlacht‹ werden kann, gibt es dann eins, das angemessener wäre als ein voriges? Welche Erneuerung ist gewünscht, welche nicht? Die Autorin fragt selbst wie folgt: »Kommt es tatsächlich nur darauf an, den heterogenen Widerspruch zu halten, unabhängig vom bindenden Gewebe bzw. vom ideologischen Signifikat, in dem es gerade erscheint?« (Revolution, 191; vgl. 226). Anscheinend geht es nicht an, Literatur nur unter dem Aspekt ihrer formalen Erneuerung wahrzunehmen und die Ebene der kodierten Botschaften auszublenden. Kristeva begibt sich auf das Terrain der literarischen Wertung, das nicht eben zu den bevorzugten Tätigkeitsfeldern poststrukturaler Autor/innen zählt. Auch in der literaturanalytischen Praxis wird meist der Material- und Musikalitätsaspekt ihres Semiotik-Konzepts bevorzugt (vgl. als Beispiel Greuner 1990).

Philosophie, Soziologie, Linguistik und Semiotik behandeln die Literatur auf ideologische Weise, stellt Kristeva fest. Als Alternative schlägt sie eine selbstkritisch verfahrende Form der Semiologie vor.

Den Maßstab geben die dichterischen Produktionen selbst, denn von den Metadiskursen des Wissens sind sie dadurch unterschieden, dass sie sich »als eine ihren Signifikanten bearbeitende Sprache artikulieren« (Kristeva: Subjekt, 211). Die Arbeit am Signifikanten löst das aus dem Kapitel »Kritik der ästhetischen Urteilskraft« (1790) von Immanuel Kant bekannte Muster der idealistischen Ästhetik ab. Bei Kant entspricht dem von objektiven Zwecken gereinigten freien Spiel der Einbildungskraft das Ideal der für sich gefallenden Schönheit. Dagegen verbindet Kristeva die Freiheit der Dichtung mit der Pflicht, das eigene Medium bis an die Wurzeln zu analysieren.

Als zu wenig analytisch und folglich ideologisch wird indes Kristevas eigener Diskurs gebrandmarkt. Das geschieht zumal von feministischer Seite, die an Kristevas Assoziation von Semiotischem und Mütterlich-Weiblichem wenig Innovatives zu entdecken vermag. Mama ist Körper, Papa Geist, soll das denn ewig so fortgehen? »Wenn das Symbolische seine Hegemonie stets wieder geltend macht, obgleich das Semiotische die Möglichkeit zur Subversion, zur Verschiebung oder zur Störung des väterlichen Gesetzes fördert – welche Bedeutung können dann diese Begriffe noch haben?« (Butler 1991, 124; eine nuancierte feministische Befragung Kristevas bei Gallop 1982 und Oliver 1993a).

Konkreter als an der Geschlechterfrage hat Kristeva das Text-Ideologie-Problem am ›Fall Céline‹ thematisiert. Gelöst wird es auch da nicht, aber immerhin klarer konturiert. Das Problem ist, dass der Romanautor Ferdinand Céline (1894-1961) antisemitische Pamphlete verfasst und dennoch ein literarisches Werk geschaffen hat, das durch »la beauté sauvage de son style« besticht (Kristeva: Pouvoirs, 205). Von diesem Stil war auch Ingeborg Bachmann beeindruckt, wie ihre dritte Frankfurter Vorlesung zur Poetik (1959/60) beweist. »Und Céline krakeelt und polemisiert und wütet in seinem Argôt, bis seine Misere-Geschichten, die sonst niemand etwas angingen, in diesem Sprachstrom die Misere aller Armen repräsentieren« (Bachmann, Bd. 4, 222).

Einen hinreißenden »Sprachstrom« zu entfesseln und unterdessen auf nazistische Feindbilder fixiert zu sein, ist etwas, das nach Kristevas Textideal streng genommen ›nicht geht‹. Zum Bild einer totalitären Verführung würde eher ein neoklassizistischer Schreibstil wie der Ernst Jüngers passen. Im Grunde müsste die Autorin (was sie nicht tut) Céline eine ›Textpraxis‹ zusprechen, denn anders als die Dichter der frühen Avantgarde verknüpft er eine hochgradige Sprachartistik mit Bezügen auf »die Misere aller Armen«, wie Bachmann sagt. Das Problem ist nur, dass er die Arbeit am Signifikanten just dort suspendiert, wo sie am dringendsten nötig wäre, im historischen Kontext des Massenmords an den Juden nämlich.

Mitte der 70er Jahre zieht Kristeva das Werk Célines noch überwiegend zur Illustrierung ihres Prozesskonzepts von Text, Subjekt und Identität heran (siehe die Arbeiten Subjekt, 203-208; Die Aktualität Célines, dt.1979; D'une identité à l'autre, 1975, in: Polylogue, 149-172). Man könnte mit ihren eigenen Worten sagen, dass sie das Oeuvre des Autors zu dieser Zeit ideologisch nutzt. Das ändert sich mit ihrer Studie über das Grauen, *Pouvoirs de l'horreur* (1980), deren letztes Drittel der »écriture« Célines gewidmet ist (ebd., 157-248).

Eine überlegtere Interpretation ist der Autorin jetzt dadurch möglich, dass sie hinter den antisemitischen Ideologemen Célines die Phantasmen ›hervorzieht‹, auf die jene ihrer Ansicht nach eine Antwort sind. Es sind Phantasien von Schmutz, Tod und Grauen im dynamischen Umfeld der Urverdrängung, in dem sich das kindliche Subjekt aus dem unmittelbaren Körperbezug zur Mutter löst. Das Wagnis Célines besteht Kristeva zufolge darin, von diesem Schrekkensraum, diesem Nullpunkt der Identität her zu schreiben. Als symptomales Gedächtnis dieses Versuchs stuft sie die segmentierten Sätze und syntaktischen Ellipsen, die häufigen Auslassungszeichen und das obszöne Vokabular der Romane ein. Gleichzeitig jedoch benutze der Autor die Hass- und Faszinationsfigur des Juden als Bewältigungsmittel gegen das Grauen, das so der als ungenügend empfundenen Arbeit des gesellschaftlichen Symbolischen entzogen werde. Statt sich der Erfahrung einer traumatisierenden Schwäche zu stellen, schiebe Céline sie dem Juden zu und gebe damit dieselbe von Abwehr und Verleugnung geprägte Antwort wie Nazismus und Faschismus. »Die antisemitischen Pamphlete sind dagegen, wie Kristeva darlegt, ein Versuch zu leugnen, daß es sich bei dieser Leere und Schwäche um Momente handelt, die menschliche Subjektivität und Gesellschaftlichkeit überhaupt unaufhebbar innewohnen« (so Suchsland 1992, 155).

Im Fazit lässt Kristeva aber keinen Zweifel daran, dass sie Célines literarische Prosa mit ihrem triebhaften Tremolo zu den großen Texten des 20. Jahrhunderts zählt. Ihrer Lesart zufolge zielt Célines Arbeit am Signifikanten auf die dunkelste Schicht der subjektiven Erfahrung, die ihrerseits und wie im Gegenzug auf die objektive Krise der Identität im Raum der säkularen Moderne verweist. Das verdrängte Unliebsame der ihrer schützenden Transzendenz beraubten und ganz auf sich zurückgeworfenen Individuen kann sich bei Céline mit höllischer Klarheit zeigen. Die literaturwissenschaftliche Auseinandersetzung mit Kristevas Konzept hätte dieser Deutung genauer nachzugehen. Ein Problempunkt könnte insbesondere die Spannung zwischen den unterschiedlichen Zeitordnungen sein, die von der Interpretin ins Spiel gebracht werden. Auf der einen Seite steht das psychoanalytische Dispositiv mit seinem Anspruch auf überzeitliche Geltung, auf der anderen gibt es die Figuren und Konfigurationen Célines in der spezifischen Historizität ihrer Handlungsräume. (Zu Kristeva s. auch Kap. II.4: Intertextualität; Kap. II.5: Metapherntheorie; Kap. III.2: Typologie der Lektüre).

4. Intertextualität

Das Theorem der Transformation

Die Intertextualität ist mit Abstand das erfolgreichste Konzept der poststrukturalen Literaturtheorie. Überflügelt wird es allenfalls noch durch die Popularität des Dekonstruktionsmodells. Der hohe Bekanntheitsgrad bedeutet aber nicht, dass Intertextualität ein einfacher Begriff wäre. Im Gegenteil, er gehört zum Schwierigsten, was der Poststrukturalismus hervorgebracht hat. Seit seiner Heraufkunft Mitte der 60er Jahre und mit besonderen Höhepunkten während der 80er Jahren ist der Intertextualitäts-Gedanke intensiv diskutiert worden. Seither liegen zwei Hauptrichtungen vor, die sich dadurch unterscheiden, dass das strukturalistische Theorem der Transformation (=prozesshafte Umgestaltung der Textzeichen) jeweils anders ausgelegt wird. Der Streitpunkt ist, inwieweit, wenn überhaupt, die Transformation vom Prinzip der Äquivalenz gelenkt wird. Wo die Äquivalenz bejaht wird, wird der Vergleich verschiedener Motive am Leitfaden eines übergeordneten Werts für möglich erachtet (vgl. Kap II.1 zu Saussure).

Die erste Richtung radikalisiert die Transformation, indem sie sie mit der Figur des offenen Textes verknüpft. Texte sind umgestaltbar, weil sie unabschließbar sind. Dieser im engeren Sinn poststrukturalistische Ansatz geht auf Julia Kristeva zurück, die den Intertextualitäts-Begriff auch in die Diskussion eingeführt hat. Die zweite Richtung vollzieht die Öffnung des Textes nur in gemäßigter Weise nach und macht das Erfordernis praktischer Beschreibungskategorien geltend. Während im poststrukturalen Ansatz die Transformation der textlichen Zeichen als ambig und unendlich offen angesehen wird, vollzieht sie sich in der zweiten Richtung nach kodifizierbaren Prozessen oder anhand von Hinweisen im Text selbst. Die Differenz des Textbegriffs, geordnetes System oder offener Prozess (s. Kap. II.2 und II.3), pflanzt sich auf die Intertext-Ebene fort. Im literaturwis-

senschaftlichen Alltagsgebrauch haben sich die Differenzen allerdings abgeschliffen. ›Intertextualität‹ verweist global auf die literarische Zitierpraxis.

4.1 Das Intertextualitätskonzept Julia Kristevas

Die grundlegenden Studien Kristevas zur Intertextualität sind in
dem Band *Semeiotikè. Recherches pour une sémanalyse* von 1969 versammelt. Drei der Essays liegen auf deutsch unter den Titeln »Zu
einer Semiologie der Paragramme« (frz. 1966, dt. 1972), »Der geschlossene Text« (frz. 1966/67, dt. 1977) und »Bachtin, das Wort,
der Dialog und der Roman« (frz. 1967, dt. 1972; auch in Kimmich
1996) vor. Ein vierter Essay zum Gegenstand »Poésie et négativité«
(1968) ist unübersetzt geblieben. Die Sprache mit poetischer Funktion wird darin als ein Text-Raum ohne individuelles Subjekt thematisiert, in dem sich verschiedene Kodes überschneiden und gegenseitig aufheben (Semeiotikè, insb. 186; 194). Ferner hat Kristeva
ihr Intertextualitäts-Konzept in dem Aufsatz »Probleme der Textstrukturation« (dt. 1971) erörtert. Über die in den 70er Jahren vor-
gelegte Begriffsalternative »Transposition« gibt der Abschnitt »Ein-
bruch ins Thetische: die ›mimesis‹« des *Revolutions*-Buchs Auskunft
(ebd., 66-71; frz. 57-61).

Die poetische Sprache

In ihrem Aufsatz »Der geschlossene Text« erwähnt Kristeva eine Semiotik, »die den Text in der Gesellschaft und der Geschichte (in deren Text) ansiedelt, indem sie ihn als Intertextualität untersucht«
(ebd., 195). Damit sind die Weichen gestellt. Das strukturalistische
Konzept des »kulturellen Textes« (Lotman) wird aufgebrochen. Im
Geschichtsraum der Neuzeit soll es keinen Motivhorizont mehr geben, den der Schreibprozess nicht zu überschreiten vermöchte. Die
Autorin führt in gedrängten Analysen vor, dass der Roman *Jehan de
Saintré* (1456) von Antoine de La Sale einen Schnittpunkt verschie-
denartiger, die mittelalterliche Transzendentalsymbolik ablösender
Zeichenpraktiken bilde. An die Stelle des geschlossenen Textes trete
die Praxis des Schreibens, die ›écriture‹, die zugleich den ›Literarizi-
täts‹-Begriff der Formalisten relativiere. Die Literatur weise keine
anderen Merkmale auf als solche, die der ›écriture‹ koextensiv sind
(ebd., 224).
    Der theoretische Kernbegriff der Autorin lautet nun aber nicht
›Literatur‹ und letzthin auch nicht ›écriture‹, sondern ›poetische

Sprache‹. ›Poetisch‹ meint hier keine Literaturgattung wie z.B. Poesie oder Lyrik. Das Poetische ist vielmehr eine modellierende (=formende, bildende) Funktion, die der semiosymbolischen Gespaltenheit des sprachlichen Zeichens entspringt. Sie führt dazu, dass die Vereinheitlichungstendenz der Sprache geschwächt wird. Die Autorin stützt ihre These auf Texte der europäischen Moderne, in denen sie die poetische Modellierungsfunktion optimal realisiert sieht. Die Wirkkraft der poetischen Sprache wird durch die Heraufkunft einer modernen Textpraxis um 1900 verstärkt. Seit der Wende vom 19. zum 20. Jahrhundert setzt sich die Sprache mit erhöhter, von gattungspoetischen Normen befreiter Dynamik gegen die Sinn- und Sachzwänge der Gesellschaft zur Wehr (zu Kristevas Praxis-Begriff s. Kap. II.3.6).

Ohne poetische Funktion keine Intertextualität, und die nun wird von der Autorin anhand der Begriffe ›Dialog‹ und ›Doppel‹ (double) entwickelt. Der Begriff des Doppels bildet den Kern des Aufsatzes »Zu einer Semiologie der Paragramme« (dt. 1972). Die Autorin verweist auf die *Anagramm*-Studien Saussures, greift Positionen der sowjetischen Semiotik auf und bedient sich, wie fast alle Theoretiker der Zeit, der Sprache der Mengenlehre. Sie skizziert eine Logik, in der gegensätzliche Textelemente nebeneinander bestehen (para=neben) können, ohne sich wechselseitig auszuschließen. Die Wort- und Satzelemente sollen nicht wie das linguistische Zeichen in linearer Weise, sondern tabellenartig formiert, das heißt zu je für sich unteilbaren dyadischen Doppeln geordnet sein. In der Logik des paragrammatischen Doppels soll es zwar eine Instanz geben, die die Vorstellung von Gesetz, Wahrheit und Einheit heraufbeschwört und die Kristeva mit Hilfe der Zahl ›1‹ umschreibt. Diese Instanz ist aber gleichsam schon im vornhinein entmachtet. Sie besitzt keine wirkliche Entscheidungsgewalt. Kristeva sagt es am Beispiel ihres Zahlenmodells so: Die Instanz der ›1‹ wird im poetischen Text jedes Mal auf den zweiten, nicht ausschließbaren Teil der sprachlichen Dyade hin überschritten. Sie formalisiert die Überschreitung als ›0-2‹, um deutlich zu machen, dass die ›1‹ nur indirekt, als eine Art Zwischenstation auftreten kann. Die Autorin entnimmt dem Verhältnis die Existenz einer Unendlichkeit des Kodes, die allein von der poetischen Sprache realisiert werden könne. Das bedeutet einen Bruch mit der struktural-linguistischen Poetik Roman Jakobsons, in der die Alltagssprache das Kodemaß gibt. Bei Kristeva ist die poetische Sprache den anderen, begrenzteren Sprachkodes übergeordnet.

Die Autorin definiert die poetische Sprache als eine »konstitutive Komplementarität«, man könnte auch sagen ›konstitutive Verdopplung‹, die »auf allen Ebenen der nicht-monologischen (paragrammatischen) Textgliederungen auftaucht« (Paragramme, 168). Die »Normalsprache« ist der poetischen Sprache als ein entmachtetes, der Wahrheitslogik entzogenes System inkludiert. Die wahre Macht fällt im poetischen Text dem untrennbaren Doppel von Schreiben-Lesen (écriture-lecture) zu, auf dem auch die Dynamik der intertextuellen Beziehung fußt. Weil der poetische Text die Wahrheitslogik der Sprache prinzipiell überwunden hat, kann er sich auf den Raum der Geschichte hin öffnen. Kristeva fasst zusammen: »Indem er den vorausgegangenen bzw. synchronen literarischen Korpus liest, lebt der Schriftsteller mittels seiner Schreibweise in der Geschichte, und die Gesellschaft schreibt sich in den Text ein« (ebd., 171).

Als Vermittlung zwischen Text und Gesellschaft setzt die Autorin sogenannte »Ideologeme« ein. Es sind Typen von Aussagen, etwa Sprüche, Klischees, geflügelte Worte, in denen Informationen über konkrete soziohistorische Koordinatensysteme gespeichert sind. Sie sind grob den von Roland Barthes in seiner *S/Z*-Analyse thematisierten kulturellen Kodes vergleichbar. Der Schriftsteller verpflanzt die Ideologeme in seinen Text, in dessen Gesamtstruktur sie auf eine neue, ›breitere‹ Art lesbar sind (zu Barthes s. Kap. III.2.1: Textuelle Lektüre; zu »Ideologem« vgl. Kristeva: Der geschlossene Text, insb. 194-196).

Die »dialogische Matrix« des Textes

»Bachtin, das Wort, der Dialog und der Roman« (dt.1972) ist Kristevas bekanntester Aufsatz zur Intertextualität. Als Ausgangspunkt wählt sie die Arbeiten des russischen Literaturtheoretikers Michail Bachtin (1885-1975). Aus dessen Begriffsvorgaben ›Dialog‹ und ›Ambivalenz‹ wird die Intertext-Perspektive extrapoliert. Bachtin hatte den Begriff des Dialogs auf der Ebene des Worts angesetzt: Ein Wort werde vom Romanschriftsteller in einen Diskurs, einen Zusammenhang von Redensarten gebracht, der die Spuren anderer Wortverwendungsweisen in sich virulent halte. Den Begriff der Ambivalenz hatte Bachtin dem volkstümlichen Brauch des Karneval entnommen, dessen zweideutige Verkehrungen er in die Sprache des von ihm so bezeichneten ›polyphonen Romans‹ übernommen sah.

Kristeva verallgemeinert Bachtins Vorgaben. Sie fasst ›Dialog‹ und ›Ambivalenz‹ zwar nicht unabhängig von Bachtins Bezugskontexten, aber doch über deren soziale Strukturierung hinaus als Ausdruck einer »logique du *transfini*« auf (Kristeva: Semeiotikè, 92). In der poetischen Sprache existiert ihr zufolge keine Schiedsinstanz, die die Travestien des Karneval oder der literarischen Satire auf eine

Einheitsbeziehung zurückzuführen vermöchte. Was Bachtin eine monologische Rede nennt, stellt nach Kristeva eine Teilfunktion der poetischen Sprache dar, die als ganze immer schon paragrammatisiert, ›entkernt‹, entgrenzt ist. Aufgrund der in der poetischen Sprache wirksamen dyadischen Logik und dem ihr korrespondierenden Doppel von Schreiben-Lesen ist die monologische Rede von vornherein in die Perspektive ihrer eigenen Überschreitbarkeit gestellt.

Wenn der fremde Text samt seiner historisch-semantischen Ladung in den neuen Kontext ›eingelesen‹ wird, wird er zum Teil eines Dialogs. Dieser ist kein magistrales Gespräch mit verteilten Rollen, sondern ein unauflösbar ambivalentes Nebeneinander von alter und neuer Bedeutung. Auf der Basis dieses Dialog-Begriffs wird die von Bachtin umrissene Kommunikation zwischen Schriftsteller, Leser und den Texten der Gesellschaft zu einer allgemeinen »Intertextualität« erweitert – »jeder Text baut sich als ein Mosaik von Zitaten auf, jeder Text ist Absorption und Transformation eines anderen Textes« (Kristeva: Bachtin, 348).

Kristeva begründet ihre These vom intertextuellen Dialog auch narratologisch. Im fünften Abschnitt des Essays arbeitet sie unter dem etwas verwirrenden Titel »Der immanente Dialogismus des denotativen oder historischen Worts« die »dialogische Matrix« des Textes heraus (ebd., 357-361). Sie beschreibt eine narrative Interaktion zwischen dem Subjekt des Textes und seinem Adressaten, der nicht wie in den Konzeptionen des 19. Jahrhunderts eine außertextliche Einheit sein soll (ebd., 372). Die Intersubjektivität soll durch Intertextualität ersetzt werden. Nicht Subjekte (im Sinn von Intentionalitäten), Texte stehen im Dialog.

Bestimmend für Kristevas Dialogkonzept ist die Unterscheidung zwischen den Ebenen von Aussage und Aussagen (énoncé; énonciation) und zwischen den Ebenen von Signifikant und Signifikat (signifiant, signifié). Das Signifikat sieht die Autorin als einen transformierten Signifikanten an. Das Subjekt der Erzählung entzweit sich ihrer Ansicht nach in ein Subjekt des Aussagens, das die anonyme Stimme des Autors repräsentiere, und in ein Subjekt der Aussage, das auf der Ebene des Textes als Name, Person oder Personalpronomen erscheinen könne. Das Subjekt der Lektüre bzw. der Adressat des Textes wiederum figuriert in dieser Konzeption als Doppel von Signifikant und Signifikat. Demnach ist ein Adressat sowohl das, was vom Subjekt der Erzählung bedeutet wird (Signifikat), als auch das, was seinerseits den Autor als eine Funktion der Erzählung installiert (Signifikant). Zwischen diesen horizontal und vertikal gelagerten signifikanten Instanzen des Textes entspinnt sich ein Dialog, der ein Spiel von sprachlichen Permutationen, kein Platonisches Symposion mit einer festen Rollenverteilung ist. Kristeva folgert: »Die Erzählung war also von jeher als dialogische Matrix durch den Adressaten, an den sie gerichtet ist, konstituiert« (ebd., 359; für eine Kritik am Unendlichkeitstheorem Kristevas vgl. Brokoff/Hitz 1995; auslegende Kommentare zu Kristevas Paragramm-Konzept gibt Houdebine 1968).

4.2   Von der Intertextualität zur Transposition

Im Kontext ihres *Revolutions*-Buchs von 1974 wechselt Kristeva sozusagen die Pferde. Sie schlägt vor, fortan von »Transposition« zu reden, da der Begriff »Intertextualität« dem Missverständnis philologischer Quellenkunde ausgesetzt sei. In einem Interview des Jahrs 1985 spitzt sie ihre Ansicht methodenkritisch zu. Das Kriterium der Analyse sei »a specific dynamics of the subject of the utterance, who consequently, precisely because of this intertextuality, is not an individual in the etymological sense of the term, not an identity« (Kristeva/Waller 1990, 281). Zu der überindividuellen Dynamik der textlichen Äußerung passt das Übertragungswort ›Transposition‹ offenbar besser als der statisch wirkende, einen möglichen Endzustand suggerierende ›Intertextualitäts‹-Begriff. Mit der Intertexualität ist man irgendwann fertig, mit der Transposition nie. Im literaturwissenschaftlichen Sprachgebrauch hat sich gleichwohl die Intertextualität durchgesetzt.

Der Begriffswechsel ist auch daraus erklärbar, dass sich Kristeva zunehmend für die Sache der Psychoanalyse engagiert. Die Transposition trägt der triebsemiotischen Dynamik der Sprache Rechnung, die in den frühen Intertextualitäts-Studien noch keine Leitfunktion hat. Der Unterschied lässt sich an der Frage der thetischen Setzung ermessen. In der Logik des Paragramms existieren beiderseits des thetischen Einschnitts zwei nebengeordnete Positionen, ein basisdemokratisches Modell wenn man so will. Die Dynamik des Semiotischen hingegen ist auf den Umsturz jeweils einer, sich an anderer Stelle erneuernden Setzung gerichtet. *Le roi est mort – vive le roi.* Die semiotische Logik ist einfacher und weniger radikal als die Vorgängerin. Das Semiotische begnügt sich damit, unermüdlich *eine* Autoritätsposition abzubauen, eben die, die sich gerade errichtet hat. Das Paragramm hält den Konflikt zweier im selben Textraum vorhandener, aber orts- und zeitverschobener und aufeinander nicht abbildbarer Positionen offen. Das Semiotische wiederum vermag den Anspruch an die Literatur auf eine Erneuerung des Symbolischen konkreter, nämlich aus dem körperdynamischen Substrat der

Sprache zu begründen. Subjekt und Intersubjektivität sind nun wieder relevante Begriffe.

Kristeva definiert die Transposition genauer als Übergang zu einem Zeichen oder Zeichensystem »mit neuer Darstellbarkeit«. Sie bezieht sich auf Freuds Traumlehre, in der die Primärprozesse der Verschiebung und Verdichtung mit der Rücksicht auf Darstellbarkeit verkoppelt sind. Der Begriff der Transposition habe den Vorzug, »daß er die Dringlichkeit einer Neuartikulation des Thetischen von einem Zeichensystem zu einem anderen unterstreicht« (Revolution, 69). Ein weiterer Vorteil kommt hinzu. Die Transposition der Zeichen untereinander deckt der Autorin zufolge mit jäher Deutlichkeit den Vorgang der thetischen Setzung auf, der für die Bildung von Wahrheitssätzen unerlässlich ist und dessen Abhängigkeit vom Sprachprozess durch die Verschiebung der Zeichen einsehbar werden kann. Kristeva rekapituliert den Effekt in einem vielzitierten Passus so, dass die poetische Sprache die Wahrheit streife, um über diesen Streifzug die ›Wahrheit‹ zu sagen: »Diese ›zweite Wahrheit‹ ist die Nachzeichnung des Weges, den die erste (die der Bedeutung) schneidet, um sich zu setzen« (ebd., 70).

Was hier als enthüllende Nachzeichnung des Weges der Bedeutung umschrieben wird, deutet auf Theoriestrateme der 90er Jahre voraus. Judith Butler zum Beispiel hat mit Hilfe des Theorems der Performanz den Anspruch auf eine originale Identitätsposition zu erschüttern gesucht (vgl. Butler 1991, insb.190-218). Unterdessen lässt Kristeva keinen Zweifel daran, dass jeder neue Entwurf doch wieder auf eine, wenngleich stets angreifbare, sinnhafte Setzung hinausläuft.

Logische Verdopplung der sprachlichen Serien und triebsemiotische Transposition zwischen den Zeichensystemen – so lauten die beiden Varianten, die in ihrem Konzept der intertextuellen Beziehung verzeichnet sind. Obwohl die Unterschiede nicht zu vernachlässigen sind, besteht in einem Punkt doch Gemeinsamkeit. Literatur wird jedes Mal als ein Textraum konzipiert, in dem jedes Bedeutungselement die Replik auf unendlich viele andere ist. In Goethes *Italienischer Reise* (1829) wird das Verhältnis unter Anspielung auf den Gesang der Venezianischen Gondoliere so formuliert, dass »einer immer das Echo des anderen« ist. Ein einfaches Textverstehen ist nach dem Urteil der Autorin aufgrund der literarischen »Echos« für immer ausgeschlossen. Nicht, dass der Textsinn als solcher vieldeutig wäre. Es ist vielmehr so, dass für die sinnverändernde Transformation der literarischen Zeichen keine letzte Grenze anzugeben ist.

4.3   Weitere Perspektiven der Intertextualitäts-Diskussion

Das Theorem der Texttransformation wurde von den Strukturalisten sowohl entwickelt als auch weiterentwickelt. Das dokumentiert das Buch *Palimpseste* (dt.1993; frz. 1992) des Erzähltheoretikers Gérard Genette. Genette entwirft eine transtextuelle Poetik auf der Grundlage von fünf Basistypen. Der Kristevasche Typus der Intertextualität verweist per Zitat, Plagiat und Anspielung auf andere Texte, die Paratextualität thematisiert Mikrotexte wie Titel und Vorwort, die Metatextualität liefert indirekte Formen der Kommentierung und die Architextualität Gattungsangaben. Letzter und wichtigster Typus ist die Hypertextualität. Ein Ursprungstext, der sogenannte Hypotext, wird durch einen Folgetext, den Hypertext, so transponiert, dass es zu einer Umwertung kommt. Dem Hypertext gelingt es, seinen Hypotext qualitativ in den Schatten zu stellen. Vorausgesetzt ist bei allen Typen der Systemcharakter der Transformation. Er gibt dem literarischen Prozess eine Überschaubarkeit, die ihn besser kategorisierbar macht, rückt die Intertextualität dafür aber wieder an die philologische Quellenforschung heran. Beispielhaft zeigt das ein Aufsatz, in dem der Adonis-Mythos in Stifters *Nachsommer* (1857) als interpretativer Prätext entschlüsselt wird (Wedekind 1995).

In den 80er Jahren bekam die Intertextualität ein Geschwister namens Interdiskursivität. Jürgen Link leistete mit seiner Studie über *Generative Diskursanalyse* (1983) einen Beitrag dazu. Ziel ist die Entwicklung einer »Literaturanalyse als Interdiskursanalyse«. Im Anschluss an Foucaults *Archäologie des Wissens* (dt. 1973) definiert Link »Diskurs« als eine Menge von Aussagen, die einem gleichen Formationssystem angehören. Ein »Interdiskurs« besteht aus diskursiven Elementen, die in mehreren Verwendungszusammenhängen vorkommen. Ein Beispiel sind Kollektivsymbole, die von mehreren sozialen Gruppen in diversen Praxisbereichen benutzt werden, etwa »Fairness« (Sport, Recht, Ethik, Politik) oder »Wind« (Meteorologie, Politik: Massenbewegung). Der Autor will der Signifikantenanalyse von Helga Gallas ein Modell entgegensetzen, das die gesellschaftliche Arbeit der Diskursintegration im Blick behält (Link 1983, 19-21). Auf dem Boden strukturalistischer Verfahren steht die Interdiskursanalyse allerdings ebenfalls. Das bei Gallas vorherrschende Prinzip der äquivalenzgesteuerten Transformierbarkeit von Texten wird von Link geteilt (für eine komprimierte Darstellung von Links bzw. Foucaults methodischem Ansatz vgl. Kammler 1994, 634-637).

In der Intertextualitäts-Diskussion kehrt ein bestimmter Konflikt regelmäßig wieder. Es ist der Konflikt zwischen der Annahme eines universellen Textraums einerseits und den pragmatischen Anforderungen der Analyse andererseits. Ein »Konzept«, so die kritische Bilanz, »das so universal ist, daß zu ihm keine Alternative und nicht einmal dessen Negation mehr denkbar ist, ist notwendigerweise von geringem heuristischem Potential für die Analyse und Interpretation« (Pfister 1985, 15). Aus hermeneutischer, rezeptionsästhetischer und kommunikativ-semiotischer Sicht ist das Intertextualitäts-Konzept entsprechend eingegrenzt worden. Beispielsweise wird zwischen der Intertextualität als einem Universum von Intertexten und der spezifischen Form des Dialogs, den ein Text mit anderen Texten und Sinnpositionen unterhält, unterschieden (Lachmann 1982; vgl. 1984). Ferner soll die Rolle von System- und Gattungsreferenzen stärker beachtet werden. »Ein Petrarca-Zitat in einem Epos macht aus diesem noch keinen *canzoniere*« (Hempfer 1991, 17). Schließlich wird der »Mythos der Intertextualität« auch ganz zurückgewiesen. Gegen ihn sprächen die konkrete Aufgerufenheit der Bezugstexte eines Werks und die Aufmerksamkeitsleistungen der an der Lektüre beteiligten Subjekte (Stierle 1984, 145).

Eine Sichtung des Intertextualitäts-Konzepts unter geschlechtskritischem Akzent legte Gisela Ecker 1985 vor. Die Verfasserin bezieht sich unter anderen auf einen Aufsatz der Literaturwissenschaftlerin Annette Kolodny von 1980, der seit 1996 auch auf deutsch vorliegt. Kolodny fordert eine die Literatur von Frauen einbeziehende Wahrnehmung von Intertextualität. Ecker skizziert mehrere intertextuelle Reihen, die für die Aufarbeitung der literarischen Produktion von Frauen produktiv gemacht werden können. Sie erwähnt eine erweiterte Form der Literaturgeschichtsschreibung, die Untersuchung anspielungsreicher Genres wie Lyrik, die kritische Arbeit am Mythos sowie die Aufarbeitung der widersprüchlichen Teilnahme von Autorinnen an den kulturellen Kodes.

In der Tat stellt der Geschlechterdiskurs eine Art Nagelprobe für das Konzept dar (s. Kap. II.3.3 zu Irigaray). Denn wäre die Dynamik der intertextuellen Beziehung auf die Vorlagen nur eines Geschlechts beschränkt, würde das den Anspruch des ›Inter‹ gewaltsam einschränken. In einigen nordamerikanischen Publikationen der 80er Jahre wurde das Wort denn auch zu ›intersexual‹ verschoben. Die als Poststrukturalistin bekannte Literaturkritikerin Barbara Johnson zum Beispiel spricht in einem ihrer Aufsätze von »intersexual dialogue« (Johnson 1987, 40; weitere Übersichts- und Problemstudien zu Intertextualität bei Schmid/Stempel 1983, Plett 1991, Holthuis 1993; Werkanalysen bei Geier 1985, Klein 1985, Bauer 1998).

Was zuletzt Derrida angeht, so spricht dieser Autor von ›Intertextualität‹ nur selten. Er hat auch keinen direkteren Beitrag zu der

Begriffsdebatte geleistet. Die Erklärung ist einfach, denn etwas anderes als intertextuelle Operationen gibt es in seiner Optik nicht. Intertextualität ist für Derrida nicht eine Besonderheit, sondern der permanente Zustand der Kommunikation, zu deren Beschreibung ihm das Grundwort ›Textualität‹ genügt. Um die Transformationsdynamik der Schrift zu illustrieren, gebraucht er Formeln wie »pfropfen« (greffer) oder Zitieren (greffe citationelle). Sie bedeuten ›verbreiten‹, ›künstlich fortpflanzen‹, und verweisen auf die Möglichkeit einer methodischen Intervention in den Prozess der Texte, die im Begriff der Dekonstruktion (s. Kap. III.2.5) triftig ausgearbeitet ist.

Derrida hat für die Beschreibung textlicher Transformationsprozesse aber auch eine allgemeinere sprachtheoretische Kategorie zugrunde gelegt. Es ist die »Iteration«, die Wiederholungsstruktur des Sprachzeichens. Sie wird in dem Aufsatz »Signatur Ereignis Kontext« (frz.1971) entfaltet. Ohne eine gewisse Selbstidentität in der Wiederkehr ist kein Zeichen erkennbar, dies der Ausgangspunkt. Das bedeute aber nicht, dass das Zeichen kontextuell festgelegt sei. Seiner prinzipiellen »Zitathaftigkeit« wegen könne es »unendlich viele Kontexte auf eine absolut nicht saturierbare Weise erzeugen« (in: Randgänge 1976, 141). Diese Kontextoffenheit präge auch die kommunikativen Funktionen des Zeichens. »Man kann ihm (=dem Zeichen) eventuell andere zuerkennen, indem man es in andere Ketten einschreibt oder ihnen *aufpropft*. Kein Kontext kann es einschließen« (ebd., 136). Was für Kristeva Dialog und Ambivalenz, ist für Derrida das »Nichteinschließenkönnen« der Textzeichen. Sein Interesse richtet sich mehr auf das Zitieren *vor* dem Zitat und die Formationen *vor* der Transformation als auf das endliche Ergebnis (zum Begriff der Iteration und Derridas Kritik an Phänomenologie und Sprechakttheorie vgl. Frank 1983, 520-540 und 1989, 491-560).

Derrida diskutiert die Transformation weiter im Kontext des Übersetzens (vgl. dazu Hirsch 1995) sowie anhand der Theorie der Gattung. In seinem Vortrag »La loi du genre« (1979) argumentiert er, dass es keinen Text ohne Gattung gebe, dass aber auch kein Text nur eine Gattung habe. Gattung sei eine offene Struktur, an der viele Textarten teilhaben, während sich umgekehrt in einem Text mehrere Gattungsmerkmale kreuzen. Da die Gattung ein zentraler Topos der Literaturtheorie ist und sich außerdem in starken Umbrüchen befindet (vgl. z.B. Hempfer 1973), ist zu wünschen, dass Derridas Beitrag von der deutschen Literaturwissenschaft eingehender rezipiert und in die Diskussionen einbezogen wird.

5. Tropologie: Die Metapher als literatur-theoretisches Paradigma

5.1 Die Metapherntheorie des Aristoteles

Metaphern sind Tropen, und Tropen wiederum sind nach klassischer Definition sprachliche Substitutionen, durch die ein nicht-sinnliches Element zur sinnlichen Anschauung gebracht werden kann. Weil sie ein dichtes Netz von sprachlichen Bildern, Assoziationen und Bedeutungen weben, sind Metaphern ein unverzichtbares Element des literarischen Schaffens. Metaphorisches Sprechen ist nahezu synonym mit literarischem Sprechen, mit Sprechen überhaupt.

Entsprechend bedeutsam ist das »Recht zur Metapher« (Handke) für Poetologie, Rhetorik und literarische Ästhetik. Das Nachdenken über sie ist über 2000 Jahre alt. Als Ausgangspunkt gelten gemeinhin die Schriften des Aristoteles, wenngleich es ältere Quellen der Rhetorik gibt. Seit der Antike haben sich zentrale Bildbereiche wie Schifffahrt, Handwerk und Familie, Kosmos, Natur und der körperliche Organismus als tropologische Felder behaupten können. Im 17. Jahrhundert kam die Sprache der technischen Wissenschaften auf, doch auch sie beruft sich, wie zuvor der Diskurs der Theologie, bis heute auf eines der überlieferten Bildfelder. Der ›Atomkern‹ assoziiert einen physiologischen Organismus und das ›Surfen‹ im Internet hält die Erinnerung an die Seefahrt wach.

Im 21. Kapitel seiner *Poetik* (um 335 v. Chr.) stellt Aristoteles einen Satz auf, der lange nachgehallt hat. Er lautet: »Eine Metapher ist die Übertragung eines Wortes (das somit in uneigentlicher Bedeutung verwendet wird), und zwar entweder von der Gattung auf die Art oder von der Art auf die Gattung, oder von einer Art auf die andere, oder nach den Regeln der Analogie« (Poetik, 67).

Der Satz enthält zwei Thesen, die als Punkt des Anschlusses oder Stein des Anstoßes gewirkt haben. Die erste These betrifft die Unterscheidung zwischen wörtlicher und uneigentlicher Bedeutung. Aristoteles sieht das Uneigentliche als Ausdruck der Übertragung und Privileg der Dichtung an. Die zweite These betrifft die Veränderbarkeit der Sprache, als deren Organon die Metapher gilt. Wo die wörtliche Rede den Vorteil der größeren Klarheit habe, soll es der Dichtung möglich sein, den Ausdruck zu verändern. »Denn gute Metaphern zu bilden bedeutet, daß man Ähnlichkeiten zu erkennen vermag«, merkt Aristoteles im 22. Kapitel dazu an (ebd., 77). »Ähnlichkeiten« gibt es zwischen den verschiedenen Arten oder zwischen der Art und der Gattung, oder sie werden über die »Regeln der Analogie« produziert. Bei einer analogischen Metapher sieht jemand etwas so, wie er zuvor etwas anderes gesehen hat, überträgt also, wie es gemäß moderner Terminologie heißen könnte, das Merkmal des Bildspenders auf das Feld eines Bildempfängers. Aristoteles zitiert die Rede vom Alter als »Abend des Lebens«, laut der sich das Alter zum Leben verhalte wie der Abend zum Tag (ebd., 69). Das Beispiel erklärt miteins, warum der Rhetoriker Quintilian (um 100 n.Chr.) die Metapher als einen »abgekürzten Vergleich« definieren konnte. Das Bild vom »Lebensabend« scheint vom »wie« des Vergleichs indirekt gesteuert zu sein.

In den Theorien des Poststrukturalismus wird die Unterscheidung von wörtlicher und uneigentlicher Bedeutung aufgegeben. Das Argument lautet, dass sie sich auf die Prämisse eines ›verbum proprium‹, eines der Übertragung vorausgesetzten Leitworts, in Derridas Terminologie: auf ein transzendentales Signifikat stütze. In der streng dekonstruktivistischen Variante des Poststrukturalismus wird kein Sprechen mehr für möglich gehalten, das an sich nicht schon metaphorisch, eine Übertragung von ›anderswoher‹ sei. Das Kriterium der Ähnlichkeit verliert seinen bevorzugten Platz. Es muss mit dem von Saussure propagierten Wert der Verschiedenheit konkurrieren. Die Metapher beginnt sich aus ihrem jahrhundertealten rhetorischen und hermeneutischen Milieu zu lösen. Sie wird ›semiotisiert‹, ›textualisiert‹, ›linguisiert‹, ›differentialisiert‹, ›dekonstruiert‹.

Auf die Frage: Was ist die Wahrheit? antwortete Nietzsche in der nachgelassenen Schrift »Ueber Wahrheit und Lüge im aussermoralischen Sinn« (um 1870) mit dem Aperçue, dass sie ein bewegliches Heer von Metaphern, Metonymien, Antropomorphismen sei. Ein Gedanke von prognostischem, ja prophetischem Wert. Durch die Rückbindung der Wahrheitsfrage an die Formationsbewegung der Sprache bröckelte die Möglichkeit ab, der Unterscheidung zwischen eigentlichem und uneigentlichem Sprechen ein außersprachliches Rückgrat zu geben. Der in den 1960er Jahren neu aufblühende Streit um die Metapher ist aber nicht auf einige sprachkritische Kreise begrenzt. Sie findet im Rahmen einer großen Fach- und Methodendiskussion statt. Beispiele sind die geschichtsphilosophische Studie *La Métaphore vive* (1975) von Paul Ricoeur, der Essay »Die Aufhebung der Anschauung im Spiel der Metapher« (Erstv. 1978) von Manfred Frank sowie der von Anselm Haverkamp besorgte Band *Theorie der Metapher* (1989). (Vgl. zur poststrukturalen Metapherndiskussion weiter das Kapitel »The Turns of Metaphor« bei Culler 1983, 188-209; für neuere Problemstudien Köller 1975, Hülzer 1987, Drux 1988, Gamm 1992, Arntzen/Hundsnurscher 1993, Buchholz 1993, Biebuyck 1998; für eine Literaturanalyse Bettinger 1993).

5.2   Die Texttheorie der Metapher

In *Metapher, Allegorie, Symbol* (1982) teilt Gerhard Kurz die Theorien der Metapher nach den zwei Hauptrichtungen Substitutions- und Interaktionstheorie ein. Die Substitutionstheorie schließt an das Sprachkonzept des Aristoteles an und ist die am weitesten verbreitete. Die Interaktionstheorie ist einem pragmatischen und verstehensorientierten Modell von Kommunikation zugewandt und legt die Metapher hermeneutisch im Hinblick auf interpretative Kontexte aus (Kurz 1982, 7-21). Zur Vermittlung des poststrukturalen Ansatzes wäre dem eine dritte, texttheoretische Richtung hinzufügen. Sie weist Schnittflächen zu den beiden anderen auf, so dass gemeinsame Merkmale nicht auszuschließen sind.

Die Texttheorie der Metapher ist in sich divers. Sie umfasst so verschiedene Begriffsvorgaben wie ›Supplement‹, ›Substitution‹, ›Sublimation‹ und die Tendenz zur ›Allegorisierung‹. Wie in den folgenden Abschnitten zu sehen sein wird, sind die Begriffsunterschiede kein bloßes Wortspiel. Sie gehen mit abweichenden Einschätzungen der Mehrdeutigkeit der Metapher einher, und jede dieser Abweichungen hat wieder Konsequenzen für die theoretische Konzeption von Literatur. So viele Metapherntheorien so viele Literaturtheorien. Die Metapher stellt eine Art literaturtheoretisches Basisparadigma dar, wie an der modernen »Ästhetik der Ambiguität« (Bode 1988) direkter belegt werden könnte.

Eines trifft für die Texttheorie der Metapher generell zu: Die Frage der Referentialität ist darin zentral. In Strukturalismus und Poststrukturalismus kehrt ein Schlüsselproblem der Semiologie auf der Ebene der Rhetorik wieder. Dahinter steht durchaus auch ein praktischer Anlass. Abstrakte zeichenlogische Probleme können anhand der Metapher nun einmal konkreter verhandelt werden.

Die Frage der Referentialität lautet in aller Kürze wie folgt: Inwiefern ist ein erstes sprachliches oder außersprachliches Objekt anzunehmen, das von der Metapher in die Sprache eingetragen oder in der Sprache auf andere Wortstellen übertragen wird? Auf die Frage antworten drei erkenntnistheoretische Positionen bzw. drei Stufen der sprachphilosophischen Radikalität. Die radikale Position besagt, dass der Prozess der Metaphorisierung immer schon im Gange sei und es Referenzen nur innerhalb dieses Sprachgeschehens gebe. Die mittlere Position bezieht die Metapher auf ein im Feld von Sprechen und Sprache lokalisiertes Anderes, dem aber kein absolut autonomer Status zukommen soll. Die dritte, relativ traditionelle Position setzt an die Stelle der Referenz einen privilegierten Signifikanten. Er soll in den Prozess der Metaphernbildung integriert sein, ihn als solchen aber zugleich übergreifend markieren, so dass er in dieser zweiten Funktion einen Punkt der Referenz darstellt, der dem Sprachprozess entzogen ist.

Bleibt zu ergänzen, dass die Metapher in der modernen Literaturtheorie kaum je noch irgendwo als Gegensatz zum Begriff oder gar als Reflex eines Dings in der Außenwelt aufgefasst wird. »Sie kennt kein bloßes Da, das benannt und dann bestimmt würde, sondern sie geht immer schon vom *bedeutenden* Wort aus, dem ein anderes bedeutendes benachbart ist« (Arntzen 1993, 6).

5.3 Metapher als Supplement (Derrida)

Die Supplementtheorie der Metapher ist mit dem Namen Derrida verknüpft. Der Autor hat sie in drei Essays dargestellt, die seit den 80er Jahren auch auf deutsch vorliegen. Es sind »Die weiße Mythologie« (frz. 1971; dt. 1988), »Der Entzug der Metapher« (frz. 1978; dt. 1987) und »Die zweifache Séance« (frz. 1972; dt. 1995). Der zuletzt genannte Text enthält eine Analyse der literarischen Metapher. Theoretische Reflexionen über die Metapher sind ferner in Derridas *Grammatologie* beim Thema Rousseau zu finden (siehe ebd. z.B. 461-481).

Die Metapher im philosophischen Text

Der Titel des Essays »Die weiße Mythologie« ist bereits eine Metapher. Er verweist auf den Diskurs der Metaphysik, den der weiße Mensch des Abendlandes gehalten hat. Dieser Diskurs bildet die Folie für Derridas Analyse, die als die gründlichste Auseinandersetzung mit der Metapher im nachstrukturalen Kontext überhaupt gelten darf. Die Metapher ist für Derrida Objekt und Instrument der Analyse ineins, was sich daraus erklärt, dass ihre Ersetzungsbewegung etwas wesentliches über das sprachliche Funktionieren aussagt. Der Autor will zeigen, dass die Metapher für die Philosophie notwendig ist, diese das aber leugnet, weil es ihre Abhängigkeit vom Prozess der Sprache offenkundig machen würde.

Derrida bringt eine kritische Sicht auf das Metaphernkonzept des Aristoteles vor. Der Philosoph habe weder der Syntax noch den Synkategoremen, d.h. den unselbständigen Wörtern des Textes nähere Beachtung geschenkt. Er sehe die Metapher hauptsächlich als »Überbringer des Nomens« und des »Eigennamens«, als Transportmittel oder Ersatz für eine grundlegende Referenz. Diese Optik schlage sich mustergültig in der Vorrangsstellung nieder, welche die

Metapher der Sonne genieße. Die Vorstellung, dass die Sonne zu sich zurückkehre, sei bezeichnend für den »Menschen der Metaphysik« schlechthin. Derrida konzediert, dass die Metapher bei Aristoteles durchaus ›eigentlich‹ im Sinn von angemessen, dem Sujet gemäß sein könne. Als ›eigentlich‹ im strengen Sinn des Eigenen gelte sie allerdings nicht. Das enthülle sich an den Gegensatzordnungen, in denen die Metapher als der Signifikant eines Sinns fungiere, der an sich selbst für unzeitlich gehalten werde (Derrida: Mythologie, 221-238; 256).

Die Metapher steht im Dienste der Wahrheit, aber der Meister muss ihr den Diskurs der Wahrheit vorziehen. So kommentiert Derrida den Status der Trope im Text der Philosophie. Was die Metapher laut Aristoteles auszeichnet, ihre verändernde Wirkung, macht sie zugleich unzuverlässig in bezug auf die Bedeutung. Der Interpret erläutert: »Anstatt das zu bezeichnen, was das Nomen üblicherweise zu bezeichnen hat, verlagert sie dessen Bedeutung anderswo hin. Wenn ich sage, der Abend ist das Alter des Tages oder das Alter ist der Abend des Lebens, dann wird ›der Abend‹, um dieselbe Bedeutung (*sens*) zu haben, nicht mehr das Gleiche bezeichnen« (ebd., 232). Aus der Verlagerung »anderswo hin« leitet Derrida die ambivalente Einstellung ab, die der Metapher im klassischen Denken entgegengebracht wird. Ihrer Unverzichtbarkeit für die Rede korrespondiert der Versuch, sie als einen »Umweg« zu begreifen, der auf die Selbstgegenwärtigkeit der Idee zurückführt. Dem philosophischen Text ist sie unentbehrlich insofern sie »ein von der Funktion der Ähnlichkeit (*mimesis* und *homoiosis*) geleiteter, unter dem Gesetz des Selben erfolgter Rück-weg ist« (ebd., 257).

Doch müht sich die Philosophie vergebens, wie der Kritiker urteilt. Jedes Mal tauche eine Metapher auf, die dem System, das sie zu errichten helfe, entgleite. Diese strukturell gegebene »zusätzliche Metapher« bewirke, dass von Metaphern nur im Plural gesprochen werden könne. Die Philosophie wolle die metaphorischen Verschiebungen unsichtbar machen, indem sie sie der Wahrnehmung entziehe und die standardisierte Wortwendung – Münzen, die ihr Bild verloren haben, sagt Nietzsche – für den reinen Sinn nehme. Damit offenbare sie aber nur um so mehr ihre Abhängigkeit von der Metapher. Kurz: Die Metapher ist weniger im philosophischen Text vorhanden als dieser in der Metapher.

Das Überschussverhältnis von Metapher und Literatur

Derrida spricht der Metapher ein sprachliches Überschussverhältnis zu, das er als »tropische Supplementarität« bezeichnet und in dem

Aufsatz »Le retrait de la metaphore« von 1978 näher ausarbeitet. Er postuliert einen an die zweifache Tätigkeit der *différance* erinnernden »doppelten Zug der Metapher«. Wie auch sonst oft geht er vom Beispiel der Wortsemantik aus. Das französische Wort »re-trait« evoziert zwei verschiedene und einander doch ergänzende Bedeutungen. Es bedeutet ›Entzug/Rückzug‹ (wie die Welle vom Strand) und ›Rückkehr‹ (Wiederholung, durch die ein supplementärer Zug hinzukommt). Diese Doppelung (trait – retrait) soll für die Metapher typisch sein. Dadurch, dass sich jede Trope in eine andere umwende, und die wieder in eine nächste, entstehe ein Diskurs, dessen rhetorische Grenze »nicht mehr durch eine einfache und unteilbare Linie, durch einen linearen und nicht zerlegbaren Zug beschrieben werden kann« (Entzug, 339).

Derrida greift Heideggers bekanntes Wort auf, wonach es das Metaphorische nur in der Metaphysik gebe. Der Philosoph, kommentiert der Interpret, verzichte aber keineswegs auf den Gebrauch von Metaphern, was auch gar nicht möglich wäre. Heideggers Wortwendungen geben etwas anderes, nämlich die Auflösung der philosophischen Gegensatzordnung zu erkennen. Die Spaltung finde jetzt »innerhalb der tropischen Kräfte selbst statt«. Heidegger lasse als Ursprung der Metapher keineswegs das Sein dienen, das infolge seines Rückzugs in die Verborgenheit eines metaphorischen Ersatzes bedürftig wäre. Es sei etwas Schwierigeres, das in seinem Text an die Struktur der Ersetzung appelliere. Derrida identifiziert es als das, was gemäß der traditionellen Kopula ›nicht ist‹, nämlich das Sein als Sich-Lichtend-Erlöschendes statt als substantieller Grund gedacht. Die Metapher, überlegt er, wird in Heideggers Text tatsächlich unsichtbar, nicht jedoch, weil sie verdrängt würde, sondern deshalb, weil es etwas anderes denn Metaphern gar nicht mehr gebe. Die Metapher, so der ironische Schluss, ist an ihrem »Lebensabend« noch immer ein sehr freigiebiges Thema (ebd., 321/331).

In seinem Essay über die »Zweifache Séance« Mallarmés ist Derrida um den Nachweis bemüht, dass das metaphorische Überschussverhältnis am sinnfälligsten von Texten der Literatur, und genauer der Literatur seit der Jahrhundertwende um 1900 realisiert werde. Was er bei Heidegger nur angedeutet und in den sprachphilosophischen Äußerungen Rousseaus widerspruchsvoll gefasst sieht (vgl. Grammatologie, insb. 474-478), soll im dichterischen Text als Prozess für sich exponiert sein. Literaturtheoretisch gesprochen heißt das, dass Derrida die Literatur als das Feld des Schreibens bestimmt, in dem der doppelte Zug der Metapher von den Metaphern des Textes selbst dargestellt wird.

Der Autor führt seine These an einer Reihe von »skripturalen Metaphern« wie Hymen, Schleier, Weiß, Blume, Flügel, Fächer, Feder aus. Er stützt sich zudem auf doppelsinnige Wendungen Mallarmés, so wenn dieser im Kontext der Figur des rollenspielenden Mimen von einem »Hymen« spricht, das »todbringend, aber geheiligt« ist. Demnach bezeichnen die Metaphern nicht nur ein textliches Objekt, sie bezeichnen miteins die Operation des Textes, von der sie *als* Metaphern konstituiert werden. Es ist die Operation einer unendlichen Differentialisierung. Die Metapher *ist* zwar nicht das supplementäre Überschussverhältnis des Textes, aber sie markiert es, zeigt seine Wirkung an, ›metaphorisiert‹ es.

Die metaphorisch markierte Konstitution der Metapher wird von Derrida als Bezug von Differenz und Ähnlichkeit beschrieben. In einem anderen Passus stellt er sie als Wechsel von Öffnung und Schließung dar, bei dem es keine Möglichkeit der Adäquation gebe (Séance, 273; 282-283; diese Passagen sind zentral für Derridas Metaphernkonzept). Jedes Paar im Raum des tropologischen Wechsels soll stets auf irgendein anderes verwiesen haben, darüber hinaus die Operation zu bedeuten bedeutend. An anderer Stelle schreibt der Autor, die Umwendung jeder Metapher in eine andere erzeuge »eine tropologische Struktur, die aufgrund des nichtaufhörenden Supplements einer Drehung zuviel unendlich um sich selbst zirkuliert: *mehr* Metapher/keine Metapher *mehr, mehr* Metonymie/keine Metonymie *mehr.* Wenn alles metaphorisch wird, gibt es keinen eigentlichen Sinn und folglich auch keine Metapher mehr« (ebd., 289f.). Der Wunsch nach Wiederaneignung eines Eigentlichen ›hinter‹ der Metapher entsteht laut Derrida überhaupt erst durch diese schwindelerregende textinterne Tropologie. Das »Hymen« entferne sich nicht wie der phänomenologische Horizont einer Wahrnehmung, es schreibe sich vielmehr endlos in sich selbst ein – »Abgrund« (abîme), wie der Interpret mit Hilfe einer weiteren Metapher kommentiert.

Derrida liest die literarische Metapher als Metapher für den literarischen Text als solchen. Sie führt dem Betrachter die Wirkung eines – der Intervallstruktur des Schreibens geschuldeten – ›surplus‹ vor Augen, die von der Literatur strategisch verstärkt wird. Ein Paradox gewiss, denn der Veranschaulichungsanspruch der antiken Trope, den die Texttheorie doch überwinden sollte, lebt darin teilweise fort: Die Metapher veranschaulicht nunmehr den Textprozess, dem sie entstammt. Zugleich ist klar, dass es jetzt nicht mehr die verborgene Totalität des Sinns ist, die den Lesenden per Umweg nahe gebracht werden soll. Derrida spricht auch nicht von der mehrfachen Bedeutung der Metapher, wie es die Hermeneutik tue, sondern geht einen Schritt weiter und postuliert die letzthinnige Nichtentscheidbarkeit ihrer Bedeutung. »Das Weiße«, lautet sein Kalkül, ist »die Totalität, und wäre sie auch unendlich, der polysemischen Reihe *plus* die verräumlichende Zwischenöffnung, der Fächer, der daraus den Text formt« (ebd., 283).

Manfred Frank hat Derridas Bresche in die Mauer des Sinnganzen durch den Hinweis unterstützt, dass sich in ihr das historische Ende der Anschauungsmetapher bekunde. »Daß die poetologische Kategorie der Anschauung untauglich ist, den *double marque* von Texten zu konstituieren, ist offensichtlich: sie ist seit den Ursprüngen ihrer semantischen Institution an den Gedanken der vollen Präsenz ihres Objekts gebunden. Dies Objekt entgleitet ihr im Text Mallarmés: es löst sich auf wie eine ätherische Tusche« (Frank 1989, 229). Was wäre also die literarische Metapher jenseits des Abschlusses (clôture) des metaphysischen Diskurses? Eine Anschauung ohne Äquivalent. An die Stelle des Äquivalents ist das Supplement getreten, das Ersetzungen ohne vorausinstallierten Messwert schafft.

5.4 Metapher als Substitution (Lacan)

Die Aristotelische Substitutionstheorie der Metapher hat im Umkreis von strukturaler Linguistik und Psychoanalyse ein neues Obdach gefunden. Mit der komplexen literaturwissenschaftlichen Auseinandersetzung über die Metapher in der modernen Dichtung z.B. Paul Celans verbindet diesen Ansatz wenig. Andererseits sind es gerade die Vereinfachungen, die die Literaturdiskussion seit den 60er Jahren provoziert und belebt haben. Mit Hilfe der strukturalen Reduktion der Tropen schien es möglich, überflüssigen Begriffsballast über Bord zu werfen und den Mechanismus der Sprache auf zwei klare Grundprinzipien zurückzubringen. Der Anspruch ist keineswegs tief gesetzt. Er zielt auf eine Fundamentalrhetorik, die aus dem unbewussten Text des Subjekts rekonstruierbar sein soll.

Keine geringe Herausforderung für die Literaturtheorie. Wenn die unbewusste Sprachstruktur allgegenwärtig ist, muss ihre Spur auch im literarischen Werk zu finden sein. Die Literaturwissenschaftlerin Shoshana Felman meint diese Spur mit Lacan in den Symptomen einer signifikanten, weil insistierenden rhetorischen Verschiebung zu entdecken. Sie umschreibt den Effekt als »the lack of meaning – the discontinuity in conscious understanding« (Felman 1987, 45). Wiewohl die Autorin vor allem textsemantisch und weniger textästhetisch argumentiert, deutet sie über orthodoxe analytische Lektüren hinaus. Die Projektion von Standarddeutungsmustern wie Ödipus, Inzestwunsch, Kastration, Übertragung, Verdrängung auf die Literatur wird durch die Betonung der permanenten Textverschiebung zumindest erschwert (s. Kap. III.2.4: Lektüre des Unbewussten).

Die strukturale Linguistik wurde in den 60er Jahren auch in konträrer Richtung, nämlich für ein am Bewusstsein orientiertes Literaturmodell in die Pflicht genommen. Ein Beispiel ist die Studie *Poetik als sprachtheoretisches Problem* (1967) von Hans-Peter Bayerdörfer. Der Verfasser schlägt vor, die poetiktheoretische Schule von Wolfgang Kayser und Fritz Martini um den phänomenologischen Ansatz von Roman Ingarden zu ergänzen und auf dieser Basis einem ahistorischen Verständnis der Sprache entgegenzuarbeiten. Er schreibt: »Die Phänomenologie zeigt dagegen, dass die Bedeutungsstruktur der Sprache nur aus der Struktur des Bewußtseins, dessen intentionale Akte die Bedeutungskonstitution ermöglichen, zu verstehen ist« (ebd., 40). Die Blütezeit des Bewusstseinsmodells war aber wohl vorbei. Das Konzept des Unbewussten hat sich durchgesetzt.

Metapher, Metonymie und Unbewusstes

Die maßgebliche Anregung ging von einem Beitrag Roman Jakobsons über hirnfunktionelle Störungen aus, der in Westdeutschland auszugsweise unter dem Titel »Der Doppelcharakter der Sprache. Die Polarität zwischen Metaphorik und Metonymik« (1971) bekannt wurde. Jakobson unterscheidet darin zwei sprachliche Reaktionstypen, die er ›Substitution‹ und ›Kombination‹ nennt und mit den Operationen von Metapher und Metonymie verschränkt. Eine Metapher wird gebildet, wenn der Sprecher das Stichwort »Hütte« durch die Umschreibung »Erdbau« substituiert, und ein erzählender Kontext entsteht, wenn das Wort »Hütte« mit der prädikativen Bestimmung »ist abgebrannt« kombiniert wird.

Jacques Lacan hat den Gedanken aufgegriffen, durch Bezüge auf Freud und Saussure modifiziert und auf die Dynamik des Unbewussten übertragen. In seinem Aufsatz über das »Drängen des Buchstabens« (in: Schriften II) legt er dar, dass Metapher und Metonymie die beiden Wege darstellen, auf denen das Subjekt des Unbewussten dem Imperativ des Signifikanten folge.

Bei der Metaphernbildung wird ein Signifikant durch einen zweiten ersetzt, indem der erste unter den Balken des Signifikantenschemas gedrängt wird. Das Ergebnis ist, dass »ein Bedeutungseffekt erzeugt wird, der poetisch oder schöpferisch ist, anders gesagt: Heraufkunft der in Frage stehenden Bedeutung« (Drängen, 41). Das verdrängte Zeichen verschwindet nicht ganz, es bleibt durch seine metonymische Verknüpfung mit dem Rest der Sprachkette gegenwärtig. Man könnte auch sagen, dass es sich in einen »Bedeutungseffekt«, also ein Signifikat verwandelt hat, aus dem neue Signifikanten hervorgehen können.

Die Struktur der Metonymie wird durch jene sequenzielle Verkoppelung von Signifikanten erzeugt, die Jakobson als Kombination bezeichnet hatte. Zwischen den kombinierten Signifikanten blitzt jedes Mal eine Lücke auf. Der im Zuge der Metaphernbildung unsichtbar überquerte Trennbalken wird durch die Verknüpfungsbewegung der Metonymie gewissermaßen konkretisiert, auf die Satzebene gebracht. Die psychische Funktion der metonymischen Lücke erkennt Lacan darin, dass durch sie der Mangel an Einheit des Seins in die Beziehungen des Subjekts eingeführt werde. Das signifikante Material bediene sich des Verweisungswerts der Bedeutung, um den Seinsmangel mit dem Begehren zu besetzen, das den Mangel gleichzeitig unterhalte (ebd., 43). Die Arbeitsteilung im Raum des Unbewussten sähe danach wie folgt aus: Das ›Wort für Wort‹ der metonymischen Verknüpfung eröffnet die Bahn des Begehrens, nachdem das ›Ein Wort für ein anderes‹ der metaphorischen Ersetzung den Fixpunkt der unbewussten Bedeutung erzeugt hat. Grundlegend für das Unbewusste, so Lacan, ist die Metaphernwirkung sprich »die Operation der signifikanten Verdichtung« (Grundbegriffe, 260; in anderen Texten des Autors wird der Metonymie Priorität verliehen).

In einem kurzen Nachtrag mit dem Titel »Die Metapher des Subjekts« von 1961 (Schriften II, 56-59) sucht Lacan die Metapher präziser zu formalisieren und gegen das Aristotelische Analogiedenken abzusetzen. Das unbewusste Aussagen des Subjekts soll nicht auf die Aussage eines Diskurses reduzierbar sein. Zwar umfasse die Metapher vier logische Glieder, aber so, dass an vierter Stelle die gesuchte Bedeutung stehe, wobei zudem die Scheidelinie zwischen dem Signifikanten und dem Signifizierten (und also nicht zwischen eigentlichem und übertragenem Wort) verlaufe. Das Kriterium der Ähnlichkeit ist in Lacans Augen nicht entscheidend, zumindest soll es nichts Natürliches sein, das den Prozess der Übertragung steuere. Den in der Trope »Lebensabend« für »Alter« angestrebten »Friedenssinn« hält er im Realen keineswegs für gegeben. Gegeben ist nur das Oppositionsverhältnis der Signifikanten nach dem Modell der Phoneme.

Dem Strukturkonzept von Metapher und Metonymie schließt der Autor zwei Bezugslinien an. Die eine führt auf die Höhen der Dichtung, der andere ins Feld der Vaterschaft. Lacan greift das Gedicht »Boaz endormi« von Victor Hugo, und insbesondere den Vers

»Sa gerbe n'était pas avare ni haineuse« – »Seine Garbe war nicht geizig, noch von Haß erfüllt« auf. Seiner Lesart zufolge wird die biblische Figur des greisen Boas durch seine »Garbe«, d.h. den Signifikanten seiner Zeugungskraft ›bedeutet‹. Indem der Personenname des Alten in den Subtext des Gedichts gedrängt wird, und einzig die reine Vaterschaft zurückbleibt, bringt das Gedicht eine Konstellation zum Ausdruck, deren Parallele Lacan im unbewussten Erleben des Subjekts entdeckt. Die als rätselhaft empfundene Fruchtbarkeit des personellen Vaters wird durch die metaphorische Operation des Signifikanten in den Rang des Geistigen sprich der symbolischen Ordnung gehoben. Dank der sinnsetzenden oder besser sinnerhebenden Wirkung der Metapher ist nicht nur gewährleistet, dass, wie der Autor sagt, »Sinn im Un-sinn« entsteht (Drängen, 33), es wird obendrein die Bühne errichtet, auf welcher der Vater als Repräsentant der symbolischen Ordnung erscheinen kann.

Das Vater-Thema wird im Kontext der Psychosen-Problematik näher bearbeitet. Mit der Figur des symbolischen Vaters soll eine Autorität des Worts, des Namens, des Gesetzes verknüpft sein, die von der Mutter anerkannt werden muss, damit es nicht zu einem Zusammenbruch kommt. Wenn, wie Lacan an der Krankengeschichte des Senatspräsidenten Schreber ausführt, die Metapher des Namens-des-Vaters in einem Diskurs nicht wirksam wird, weil sie nie an den ihr bestimmten Platz gelangt war, droht das Subjekt in eine wahnhafte Lösung der Seinsproblematik zu verfallen (Lacan: Über eine Frage, die jeder möglichen Behandlung der Psychose vorausgeht, in: Schriften II, 63-132; vgl. das Seminar III über die Psychosen). Die Frage ist, ob es nicht analytischer gedacht wäre, die Funktionen von Vater und Mutter diathetisch aufeinander zu beziehen, statt sich mit der einseitigen Referenz auf den Autoritätsanspruch des Vaters zu begnügen. Vielleicht hat sich Lacan hier zu sehr durch repräsentationstheoretische Muster des 19. Jahrhunderts binden lassen, eines 19. Jahrhunderts ohne Nietzsche wohlgemerkt, der in Lacans Arbeiten ein auffallend abwesender Vater ist.

Die Sinnwirkung der Metapher

Lacans Topos vom »Sinn im Un-sinn« führt auf den Entstehungsprozess der Bedeutung hin. Die »*non-sensical*-Elemente« der Sprache kommen dem Autor zufolge dadurch zustande, dass sich der Metapherneffekt über einer verdrängten Bedeutung aufbaut. ›Verdrängung‹ ist dabei nicht als Ausdruck eines Scheiterns, sondern als eine notwendige erste Aktion zur Konstituierung des Unbewussten zu verstehen. Auch darf der metaphorisch hervorgebrachte Un-sinn nicht als sinnlos eingeschätzt werden, hat er doch ›Signifikanz‹. Vom Punkt des verdrängten Signifikats eines Textes her können wie im Gegenlauf die Signifikanten heraufkommen, die das Subjekt mit seiner unbewussten Fixierung konfrontieren, der Fixierung an ein Trauma zum Beispiel. In Rücksicht darauf stellt Lacan fest, dass in der Analyse keineswegs alle Deutungen möglich seien. Der Signifikant im Unbewussten tilge zwar den Sinn, doch impliziere das nicht, dass der Sinn undeterminiert sei. »Daß, wie ich sagte, die Wirkung der Deutung darin besteht, im Subjekt, wie Freud sagt, einen *Kern* von *non-sense* zu isolieren, heißt noch lange nicht, daß die Deutung selbst Un-sinn ist« (Grundbegriffe, 263).

Die durch Verdrängung und Ersetzung produzierte Metapher ist überdeterminiert, weil sie zugleich von der Verknüpfungs- und Verschiebungsstruktur der Metonymie getragen wird. Sie bringt sich dem sprechenden Subjekt durch Anspielungen und *mots d'esprit* zur Kenntnis. Hatte Freud beobachtet, dass die psychische Dynamik der Verschiebung geeignet sei, den Zwang der Zensur zu umgehen, legt Lacan ihr die Möglichkeit bei, »daß der Mensch sogar noch seinem Schicksal Hohn spricht durch den Spott der Signifikanten« (Drängen, 33).

In einem vielzitierten Passus erläutert der Autor den »Spott der Signifikanten« so: »Was diese Struktur der signifikanten Kette aufdeckt, ist meine Möglichkeit, genau in dem Maße, wie ihre Sprache mir und anderen Subjekten gemeinsam ist, das heißt, wie diese Sprache existiert, mich ihrer zu bedienen, um *alles andere* als das damit zu bezeichnen, was sie sagt« (ebd., 29). Nicht die diskursive Aussage ›macht‹ mithin den unbewussten Text, sondern das, was im Prozess des Aussagens sonst noch ›mit-‹ oder ›unterläuft‹. Ein treffendes Beispiel führt Lacan in dem bisher nicht auf deutsch vorliegenden Seminar *Les formations de l'inconscient* (1957/58) an. Es handelt sich um den von Freud nach Heinrich Heine zitierten Versprecher, wonach die Begegnung mit einem Millionär ganz »famillionär« verlaufen sei. Der Signifikant »famillionär« substituiert den Signifikanten »familiär« und erzeugt Sinn im Unsinn oder einen Metapherneffekt.

Wird die Literatur mit Hilfe des Lacanschen Substitutionskonzepts der Metapher theoretisiert, rückt sie in ein Zeichenfeld, an dem sich zugleich die Spannung zwischen strukturalem und poststrukturalem Denken ausloten lässt. Die Mehrdeutigkeit der Metapher erwächst bei Lacan nicht aus einer prinzipiellen Unentscheidbarkeit über den textlichen Ursprung wie bei Derrida. Sie erwächst vielmehr aus einer primären Determination, einer Gründungsmetapher, die, sofern sie nur gesichert ist, alles weitere dem Verschiebungsspiel der Signifikanten überlässt. Die Gründung erfolgt durch eine um die väterliche Funktion zentrierte erste metaphorische Setzung, die zwar keinen bestimmten Sinn, wohl aber den Punkt festlegt, von dem aus der »Sinn im Un-sinn« heraufkommen kann. So ergibt sich der Paradox einer gesicherten Unsicherheit, denn der »*nonsensical*-Elemente«, die den Sinn in der Schwebe halten, kann sich ein Text durchaus gewiss sein. Die in manchen, zumal manchen älteren Lacan-Darstellungen emphatisch beschworene oder kritisch beklagte These von der Abwesenheit eines zentrierenden Signifikanten oder Signifikats ist mit Vorsicht zu genießen.

5.5 Metapher als amouröse Sublimation (Kristeva)

In einer anderen Linie der psychoanalytischen Metapherntheorie werden die kreativen Potentiale des Subjekts stärker betont als seine Unterwerfung durch das Unbewusste. Sie steht dem Interaktionsmodell der Metapher und dem Bezug auf sozial kommunizierende Wesen näher als der strukturalen Betrachtung Lacans. Sie wird namentlich von Julia Kristeva vertreten, die die Logik des reinen Signifikanten relativiert. Ihre Metaphernkonzeption ist in dem Essayband *Geschichten von der Liebe* (dt. 1989; frz. 1983) niedergelegt und hat mit dem Titelwort der Studie viel zu tun (siehe Kristeva: Liebe, insb. 29-42, 256-268).

Kristevas These lautet, dass es ohne den Stützpunkt der Liebe in der psychischen Ökonomie des Subjekts kein Begehren geben kann. Sie verknüpft die Dynamik der Metapher mit dem Moment einer geglückten, d.h. narzisstisch geschützten Triebsublimierung. Diese ermögliche es dem Subjekt, sich auf den Anderen hin zu öffnen. Primär ist es der geliebte Andere, nicht der Andere des Begehrens. Das Begehren wird nach dem Vorbild Lacans mit der Verknüpfungs- und Verschiebungsbewegung der Metonymie verkoppelt. Die Metapher spiegelt das Liebesideal des Subjekts auf der Ebene des sprachlichen Ausdrucks und bildet den phantasmatischen Kristallisationspunkt eines Textes, dessen narrative Expandierung die Metonymie besorgt. Am Anfang war die Liebe – so könnte als Motto über Kristevas Ansatz stehen. (Tatsächlich trägt eine kleine Schrift von ihr genau diesen Titel: *Au commencement était l'amour*, 1985).

Der methodische Coup der Autorin besteht darin, zwei Praxisfelder des Begriffs ›Übertragung‹ miteinander zu überblenden. Das eine ist die Praxis der klassischen Rhetorik, das andere die Praxis der Psychoanalyse. Das doppelt determinierte Konzept der Übertragung wird in einer Serie von Textanalysen erprobt, deren Spektrum vom

Hohelied Salomos über Shakespeare bis in die Moderne zum Werk Baudelaires und Batailles reicht.

Der Rhetorik des Aristoteles entnimmt Kristeva die Möglichkeit, die Metapher handlungslogisch statt ontologisch zu deuten. Sie fasst das griechische Verb *metaphorein*, hinübertragen, unmittelbar wörtlich auf. »Wir werden die metaphorische Dynamik nicht als kraft der Benennung einer Referenz gestiftet auffassen, die sich zwangsläufig auf das Sein zurückführen lässt, sondern als auf die Beziehung gegründet, die das sprechende Subjekt im Akt der Äußerung zum Anderen unterhält« (Liebe, 262f.). Gemäß dieser Perspektive stellt sich die Metapher als Sprache in Aktion dar. Sie bildet den ›anderen Ort‹ in der Sprache, auf den die semischen Elemente fortwährend übertragen werden. Dieser innersprachlichen Übertragung ordnet Kristeva die Übertragung auf den Ort des sprechenden Anderen zu, deren Modell die analytische Kur gibt. Die Kur stützt sich nach der Theorie Freuds auf die Übertragungsliebe, in der die analysierende Person den Pol des Anderen besetzt und das amouröse Sprechen des Subjekts auf sich lenkt. Vorausgesetzt, dass, wie die Autorin betont, »*die Einfühlung* nicht verdrängt wird« (ebd., 42), ist mit diesem Setting die Chance gegeben, dass ein Subjekt sich symbolisch erneuern (›Wiedergeburt‹) und lebendig erhalten kann.

Die Metapher ist also mehr als ein schönes Ornament. Sie liefert das existenzielle Fundament des Subjekts, das ohne die Stütze einer sprachlichen Übertragung weder Liebesobjekte zu bilden noch ein haltbares Begehren zu entwickeln vermag. Kristeva deutet eine Phase der Subjektgenese an, die dem von Lacan skizzierten »Spiegelstadium als Bildner der Ichfunktion« (in: Schriften I) noch vorausliegt. Es ist die Zeit, da sich das Kind aus seiner organischen Abhängigkeit zu lösen und sich mit Hilfe des mütterlichen Diskurses nach außen, auf einen Andern hin zu orientieren beginnt. Als dieser Andere tritt der »imaginäre Vater«, der von Freud so genannte »Vater der persönlichen Vorzeit« in Erscheinung, der, insofern er die Geschlechtsattribute beider Eltern in sich vereinigt, eine wahre Idealgestalt ist. Die Identifizierung des Kindes mit diesem Ideal erfolgt vor allem auf der Ebene der getauschten Worte, weniger der des visuellen Bilds oder der eines Spiegels. Um es kurz zu fassen: Dank der Übertragung auf das *Wort* des Andern kann aus dem Infans ein sprechendes Wesen werden.

Forschritt hat seinen Preis. Das im Werden begriffene Subjekt ist genötigt, eine symbolische Sublimation zu leisten, die ihm die Bändigung seiner oralen Antriebe abverlangt. »Es bedurfte einer Bezähmung meiner Libido«, berichtet die Autorin wie aus dem Innenraum des Konflikts, »um mich zu diesem Vorgang zu befähigen:

Meine Gier zu verschlingen hat hinausgeschoben und auf eine Ebene verschoben werden müssen, die man als ›psychische‹ bezeichnen kann, wenn man hinzufügt, dass die Verdrängung, sofern sie erfolgt, sehr primär ist und die Freude am Kauen, Schlucken und Essen von – Wörtern fortdauern läßt« (ebd., 31). Die Freude an »Wörtern« öffnet das Subjekt für die Erfahrung der Liebe, die mit dem Syndrom von Sublimation, Symbolisierung, Idealisierung und primärer Identifizierung unlösbar verknüpft ist. »Das Liebesobjekt ist eine Metapher des Subjekts: seine konstituierende Metapher«, schließt die Autorin, nachdem sie die Trope zuvor als »Reise ins Sichtbare« metaphorisiert hat (ebd., 34).

Metapher und literarische Erfahrung

Durch ihr Metaphernkonzept relativiert Kristeva ihre frühere These, nach der die »*Logik der Erneuerung*« vor allem auf der Triebbasis des Semiotischen beruht. Zwar gilt auch jetzt, dass die Erneuerung gefestigter symbolischer Strukturen des Spannungsfelds von Trieb und Sinn bedürfe. Doch allein das reicht nicht hin. Es muss eine systemische Vernetzung zwischen der Verwerfungsarbeit des Triebs einerseits und dem vom sprechenden Anderen garantierten symbolischen Gedächtnis andererseits entstehen. Zur Etablierung dieses Netzes trägt die Metapher bei. Die Metapher bildet das sprachliche Korrelat zu den amourösen Beziehungen, mit deren Hilfe ein Subjekt seine Reise an den Ort des Anderen als Garanten der Symbolfunktion antritt. Als Triebverzicht will die Autorin die amouröse Sublimation nicht verstanden wissen. Es handle sich vielmehr um die produktive Einbindung des Triebs, des Todestriebs zuletzt, in die kulturellen Entwürfe und Selbstentwürfe des sprechenden Wesens.

Kristevas Ansicht über literarische Mehrdeutigkeit ist gleichfalls im Licht ihres modifizierten Triebkonzepts zu sehen. Sie spricht von »Mehrdeutigwerden der Referenz« und leitet den Effekt aus einer schockhaften Erkenntnis in der Übertragungssituation ab. Die Erkenntnis bestehe darin, dass »es kein unserer Liebe, unserem Diskurs äußerliches Absolutes gibt« (ebd., 264f.). In der säkularen Moderne ist die »Liebe« dort angekommen, wo sie der Autorin zufolge entstand, in einem »Diskurs« nämlich, dessen Bindekraft in ihm selbst, d.h. im Austausch mit einem sprechenden Gegenüber liegt. »Ein Gespräch wir sind« – das Hölderlin-Wort könnte als zweites Motto über Kristevas Interpretationen stehen.

Was bedeutet die Liebeserfahrung für den Diskurs der Literatur? Sie ist ihm mittels historisch und stilistisch variabler Imaginationen vielfältig eingeprägt, wie Kristeva urteilt. »Die literarische Erfahrung erweist sich auch wesenhaft als eine Liebeserfahrung, die das Selbst durch seine Identifizierung mit dem anderen destabilisiert« (ebd., 268). Bei der »Destabilisierung« bleibt der literarische Text aber nicht stehen. Die verunsichernde Wirkung der Liebe springt dialektisch in ihr Gegenteil um, so jedenfalls, wenn man der Autorin auf die Spur der sublimen Metaphorik des Dufts bei Baudelaire folgt. »Jede Metapher, die man verschämt für die Bebilderung eines abgenutzten oder abstrakten Begriffs hält, birgt in Wirklichkeit eine derartige Metamorphose, in der sich das Subjekt nur durch die Identifizierung mit einem gehörten, gesehenen, berührten, gekosteten oder gefühlten Objekt stabilisiert« (ebd., 318f.; vgl. Kristevas *Proust*-Buch, 1994, insb. 246-279).

Textmethodologisch gesehen wirken Kristevas Metaphern- und Literaturanalysen allerdings nicht immer sonderlich neu. Gängige psychoanalytische Konfliktdeutungsmuster werden von der Autorin ebenso wenig verschmäht wie die thematische oder psychobiographische Lesart eines Werks. Es mag mit dieser Mischung von Alt und Neu zusammenhängen, dass Kristevas Metaphernkonzept bislang nicht breiter rezipiert worden ist. In der Einführung in die *psychoanalytische Literaturwissenschaft* (Schönau, 1991) zum Beispiel sind ihm nur wenige, wenngleich würdigende Worte gewidmet (siehe ebd., 169).

Kristeva geht wie Lacan von einer primären Gründungsoperation durch die Metapher im Raum von Sprache, Text und Subjekt aus. Anders als Lacan denkt sie die Operation aber nicht von der Absolutheit des Bezugs auf den symbolischen Vater her, wenngleich dieser Bezug als solcher für unumgänglich erachtet wird. Kristeva hebt vor allem die durch Vernetzungsstrukturen kompensierte Offenheit der Bedeutungsproduktion im Raum der Moderne hervor. Die Metapher im besonderen und der literarische Text im allgemeinen konstituieren sich aufgrund einer Interferenz von bedeutungshaltigen Kernen, die zur Verschmelzung tendieren, den ›anderen‹ Ort der Sprache beziehungsweise in der Sprache aber schon voraussetzen. In den Kontroversen über den Status der Metapher und die Frage ihres referentiellen Bezugs nimmt Kristeva eine reflektierte mittlere Position ein. Den sublimierten Oraltrieb des Subjekts und seine amouröse Hinwendung zum Anderen gegeben, sind alle weiteren Sprachzüge offen.

5.6   Metapher und Allegorie (Paul de Man)

Die Renaissance der Allegorie

Die Allegorie ist das Stiefkind der Tropologie. Das trifft jedoch primär für die Theorie zu, denn in der literarischen Produktion hat es, und das nicht nur in Mittelalter, Renaissance und Barock, an Allegorien nie gefehlt. Bezeichnend ist die Position Goethes. In den *Maximen und Reflexionen* (1822) wird die Allegorie als eine Figur kritisiert, die zum Allgemeinen das Besondere suche, statt nach poetischer Art im Besonderen das Allgemeine zu schauen. In Goethes *Faust* indes treten nicht nur allegorische Personifikationen wie Geiz, Poesie, Furcht auf, das ganze Werk, vor allem der zweite Teil, ist als Allegorie der menschlichen Lebensreise lesbar. Neben das individuelle Geschick des Helden rückt eine zweite Bedeutungsebene, auf der die Schwierigkeit der Daseinsbewältigung im Rahmen abendländischer Geschichte, Kultur, Mythologie entziffert werden kann.

Der Unterschied von Metapher und Allegorie ist zeitlich-topisch bestimmbar. Wo die Metapher als Fluchtpunkt einer ›natürlichen‹, weil auf Ähnlichkeit beruhenden Identifizierung erscheint, hält sich die als artifiziell verrufene Allegorie in zwei längeren Sinnreihen durch. »Die Metapher verschmilzt zwei Bedeutungen zu einer, die Allegorie hält sie nebeneinander« (Kurz 1982, 36).

Hans-Georg Gadamer hat in *Wahrheit und Methode* (1960) die Allegorie im Verstehenshorizont der Hermeneutik reflektiert. In den poststrukturalen Theorien wird ihre Renaissance unter semiotischem Blickwinkel betrieben. Die Allegorie stieg, die Metapher tendenziell überflügelnd, zur Trope der Tropen, zum sprachtheoretischen Gipfelwert auf. Unter Hinweis auf den zweifachen dynamischen Zug der Sprache bemerkt Derrida zum Beispiel, dass der jeweils zurückgehaltene Zug sich »*heterologisch* und *allegorisch*« wieder einschreibe (Entzug, 351). Illustrativ für die Umwertung in der Literaturwissenschaft ist der Aufsatz von Elisabeth Bronfen über die allegorische Bildfunktion bei dem als realistischen Autor bekannten Theodor Storm. Storms später Novelle *Aquis submersus* (1876) wird »das Primat der Allegorie, der Schrift« gegenüber »wirklichkeitstreuen Bildern« und deren Form der »Referenz« abgelesen (Bronfen 1990, 317; 323).

Das Allegoriekonzept Paul de Mans

Der prominenteste Fürsprecher der Allegorie ist der belgisch-amerikanische Literaturtheoretiker Paul de Man (1919-1983), der von 1970 bis zu seinem Tod an der Universität Yale gelehrt hat. Sein Essaybuch *Allegories of Reading* (1979; veränd. dt. Teilausgabe 1988) verrät die Renaissance schon im Titel.

De Man knüpft an Umgewichtungen der Tradition an, die Walter Benjamin in seiner Arbeit *Der Ursprung des deutschen Trauerspiels* (1928) angebahnt hatte. In der Geistesgeschichte wird die Allegorie oft mit dem Tod assoziiert, da sie sich der Willkür der dichterischen Arbeit füge. Benjamin fasst die Allegorie ebenfalls unter dem Aspekt von Zeitlichkeit, Tod und Verfall, dabei aber dialektisch auf. Die allegorische Form lasse den Sinn in sich ersterben und leite die Aufmerksamkeit dafür umso strenger auf das historische Wissen ›hinter‹ den toten Zeichen. In seinem aphoristischen Traktat »Zentralpark« (1938) stellt Benjamin fest, dass die mit dem Gesetz der Warenwelt konfrontierte Dichtung der Moderne die destruktive Wirkung der Allegorien des 17. Jahrhunderts nun auch an sich selber zeige: »Die Allegorie Baudelaires trägt – im Gegensatz zur barocken – die Spuren des Ingrimms, welcher vonnöten war, um in diese Welt einzubrechen, ihre harmonischen Gebilde in Trümmer zu legen« (Zentralpark, 239). Als typische Allegorien nimmt der Autor die Figuren der Hure, des Flaneurs oder der Architektur der Passagen wahr. Außer dass sie sich qua Figur selbst bezeichnen, verweisen sie auf das moderne Großstadtleben und lassen schockhaft die Reminiszenz an die archaische Epoche der Tempel und religiösen Prozessionen aufblitzen.

De Man verzichtet auf die geschichtsphilosophische Perspektive Benjamins. Ihm liegt das Zeitgesetz der Allegorie deshalb am Herzen, weil sich daraus die Verdopplung der textlichen Sinnreihe ableiten lässt. Sein Schlüsselaufsatz »Die Rhetorik der Zeitlichkeit« (am. 1969; in: Menke 1993) enthält eine Kritik am Metaphern- und Symbolverständnis der Romantik. Metapher und Symbol erwecken den Eindruck eines zeitlosen Ideals oder einer prästabilisierten Harmonie und konnten so das Interesse der utopischen Vertreter der romantischen Ästhetik auf sich ziehen. De Man lässt die Harmonie-Suggestion der Metapher hinter sich, indem er sich zur Allegorie bekennt. Seine Argumentation ist in den Literaturstudien »Lesen (Proust)« und »Kleists *Über das Marionettentheater*« nachzulesen (in: De Man: Allegorien des Lesens, 91-117 u. 205-233; zur Romantik und der Allegoriedeutung Benjamins bei de Man vgl. Rosiek 1992, insb. 173-209).

In dem Essay über »Proust« legt de Man dar, dass die erzählimmanent behauptete Vorrangigkeit der Metapher von der konkreten rhetorischen Struktur des Textes und genauer von der kontingenten Figur der Metonymien widerlegt werde. Prousts Erzähler wolle den ethischen Vorzug des Lesens gegenüber dem Handeln in der Außenwelt behaupten und binde das Lesen darum in die metaphorische Synthese von Ruhe und Aktivität ein. Hinterrücks werde die Synthese ihrer auf Ähnlichkeitsbezügen gegründeten semantischen Notwendigkeit jedoch wieder beraubt. Die Einheit könne durch nichts anderes als die zufallsbedingten, pragmatischen und assoziativen Züge der Metonymie gestützt werden. Der Literaturtheoretiker Jonathan Culler hat daraus den ironischen Schluss gezogen, dass de Man die Metonymie zur Metapher für die figurative Sprache mache (Signs, 199).

Die »Unlesbarkeit« des Textes

De Man möchte aber nicht einfach die Metonymie über die Metapher setzen. Ihm offenbart sich vielmehr eine »Aporie« im Raum des Textes, die er für irreparabel hält. Er erläutert: »Sie bezeichnet das unwiderrufliche Eintreten zumindest zweier sich einander gegenseitig ausschließender Lektüren und behauptet die Unmöglichkeit wirklichen Verstehens sowohl auf der Ebene der Figuration wie auf der der Themen« (Allegorien, 105). Zu der »Aporie« als der logischen Unentscheidbarkeit des textlichen Verstehensprozesses verhält sich die Trope der »Allegorie« komplementär. Der Autor entnimmt dem Verhältnis eine zentrale These, denn: »Was auf dem Spiel steht, ist die Möglichkeit, die Widersprüche der Lektüre in eine Erzählung einzuschließen, die fähig wäre, sie zu ertragen. Solch eine Erzählung hätte die universelle Bedeutung einer Allegorie des Lesens« (ebd.).

»Allegorien des Lesens« sind demnach Texte, welche die Widersprüche der Sprache in ihrer »aporetischen«, logisch nicht auflösbaren Struktur bestehen lassen. Für literarische Texte gilt das laut de Man grundsätzlich. Außer dass er so das Verstehenspostulat der Hermeneutik in Frage stellt, nimmt er der Allegorie ihre semantische Entscheidbarkeit. Ein Text eröffnet ihm zufolge zwei Lesarten, nicht aber so, dass nach dem Modus eines Entweder/Oder zwischen ihnen gewählt werden könnte. Statt zwei je für sich existierende Bedeutungen zu determinieren, ist der Akt des Lesens gezwungen, unablässig zwischen den Wortwendungen des Textes hin und her zu pendeln. Er vermag keinen Punkt zu finden, an dem der Satz gälte: Dies ist als das zu verstehen, und jenes als dies. De Man spitzt die Unmöglichkeit einer Fixierung der Leseposition zu der bekannten Formel von der »Unlesbarkeit« (unreadability) des Textes zu (vgl. die Einleitung zu Paul de Man von Werner Hamacher mit dem Titel »Unlesbarkeit«, 7-26).

De Man fasst die griechische Bedeutung des Verbs *allegorein* = ›anders reden‹ kompromisslos auf. Was immer die idealistische Ästhetik behaupten mag, ein Text *kann* aufgrund seiner tropischen Struktur gar nichts anders denn *anders reden*. Nicht, dass die Tropen beliebig wären, das Problem ist, dass ein Text keine Stelle enthält, an der sich der Beginn der Abweichung von einer referentiellen Vorgabe nachweisen ließe. Der Autor pointiert, dass die Allegorie, eher als nur vom Lesen zu sprechen, von der »Unmöglichkeit des Lesens« erzählt (ebd., 111).

Kleists Essay »Über das Marionettentheater« (1810) wird von de Man von Anfang bis Ende allegorisch gelesen. Seines Erachtens hält das Werk die Aporien des Lesens und Verstehens thematisch und strukturell in sich verschränkt. Die eingestreuten Teilgeschichten von den Puppen, dem Jüngling und dem Bären stellen einen Einspruch gegen die idealistische Position Friedrich Schillers dar, nach der die ästhetische Wirkung aus einer als gesichert vorausgesetzten Bedeutung hervorgehe. Kleist zeige dagegen, dass die Ästhetik des Textes »von den formalen Gesetzen der Drehungen, Wendungen, Tropen bestimmt« sei. Namentlich die Episode von den Puppen modelliere den Essay als ein »System von Tropen«. In der Summe treten dem Leser die Teilgeschichten »als Allegorien von dem schwankenden Status der Erzählung« entgegen (ebd., 227f.; 218). Die enge Nachbarschaft von »Allegorie« und »Erzählung« in der Darstellung de Mans ist kein Zufall. Auf die Allegorie treffen dem Autor zufolge die Beschreibungskategorien ›anti-mimetisch‹ (=anti-natürlich), ›diachronisch‹ und ›narrativ‹ zu.

Die Erkenntnisskepsis de Mans

Die literaturtheoretischen Implikationen von de Mans Tropologie sind so klar wie konsequent. Da zwischen figurativer und referentieller oder performativer und konstativer Aussage (=der Bild-und-Begriff-Reihe der klassischen Allegorie) letzthin nicht getrennt werden kann, findet das Verstehen keinen Ausweg aus seinem Entscheidungsdilemma mehr. Was ist demnach Literatur? Eine kunstvoll überformte Sprach-Aporie, deren Modell die unentscheidbar zirkulierende Allegorie ist. Paradigmatische Qualität haben für de Man daneben die Figuren der Ironie mit ihren explosiven Pointen und die Prosopopöie (=Personifikation, Figuration) mit ihrem Wechsel von figurierenden und defigurierenden Zügen.

Von allen Poststrukturalisten löst de Man das Referenzproblem wohl am radikalsten. Die Frage des literarischen Objektbezugs wird, vermittelt über Tropenlehre und Rhetorik, an die Literatur ›rückadressiert‹. Keine andere Instanz als Literatur selber soll für das zuständig sein, wovon sie spricht. In de Mans Aufsatz über die Metapher bei Rousseau (am. 1973) fällt das Wort von »der rhetorisch selbstbewußten oder literarischen Sprache« (in: Menke 1993, 254).

Gegenüber der sprachperformativen Inszenierung des Textes erlischt in dieser Theorie die Determinationsmacht des Kontextes. Da de Man den Begriff ›Moderne‹ im Sinn von struktureller Innovation und nicht als perspektivisch gebundene Interpretation epochenspezifischer Veränderungen auffasst, ist sein Urteil auch in der Hinsicht enthistorisiert. Es erhebt Anspruch auf allgemeine Gültigkeit (vgl. den Aufsatz de Mans über »Literary History and Literary Modernity«, in: Blindness, 142-165).

De Man ordnet sich der Geisteshaltung Friedrich Nietzsches zu, wenn er befindet: »nach Nietzsche (und in der Tat, nach welchem ›Text‹ auch immer) können wir nicht mehr hoffen, jemals in Ruhe ›zu erkennen‹« (Allegorien, 171). Unter dem Schild der verlorenen Erkenntnisruhe greift er sodann die akademische Literaturtheorie an. Sie weigere sich zu bemerken, dass Literatur sich einer positiven Erkenntnis versage und diese Versagung zugleich zu einem epistemologischen Thema des Textes mache. Die akademische Theorie halte an der Idee einer kommunikativen und signifikativen Funktion der literarischen Sprache fest. In seinem methodologischen Essay »Der Widerstand gegen die Theorie« (dt. 1987; am.1982) spitzt de Man die Kritik zu. Die institutionalisierte Literaturwissenschaft habe versäumt, die Konsequenz aus der sprachspezifischen Organisation ihres Gegenstands zu ziehen: »Der Widerstand gegen die Theorie ist ein Widerstand gegen die rhetorische oder tropologische Dimension der Sprache, eine Dimension, die vielleicht in der Literatur (in einem weiten Verständnis) ausdrücklicher im Vordergrund steht als in anderen verbalen Manifestationen« (ebd., 101f.). Wer die tropologische Dimension der Literatur verdrängt oder verfehlt, verfehlt sonach diese selbst, da gerade Literatur sich dieser Dimension bedient.

Die Erkenntniskritik de Mans ist im deutschen Sprachraum stark rezipiert worden. Der Autor habe gezeigt, wie es aufgrund der ideellen Referenzen der Philologie zu »falschen, eine bestimmte kulturelle Norm affirmierenden Sinnkonstitutionen kommt« (so Bohrer 1993, 7). Rezeptionsfördernd hat gewirkt, dass de Man klar und textnah argumentiert und Autoren wie Rilke, Hölderlin, Kleist mit einbezieht. Die Kritik an de Man ist in der Regel auf die Radikalität seiner Position gemünzt. Die Reduktion der Sprache auf rhetorische Kategorien führe eine Entdialektisierung, Tautologisierung, Theologisierung oder Ästhetisierung der Befunde herbei (vgl. die teils freilich recht einfachen Argumentationen bei Müller 1988 und Hauge 1989; zum Problem der Ästhetisierung Menke 1993, 291-295; eine Kritik der Nietzsche-Lektüre de Mans bei Böning 1990; zur Entstehung der Theorie de Mans vgl. Norris 1988 und Cebulla 1992; zu den logischen Modellen de Graef 1993; zur Kontroverse de Mans mit der Literaturwissenschaft vgl. Ellrich/Wegmann 1990).

Derrida hat versucht, der radikalen »Aporizität« bei de Man eine utopische Note abzugewinnen, indem er den Appellcharakter der Figur unterstreicht. Durch ihre Untersagung hindurch verspreche sie »ein anderes Denken, einen anderen Text«. Das von ihm, Derrida selbst vertretene Theorem der Unentscheidbarkeit wird ähnlich modifiziert. »*Es gibt kein* Jenseits des Unentscheidbaren, und doch bleibt dieses Jenseits ein zu Denkendes« (Derrida: Mémoires, 185; 180).

Leicht ist sie jedenfalls nicht, die Sache mit dem »anderen Denken«. In den 80er Jahren entbrannte eine international geführte Kontroverse, als bekannt wurde, dass de Man zwischen 1940 und 1942 antisemitische Zeitungsartikel verfasst hatte, über die er selbst im Freundeskreis schwieg. Wie sich die Entdeckung längerfristig auswirken wird, bleibt abzuwarten. Im gegebenen Kontext sei lediglich Derridas kritische Reaktion erwähnt. Der Autor, ehedem mit de Man befreundet, veröffentlichte 1988 einen Essay, in dem er sich mit de Mans Abneigung gegen einen »vulgären Antisemitismus« befasst. Eine solche Abneigung könne zu verstehen geben, so Derrida, »dass es einen vornehmen Antisemitismus gibt, in dessen Namen man den vulgären verurteilt« (Wie Meeresrauschen, 66; zu den Theorien de Mans s. Kap. II.7.4: Autobiographie und Kap. III.2.5: Dekonstruktion).

6.   Symboltheorie und Erzählung

Anschauungssymbol und Struktursymbol

Die Symbolik gehört zu den wichtigsten und zugleich unübersichtlichsten Gebieten der Literaturtheorie. Grundsätzlich sind zwei Richtungen unterscheidbar. In der einen steht ein Symbol für das, was an einem Zeichen über die unmittelbare Wortbedeutung hinausgeht, mit dem Ausgangswort aber in einer *pars-pro-toto*-Beziehung verbunden bleibt. Das Wort ›Rose‹ z.B. verweist auf eine Blume und darüber hinaus auf Schönheit, Liebe, Weiblichkeit. Die zweite Richtung folgt der mathematischen Konvention, die Zeichenbedeutung zu verabreden und das Zeichen als Positionssignal zu verstehen. Plus- und Minuszeichen etwa dienen als Symbole für Addition und Subtraktion und geben den Operationen ihren Platz im System der Arithmetik. Der Differenz der beiden Richtungen entspricht grob die Differenz zwischen Anschauungssymbol und Struktursymbol, in der ihrerseits die Kluft zwischen der geistesgeschichtlichen Tradition der Philologie und dem Exaktheitsideal der modernen Sprach- und Literaturwissenschaft gespiegelt ist.

Das Anschauungssymbol gilt als klassisch. Seine Begründung lautet kurz gefasst so: Der Geist als die ideelle und die Natur als die sinnliche Form der Anschauung treten zu einer Einheit zusammen, die durch ein Bild vermittelbar ist. Dies Bild ist das Symbol im engeren Sinn. Es stellt eine Art Bühnenvordergrund dar, von dem aus der Blick auf die tiefere Bedeutung fällt. In Goethes *Maximen und Reflexionen* heißt es dazu, dass die Symbolik die Erscheinung in eine Idee und die Idee in ein Bild verwandle, ohne dass die Idee im Bild völlig aufginge. Auf dieser Folie kann etwa die Helena in *Faust II* gelesen werden. Ihre sinnlich besondere Erscheinung vertritt die allgemeine Idee der Schönheit, die statt als starres Konstrukt in ihrer ewig wiederkehrenden Lebendigkeit angeschaut werden kann. Das Symbol stellt die Steigerung der Metapher dar. Es besitzt einen repräsentativen Mehrwert, der sich aus der unterstellten Zusammengehörigkeit von Symbol und Symbolisiertem auf der Basis der Anschauung erklärt. Die Sprache steht im Dienst der Anschauung, indem sie ihr zu einem ›äußeren‹ Ausdruck verhilft.

Unter dem Einfluss der strukturalen Anthropologie von Lévi-Strauss und Lacan hat sich in der zweiten Hälfte des 20. Jahrhunderts ein anderer Ansatz herausgebildet. Das Symbol erscheint jetzt als die Repräsentanz der unbewusst wirksamen und nach dem Gesetz der Sprache formierten sozialen Regulierung. Statt sekundäres Medium, ist die Sprache nun Basis des Symbols. Die vorher so hoch geschätzte Seite der Anschauung fällt dem Bereich des Imaginären zu, von dem Lacan das Symbolische als Register einer diskursiven Platzzuweisung abhebt. Das Verhältnis von Besonderem und Allgemeinem wirkt in beiden Konzepten vordergründig gegenläufig, ist im Kern aber wohl gleich. Während das Anschauungssymbol im Besonderen das Allgemeine reflektieren soll, wird vom Struktursymbol erwartet, dass es das Besondere dem Allgemeinen subsumiert. Das Allgemeine herrscht hier ganz unverhüllt vor.

Mit zwei Symboltypen ist es natürlich nicht getan. Die Bestimmungsversuche des Symbols sind so vielseitig wie dieses selbst. Seine formallogische Verwendung zum Beispiel ist keine Erfindung der Strukturalisten. Sie kommt bereits in den mathematischen Studien des Philosophen Gottfried Wilhelm Leibniz (1646-1716) vor. Eine kulturgeschichtliche *Philosophie der symbolischen Formen* (1923-1929) legte Ernst Cassirer vor, etwa zur selben Zeit entwickelte Charles William Morris in *Symbolik und Realität* (1925) die Interpretantenlogik von Peirce auf erfahrungstheoretischer Grundlage weiter. In den 70er Jahren führte der Soziologe Pierre Bourdieu den

Begriff ›Habitus‹ als Summe der individuell und kollektiv verinner-
lichten symbolischen Muster ein, Alfred Lorenzer legte eine psychoanalytische Hermeneutik vor, in der die dem Sozialisationsprozess
abgewonnenen bewussten Repräsentanzen des Subjekts als Symbole
figurieren.

Keiner dieser Entwürfe hat die Literaturinterpretation jedoch so
tief beeinflusst wie das in den 50er Jahren entwickelte und gegen
eine intuitionsbetonte Phänomenologie gewandte Symbolkonzept
von Claude Lévi-Strauss. Es ist als Konzept für sich stehen geblieben
und hat sich nicht mit einer der hermeneutisch-rhetorischen Sym-
boldeutungen vermischt. Versuche, das literarische Symbol aus seiner eigenen gattungsgeschichtlichen Tradition heraus zu erneuern,
sind ohne größeren Erfolg geblieben (Zu Symboltheorien allgemein
vgl. Adams 1983 und Todorov 1995; für eine Problemskizze Wellbery 1990; zum Goethe-Symbol Jurgensen 1968; für einen Vergleich
Cassirer-Lévi-Strauss-Lacan die Lacan-Monografie von Lang 1986,
166-233; für den Versuch einer Modernisierung des literarischen
Symbols Link 1975; zu Symboltransformationen Titzmann 1978).

6.1   Die »symbolische Funktion« (Claude Lévi-Strauss)

Saussure maß dem Symbol lediglich eine Randstellung bei. Sein Argument lautet, dass das Symbol vom Zeichenprinzip der Arbitrarität
abweiche und eine natürliche Beziehung zwischen Bezeichnung und
Bezeichnetem andeute. Saussure führt die Waage als das Symbol der
Gerechtigkeit an und stellt fest, dass sie nicht durch z.B. einen Wa-
gen ersetzt werden könne (Saussure: Grundlagen, 80).

Diese Natürlichkeits-These übernimmt Lévi-Strauss nun aber gerade nicht. Was er Symbol nennt, entspricht vielmehr Saussures Zeichen mit der Gliederung nach Signifikat und Signifikant und dem
Oppositionsgesetz der Phoneme. Die Phonologie ist für das strukturale Symbol so bestimmend, wie es dies für die Lebenswelt der Subjekte sein soll. In seinem Essay »Die Wirksamkeit der Symbole« (frz.
1949) beschreibt Lévi-Strauss ein schamanistisches Ritual, das bei
einer schweren Geburt angewandt wird. Er rekonstruiert die Symbolik des Ritus so, dass sie der psychoanalytischen Kur analog erscheint, denn

»es ist eine Beziehung zwischen Symbol und symbolisiertem Gegenstand
oder, um es in der Terminologie der Linguisten auszudrücken, zwischen Signifikant und Signifikat. Der Schamane gibt seiner Kranken eine *Sprache,*
in der unformulierte – nicht anders formulierbare – Zustände unmittelbar
ausgedrückt werden können« (Lévi-Strauss: Anthropologie, 217).

Der symbolische Sinngehalt der therapeutischen Handlung kann die Alltagssprache ersetzen, weil beide »Sprache«, d.h. nach dem Gesetz der Phoneme organisierte Strukturen für »nicht anders formulierbare« Zustände sind. Lévi-Strauss sieht den Vorteil einer produktiven Reduktion gewonnen. Das Unbewusste ist kein undurchsichtiges Gewusel individueller Geschichten mehr:

> »Es beschränkt sich auf einen Ausdruck, mit dem wir eine Funktion bezeichnen: die *symbolische Funktion*, die zwar spezifisch menschlich ist, die sich aber bei allen Menschen nach denselben Gesetzen vollzieht; die sich in Wahrheit auf die Gesamtheit dieser Gesetze zurückführen läßt« (ebd., 223; Hervorh. JB).

Im Brennpunkt der »symbolischen Funktion« sind Texte ›objektiver‹ verstehbar als in der Hermeneutik. Unerachtet ihres individuellen Wortlauts kann ihnen ein Bündel geordneter Relationen unterlegt werden. »Das Vokabular ist weniger wichtig als die Struktur« (ebd., 224). Gleichzeitig sind symbolische und narrative Funktion eng verschweißt. Die Wahl einer symbolischen Struktur entscheidet mit über den Ablauf der Geschichte. Der Schamane zum Beispiel erzählt der kranken Gebärenden die Geschichte der Suche nach ihrer verlorenen und nach schweren Kämpfen wiedererstatteten Seele, was dem angestrebten Moment der glücklichen Entbindung entsprechen soll. In »Die Struktur der Mythen« (dt. Erstv. 1977; frz. 1955) führt Lévi-Strauss die Geschichte des Ödipus als Exempel an. Ihre Kernsätze, sogenannte Mytheme, werden auf gemeinsame Merkmale bzw. ihre Homologie geprüft. Der Mythos erweist sich als ein Versuch, die Aporien der Herkunft zu lösen, denn »die Überbewertung der Blutsverwandtschaft verhält sich zu ihrer Unterbewertung wie die Bemühung, der Autochthonie zu entgehen, zu der Unmöglichkeit dies zu erreichen« (in: Anthropologie, 238).

Freilich meint Lévi-Strauss nicht, dass die »Wirksamkeit der Symbole« allein schon im Erkennen der Konflikte beruhe. Wesentlich sei, dass »diese Erkenntnis eine spezifische Erfahrung ermöglicht, in deren Verlauf die Konflikte sich in einer Ordnung und auf einer Ebene realisieren, welche ihre freie Entwicklung ermöglicht und zu ihrer Lösung führt« (ebd., 218). Die »symbolische Funktion« ist alles andere als sekundär. Sie regelt gleichsam von unten her, was Menschen sagen, ja, erfahren können. Lévi-Strauss hebt vor allem die dem Inzestverbot folgenden Heirats- und Verwandtschaftsregeln hervor. Die überindividuelle Geltung des Symbols hat Lacan stark beeindruckt. Er merkt 1955 über die »symbolische Funktion« des »Entwendeten Briefs« an: »Man kann sagen, wenn die Personen sich dieses Briefs bemächtigen, dann ergreift sie etwas und reißt sie

mit, das weitgehend ihre individuellen Besonderheiten beherrscht«
(in: Das Ich, 250).

6.2 Symbol und Symbolisches in der strukturalen Psychoanalyse

Die Psychoanalyse hat die »symbolische Funktion« näher in die
Text- und Literaturdiskussion eingeführt. Dass der Begriff keine un-
geteilte Zustimmung fand, ist leicht zu erraten. Die ›objektive‹ Determinationsmacht des Symbols ist so stark ausgeprägt, dass sie an
die Idee eines unausweichlichen Schicksals erinnert.

Bei der Symbolfrage liegt ein Erkenntnisproblem erster Ordnung
vor. Die Art, wie das Symbol aufgefasst wird, entscheidet mit darüber, welches Konzept von Sprache bei der Theoriebildung von Literatur zugrunde gelegt wird. Und es entscheidet darüber, welches
Verständnis von Gesellschaft dabei eine Rolle spielt. Zentral ist die
Frage, als wie veränderbar die Verhältnisse gelten können und als
wie unveränderlich sie gelten müssen. Wie zu sehen war, taucht sie
bereits im Kontext von Saussures Systemkonzept der Sprache auf (s.
Kap. II.1). Die poststrukturalen Autor/innen führen als praktisches
Korrektiv gegen das Symbol die Prozesse an, die in Kap. II.2 und
II.3 z.B. als *chora*, Mimesis, Schriftspur, *écriture féminine* und eroti-
sche Schrift des Körpers vorgestellt wurden.

Freud gebrauchte das Symbol noch oft im Sinn einer imaginativ
fixierten Zeichenbeziehung. Das Haus ist Symbol für den Körper,
das Wasser für die vorgeburtliche Erlebniswelt. Gegen diese Sicht-
weise richtet sich Lacan in seinem Seminar *Das Ich in der Theorie
Freuds und in der Technik der Psychoanalyse* (dt. 1980; frz. 1978), das
weitgehend der Bestimmung des Symbolischen als einer vom unmittelbar Bildhaft-Imaginären abgelösten und es formal überdetermi-
nierenden Dimension gewidmet ist. Informativ ist daneben der Abschnitt »Symbol und Sprache als Struktur und Grenzbestimmung
des psychoanalytischen Feldes« in Lacans »Rom«-Rede von 1953.
Der Autor spricht darin von den Analytikern als den »Praktikern der
Symbolfunktion« (in: Schriften I, 105-131; Zitat 126).

Lacans Symbol-Definition weist zwei Linien auf, die sich grob
mit dem Wortunterschied von ›Symbol‹ und ›Symbolischem‹ dek-
ken. Das Symbol ist mathematisch akzentuiert und mit Begriffen
wie Signifikant, Zahl, Kombination verknüpft. Dagegen taucht mit
dem Symbolischen die Idee einer bedeutungsfundierten Sozialord-
nung auf. Der Signifikant ist jetzt »durch die latenten Bedeutungen
der anderen Signifikanten determiniert, mit denen zusammen er

eine Kette bildet« (so Heise 1992, 72). Freilich gehen Lacans Theoreme allein schon ihres langen Entwicklungswegs wegen nicht halb so glatt auf, wie es hier und andernorts scheinen könnte. Missverständnisse sind nie ausgeschlossen. Lacans vielzitiertes Wort vom Symbol als »Mord an der Sache« (Schriften I, 166) zum Beispiel ist semiologisch gesehen unpräzis. Es erweckt den Eindruck, als träte das Symbol an die Stelle der Sache, auf deren Seinsebene es nun gerade *nicht* operiert.

›Symbol‹ ist also der Signifikant in seiner den Wechsel von An- und Abwesenheit formalisierenden Funktion. In seinem Vortrag »Psychoanalyse und Kybernetik oder von der Natur der Sprache« von 1955 führt Lacan die Maschinenlogik der Kybernetik als Exempel an (in: Das Ich, 373-390). Der Prozess der intersubjektiven Koordinierung wird auf ein »binäres Symbol« bezogen, das heißt »hin auf die Tatsache, daß alles mögliche geschrieben werden kann in Termini von 0 und 1« (ebd., 380). Symbole sind Kombinationsfolgen binärer Werte, die im psychoanalytischen Diskurs als Alternanz von Fort-Da, Sein-Nichtsein, Phallisch-Nicht-phallisch kodiert sind. Solche semantisch vorgefassten Positions- und Negationswerte auf digitaler Basis muten aus heutiger Sicht eher schlicht an. Zum Studium der poetischen Sprache werden sie auch nur selten bemüht (vgl. Kristevas Alternativentwurf einer »sémiologie des paragrammes« von 1966, Kap. II.4.1). Doch gestatten sie es, die, wie Lacan sagt, »Differenz der radikalen symbolischen Ordnung und der imaginären Ordnung« zu begreifen. Die imaginäre Ordnung suggeriert eine natürliche Konvergenz von Ur- und Abbild. Lacan: »Was gute Form ist in der lebendigen Natur, ist schlechte Form im Symbolischen« (ebd., 388).

Die zweite, sozialdeterminative Linie von Lacans Symbol-Definition hat sich in der Literaturwissenschaft allgemein durchsetzen können. Lacan zieht zunächst den Schluss, dass die »symbolische Funktion« auf eine anthropologische Totalität von Symbolen, kurz »das Symbolische« hinleite. »Die symbolische Funktion konstituiert ein Universum, innerhalb dessen alles, was menschlich ist, sich ordnen muß« (Das Ich, 42). Er schließt den Gedanken an, »daß die symbolischen Instanzen in der Gesellschaft von Anfang an funktionieren, von dem Moment an, da sie als menschliche erscheint. Nun, das setzt ebenso das Unbewusste voraus, so wie wir's in der Analyse entdecken und handhaben« (ebd., 43). Damit ist das »Symbolische« als das Register der unbewussten Sprach- und Sozialstruktur installiert, das die Ebenen des (scheinbar unstrukturierten) Realen und des (auf spiegelbildlicher Verkennung beruhenden) Imaginären übergreift. In der Lacan-Rezeption besteht indes keine Einigkeit darüber, wie konsequent Lacan Imaginäres und Symbolisches trennt, und ob sie überhaupt getrennt werden können. Das Symbolische zeichnet sich ferner dadurch aus, dass in ihm situiert ist, was Lacan den »Diskurs des Anderen« nennt. Die Intersubjektivität hat hier ihren Grund. Der Autor verwendet den Begriff des Anderen, »l'Autre«, unter mindestens fünf Facetten. Das großgeschriebene »Andere« ist das Unbewusste als das Unverfügliche des Subjekts; es ist die Sprache, insofern sich der Mensch sprachlich ›entäußern‹ muss; es ist der Andere als sprechendes Gegenüber; es ist die dem Subjekt vorgängige Sozialstruktur mit ihren Regeln; und es ist das phallische Prärogativ in bezug auf Geschlecht und Begehren. »Im *Namen des Vaters* müssen wir die Grundlage der Symbolfunktion erkennen, die seit Anbruch der historischen Zeit seine Person mit der Figur des Gesetzes identifiziert« (Schriften I, 119). Dass sich in der Überblendung von »symbolischer« und »phallischer Funktion« eine androzentrische Perspektive durchsetzt, ist Lacan nicht entgangen. Seinen expliziten Aussagen zufolge hält er sie jedoch nicht für den Ausdruck von Geschichte (und Geschichten) im engeren Sinn, sondern für die Struktur von Geschichtlichkeit als solcher, die der Struktur des Unbewussten gleichen soll.

6.3 Symbolstruktur, Geschlecht und Erzählung

Das Symbolische strukturiert nicht nur was erzählt wird, es kann auch selbst als eine Erzählung gelesen werden. Die strukturale Psychoanalyse Lacans hat den Ödipus-Konflikt in den Handlungsraum eines unbewussten Symbolischen übersetzt. Das Ergebnis ist ein Familienroman, genauer eine Initiationsgeschichte, die aus dem Blickwinkel des Kindes erzählt wird. Die Geschichte hat drei Kapitel. Das Kind will der Mutter alles sein, der symbolische Vater tritt dazwischen, das Kind unterwirft sich seinem Gebot und fügt sich in die sozialen Strukturen ein.

Unter der von Lacan verfochtenen Prämisse einer phallischen Grundzentrierung des Symbolischen stellt sich Literatur als eine Arbeit an der Sprache dar, die sich mit deren geschlechtlichen Signaturen zwar auseinandersetzen, sie bis zu einem gewissen Grad auch verwirren, im Kern aber nicht verändern kann. Dies hätte unabhängig von Epoche, Geographie, Subjektstandpunkt und sozialem Kontext zu gelten. Die literarische Schrift erschiene selbst überhaupt nur auf der Folie einer monogeschlechtlich symbolisierten Sprach- und Erzählstruktur, die sie nicht zu hintergehen vermöchte, ohne einem leeren Realen, in der Terminologie der Psychopathologie: dem Wahnsystem der Psychose zu verfallen.

In Literaturanalysen, die mit Lacans Symbolkonzeption arbeiten, werden deren geschlechtstheoretische Prämissen nicht immer mitreflektiert (siehe als Beispiel Greiner 1983). Falls zutrifft, dass die ungelöste Frage des Geschlechts unter solchen Umständen verdrängt zu werden droht, bliebe immer noch die Möglichkeit, das unterstellte Verdrängte zu rekonstituieren. Dazu bieten sich Symptome wie markante Widersprüche, Auslassungen, Unklarheiten des Bezugs, Verneinungen, Redundanzen an. Spätestens seit dem Buch *Reading Lacan* (1985) von Jane Gallop ist Lacans theoretischer Diskurs selbst zum Objekt solcher symptomaler Lektüren geworden. Er wird als eine Erzählung gelesen, die mehr sagt als sie vordergründig sagen will. Judith Butler gelangt auf dem Weg zu der Vermutung, dass sich die Konstruktion des symbolischen Phallusprimats der Ausblendung seiner Grundlagen im Körperlich-Imaginären verdankt. Die Autorin schließt: »Was also unter dem Zeichen des Symbolischen operiert, sind möglicherweise nichts anderes als genau die Anzahl imaginärer Wirkungen, die als das Gesetz der Signifikation naturalisiert und verdinglicht worden sind« (Butler 1991, 118).

Gegen die Tendenz zur Re-Naturalisierung von Zeichenbeziehungen sind auch wissenschaftliche Einführungen in die Symbolthematik nicht immer gefeit. Die sonst sehr reflektierte Studie von Hermann Lang (1986) gibt dafür ein Beispiel. Unter emphatischer Betonung der Richtigkeit von Lacans Thesen heißt es dort, dass der Phallus als fehlender »eine Leerstelle« markiere, da das Kind die Mutter »kastriert« glaube (ebd., 208; 212). Das ist nun allerdings ganz von jenem imaginären Bezug her formuliert, der in der Metapher der Kastration und ihrer Tendenz zu abwehrender Rationalisierung angelegt ist (vgl. den Essay »Die Metaphern des Analytikers« von Carveth, 1993). Abgewehrt wird die Möglichkeit, dass der Signifikant Phallus auf einen zweiten Signifikanten verweist, der besonders ›verdrängungsanfällig‹ ist, weil er dem Wunschbild einer vorsexuellen Ganzheit des Subjekts widerspricht. Es ist der Signifikant des weiblichen Genitals, von dem Freud wohl nicht von ungefähr im Kontext einer Kontemplation über »Das Unheimliche« (1919) sprach. Von einer geschlechtssymbolischen Struktur wäre sinnvoll erst dann zu reden, wenn zwei durch eine »Leerstelle« getrennte Signifikanten die existentielle und sexuelle Separation der Subjekte »markieren«.

Am Theoriefeld des Symbolischen zeigt sich besonders klar, dass der literaturwissenschaftliche Streit um Lesarten, Interpretationen, Konstruktionen gar nicht ernst genug genommen werden kann. Wenn das sprachanaloge Symbolische einzig als etwas interpretiert werden kann, das, unter Berufung auf das Unbewußte, jedem tieferen Wandel entzogen ist, ist auch im literarischen Feld eine bestimmte Interpretationsbreite nicht mehr zugelassen. Die Folgen für die Wahrnehmung eines Teils der Geschlechtssymbole in Goethes *Faust* lägen dann auf der Hand. All diese Schleier, Schreine, Schluchten, Schlünde, Wolken, Kränze und Kästchen, all diese hymisch-vaginischen Signifikanten kurzum, wären nicht mehr ›lesbar‹. Sie müssten zu Phallussubstituten oder zu »Leerstellen« umgedeutet werden; der Text könnte es anders nicht gemeint haben.

6.4   Autorinnentext und das Symbolische

In den 80er Jahren wurde die Thematik des Symbolischen mit der literarischen Produktion von Autorinnen verknüpft. Um die Frage der Autorschaft ging es dabei nur am Rande (s. dazu Kap. II.7). Im Mittelpunkt stand die Überlegung, mit welchen Figuren und Figurationen eine Autorin auf die behauptete Nichtrepräsentierbarkeit von Frauen in der symbolischen Ordnung reagiert. Christa Wolf umschrieb das Problem 1982 in einem fiktiven Dialog mit Ingeborg Bachmann so: »Wir haben keine authentischen Muster, das kostet uns Zeit, Umwege, Irrtümer; aber es muss ja nicht immer nur ein Nachteil sein« (Voraussetzungen, 146).

Wird dem Text einer Autorin die Option eines eigenen Sprachentwurfs verweigert, was immer ›eigen‹ hier heißen mag, dient er dazu, die These von der Unwandelbarkeit der symbolischen Ordnung zu zementieren. Wird hingegen das Beharrungsvermögen dieser Ordnung unterschätzt, gerät die historisch ungleiche Lage der Geschlechter aus dem Blick. In die Begriffe Lyotards gefasst lautet das Problem so, dass das strukturale Symbolische eine jener »großen Legitimationserzählungen« ist, deren Anspruch auf »universale Einheit« in der nachindustriellen Gesellschaft zu bröckeln beginnt, ohne dass schon Ordnungsmuster vorlägen, die stärker relational geprägt sind (vgl. Lyotard 1986, 96-122). Kristeva stellt hier keine Ausnahme dar. Ihr Entwurf eines triebhaft durchbrochenen Symbolischen raubt diesem den Anspruch auf absolute Geltung, legt damit aber noch nicht die Logik einer wechselseitig fundierten Andersheit vor. Statt eines Anderen *im* Symbolischen beschreibt sie lediglich das Andere *des* Symbolischen, denn, wie sie sagt, »es verneint den Term, das Gesetzte« (Revolution, 66). Vielleicht führt Kristevas Buch *Fremde sind wir uns selbst* (dt. 1990) an dem Punkt weiter. Das Unbewusste figuriert darin als Motiv zur Anerkennung von Alterität nicht nur *in* jedem, sondern auch in *jedem* Subjekt (ebd., insb. 184-213).

Dass mit dem Symbolischen auch ein differenzierter Umgang möglich ist, sei an zwei Analysen belegt. Irmgard Roebling (1988) untersucht mit der Dichtung Annette von Droste-Hülshoffs eine exemplarische poetische Position der ersten Hälfte des 19. Jahrhunderts. Sie bezieht die Wirkung des Unheimlichen in Drostes Werk auf eine Krise der Wahrnehmung, die als Erfahrung der Differenz präzisiert wird. Die Erfahrung wird in den Begriff der ›Kastration‹ übersetzt, dieser stets in Zitatform gebraucht und mit einer Reflexion auf seinen möglicherweise begrenzten Geltungsrahmen versehen. Die Interpretin weist auf die streng normative Sozialisation von Frauen im 19. Jahrhundert hin und hebt zum anderen die ungenügende Ausarbeitung des psychoanalytischen Deutungsmusters in bezug auf die weibliche Wahrnehmung hervor. In detaillierter Analyse legt sie dar, dass die unheimlichen Bilder der Droste von Begehrens- und Verdrängungsprozessen sprechen, mit denen sich Frauen wie Männer, je anders und stets mit gemischten Gefühlen, identifizieren konnten. Den Lesenden werde die »Brüchigkeit und Ambivalenz der eigenen Einheitsprinzipien in sowohl bedrohlicher wie verlockender Weise bewußt« (Roebling 1988, 65).

Radikaler ist die Perspektive, die Marianne Schuller in einem kurzen Essay (1984) über Ingeborg Bachmann vorträgt. Freilich wird hier eine Position skizziert, die unserem Zeitgefühl näher ist (für eine weitere, wenngleich weniger originelle Analyse zu Bachmanns Arbeit am Symbolischen vgl. Nethersole 1995).

Die Interpretin wendet sich direkt an den Text und untersucht Bachmanns Romantorso *Der Fall Franza* (um 1965) unter dem Aspekt seines literarischen Verfahrens. Im Anschluss an ein Wort des Textes und unter Beachtung seines Fragmentcharakters wird es als »Dekomposition« benannt. Vorgegebene Diskurse werden in einer rhythmisierten Sprache in immer neuen Anfängen umkreist. Einer jener Diskurse ist die Psychoanalyse. Jedes Redeelement ist darin auf ein Wissen bezogen, das von den Autoritätsfiguren Gott und Vater oder dem gesellschaftsfähigen Psychoanalytiker verwaltet wird und dem nicht zu entkommen scheint. »Dieser Symbolisierungstyp, der unter der Herrschaft des Signifikats steht, stellt sich als Terror des *Bedeutungswahns* heraus« (Schuller 1984, 152).

Die Dekomposition des diagnostizierten »Wahns« wird mit der textinternen Topographie der Wüste verknüpft, die Schuller als den Ort einer möglichen Alteritätserfahrung für das erzählende weibliche Ich liest. Ein visionär erblicktes Bild des Vaters verwandelt sich vor den Augen von Bachmanns Text-Ich in einen Strunk, der in sein Element zurückversetzt wird. Einer der sich anfügenden Sätze des Textes lautet, dass die arabische Wüste von zerbrochenen Gottesvorstellungen gesäumt sei. Die Szene wird von Schuller als Entdeckung des betroffenen Ich gedeutet, dass Gott nicht etwas Ursprüngliches, sondern der Effekt einer imaginären sinnbildenden Operation sei. Damit zerbreche der Herrschaftsanspruch des Signifikats. Das Signifikat stelle sich im Prozess des Textes selber als »metaphorisch« dar, »als Bild, als Projektion, hinter der nichts ist« (ebd., 154).

Zwei Momente dieser Lektüre sind für die nachstrukturale Kritik des Symbolischen bezeichnend. Zum einen wird das Symbolische ›semiotisch‹ gelesen, was den Gedanken impliziert, dass es einem offenen Entstehungsprozess unterliegt. Es verdankt sich nicht einem autoritativ vorausgesetzten Signifikat oder Signifkanten. Zum zweiten und im Verein hiermit wird das Verfahren des Textes stärker betont als seine scheinbar immer schon fertig vorliegende Bildwelt.

Wo es Symbolisierung gibt, ist immer auch Entsymbolisierung möglich und kann die Aufdeckung der in den Symbolisierungsprozess eingeflossenen semantischen Vorfixierungen geleistet werden. Statt dass nur das Symbolische erzählt, wie etwas entstand, kann erzählt werden, wie das Symbolische selbst entstand. Auf diesem erkenntnisleitenden Grund ist Schullers Perspektive auf Bachmanns Frauenfigur zu sehen. »Das weibliche Ich ist gerade nicht da, wo es festgeschrieben werden soll. Vielmehr entsteht es in der Dekomposition seiner Festschreibungen und Bilder« (ebd., 155). Dass das weibliche Ich dann wohl auch in der Dekomposition seiner selbstgeschaffenen Bilder und der von ihm mitgestalteten kulturellen Repräsentationsverhältnisse entstehen könnte, ist ein Schluss, der hier nicht gezogen wird. Er wäre aber geeignet, über den Zwang eines bloß reaktiven Verhältnisses gegenüber dem Symbolischen hinauszugehen.

Einen Ausweg deutet die Arbeit über, so der Untertitel: »Möglichkeiten und Grenzen einer Subversion von Codes« (1994) von Susanne Lummerding an. Ihr Schwerpunkt ist das filmisch-fotografische Erzählen. Die Verfasserin schlägt vor, die psychoanalytische Theorie des Symbolischen und die darin eingeschriebene Ordnung der Geschlechter zwar zu verwenden, sie aber nicht einfach als Folie bei der Betrachtung ästhetischer Prozesse zugrunde zu legen. Die Theorie sollte auf ihre Plausibilität geprüft werden, und zwar so, dass statt einzelner Konzepte die Art der Konzeptbildung selbst in Frage stehe. »Es wird also nicht darum gehen, eine Antwort auf eine Frage zu finden, sondern darum, die Notwendigkeit zu erläutern, die Frage *anders* zu formulieren, und diese Notwendigkeit systematisch zu begründen. Anders ausgedrückt: nicht so sehr das ›Sichtbarmachen eines Unsichtbaren‹, sondern die Analyse der *Bedingungen* von Sichtbarkeit wird Thema sein« (Lummerding 1994, 12). Die hier angezeigte Metaebene der Reflexion auf das »symbolische Universum« und die Forderung nach einer kritischen Weiterentwicklung der Theorie wirken zielfördernd. Sie legen der Literaturwissenschaft eine Perspektive vor, die produktiver ist als es die These vom »Ausschluß der Frau aus dem Symbolischen« längerfristig sein kann. Statt *des* Symbolischen kann es verschiedene Typen des Symbolischen geben.

7.   Subjekt, Autobiographie und Autorschaft

Wie entsteht ein poetischer Text? Durch den Autor? Die Autorin? Die Leserin oder den Leser? Die Gesellschaft? Oder macht der Text den Autor? Bringt sich der Text am Ende selbst hervor? Dies sind nur einige der Fragen, von denen die literaturtheoretische Diskussion seit den 70er Jahren verunsichert, aber auch neu belebt worden ist. In Mitleidenschaft gezogen sind alle für die Literaturwissenschaft relevanten Begriffe wie ›Werk‹, ›Fiktion‹, ›Theorie‹, ›Kanon‹, ›Gattung‹, ›Ästhetik‹ und nicht zuletzt der Literaturbegriff selbst. (Einige Beispiele für die Begriffsdiskussion geben Hempfer 1973, Kreuzer 1975, Bohn 1980, Keller 1980, Arntzen 1984, Coller/Geyer-Ryan 1990, Olsen 1990, Horn 1993, Weimar 1993).

Axel Gelhaus hat in einem kurzen Einführungstext einige entwicklungsgeschichtliche Koordinaten skizziert. Bis ins 18. Jahrhundert wurde die Dichtung mit Skulptur und Malerei verglichen, bevor mit der Einführung des Subjektivitätsgedankens ein neues Paradigma entstand. Das Werk Hölderlins und die romantische Dichtungstheorie markieren eine besondere historische Grenze, insofern die Berufung auf einen transzendenten Dialog zweifelhaft wurde und der poetische Vorgang selbst ins Zentrum rückte. Hier anknüpfend und unter Hinweis auf moderne poetologische Ansätze wie die von Paul Valéry plädiert der Verfasser dafür, zwischen zwei Bezugsfeldern zu unterscheiden. Auf dem einen erhebt sich die Frage nach dem Arbeitsprozess des Dichters, auf dem anderen die nach dem Prozess des Textes bzw. der poetischen Werkstruktur. Als poetologisch relevantes Kriterium hätte das zweite Feld zu gelten. Philologen haben es mit Texten und nicht mit dem ›Ich‹ zu tun (Gelhaus 1994, insb. 21-23).

Dieser Akzent kann für den folgenden Abschnitt übernommen werden, wenngleich nicht jedes Mal mit derselben Entschiedenheit. In den nachstrukturalen Theorien, die sich auch hier wieder in ihrer besonderen Vielfalt zeigen, gibt es ernst zu nehmende Versuche, den

Begriff des Subjekts mit dem der poetischen Werkstruktur zu vermitteln. Dies trifft namentlich für Julia Kristeva zu. Gemäß ihrer literarischen Semiologie kehren die Triebprozesse, die ein Subjekt während der frühen Kindheit durchlebt, im poetischen Text auf eine schöpferisch bezähmte Weise wieder. Sie manifestieren sich als »ein Balancieren von Zeichen und Rhythmus des Bewußtseins und des Triebs« (Kristeva, Subjekt, 202).

Konsens besteht indessen darüber, dass kein Autor-Subjekt dem Text absolut vorausgesetzt werden könnte. Zurückgewiesen wird der Autor-Begriff im Sinn des lateinischen *auctor,* ›Urheber‹ oder ›Eigentümer‹ (zu sozialgeschichtlichen Aspekten dieses Autor-Begriffs vgl. Bosse 1981). Wie im Poststrukturalismus über Subjekt und Autorschaft gedacht wird, ist wesentlich durch die Kritik am repräsentationslogischen Modell von Sprache und Zeichen bestimmt. Das Subjekt wird in den Artikulationszusammenhang zurückgestellt, dessen generative Macht im Verlauf der abendländischen Geschichte verdrängt worden sei. Kein Subjekt verfügt so über die Sprache, dass es sie lediglich in einen Text umzusetzen brauchte, um diesen als nachträgliches Produkt seiner Kunstanstrengung ausweisen zu können. Den Zeichen, die es verwendet, ist es von Grund auf unterworfen. Leitend für diese Sicht ist nicht die hermeneutische Devise, dass ein Zeichen mehrfach auslegbar ist, es ist die semiologische Prämisse, dass dem Zeichen eine Prozessebene innewohnt, die der Kontrolle des Subjekts entgleitet.

Die Kritik am Autor qua ›auctor‹ hat ein neues Interesse für die Autobiographik entfacht. Jean-Jacques Rousseau, der Verfasser der *Bekenntnisse* (1765ff.), ist geradewegs zu einer Ikone poststrukturaler Lektüren geworden. »Je me suis montré tel que je fus«. So verkündet der Ich-Erzähler schon auf der ersten Seite seines Werks, und das kann ein Poststrukturalist so natürlich nicht stehen lassen. Die Autobiographie, in der traditionell ein Ich ›sich‹ in seinem religiösen, familialen oder sozialen Werdegang beschreibt, stieg in den 70er Jahren zum Paradigma für die Schwierigkeit, ja, Unmöglichkeit des selbstgesteckten Projekts auf. Das Genre erwies sich als hervorragend geeignet, das poststrukturale Theorem von der ›Dezentrierung‹ des Subjekts durch die Sprache zu unterbauen.

7.1   »Verschwinden des Subjekts«

Michel Foucaults philosophisches Hauptwerk *Die Ordnung der Dinge* (dt. 1972; frz. 1966) klingt mit Worten aus, die im damaligen Kontext eine Provokation darstellten. Der Autor überlegt, ob es nicht möglich sei, dass der vom Wissensdiskurs der europäischen Neuzeit konstruierte »Mensch« eines Tages wieder in Vergessenheit gerate. Man könne »sehr wohl wetten, daß der Mensch verschwindet wie am Meeresufer ein Gesicht im Sand« (Dinge, 462).

Was Foucault auf eine methodologische Erneuerung der Humanwissenschaften stützte und vom Anspruch auf eine menschliche »Essenz« (ebd., 412) her, also kritisch sah, büßte diesen Bezug mit der Zeit ein. Es verselbständigte sich zu einem Topos, der in die Nähe des Nietzsche-Worts vom ›Tod Gottes‹ rückte. Darüber drohte nun wieder in Vergessenheit zu geraten, dass Foucault den Subjektbegriff aus der Klammer eines falschen Universalismus hatte lösen wollen (vgl. Kögler 1994, 27-79; zum Subjektbegriff des späten Foucault Coole 1993).

Einen ähnlichen Anspruch vertrat Lacan, dessen Ent-Universalisierung jedoch primär das weibliche Subjekt betraf. Lacans berühmtes Diktum lautet, dass Die Frau nicht existiere (Encore, 87-88). Gegen die »der Frau verweigerte Subjektivität« meldete Luce Irigaray Einspruch an. Ihr *Speculum*-Buch enthält eine geschlechtskritische Sicht auf die Theorien des Subjekts, die aber als eine so exklusiv männliche Domäne gezeichnet sind, dass die Hoffnung auf ein ›Subjekt Frau‹ ungewollt wieder zerfällt. Einfacher wäre vielleicht die Frage gewesen, ob denn Lacan meine, dass Der Mann existiere (Speculum, 169-187; Zitat 169).

Jacques Derrida hat das Subjekt von der Theorie der Schrift her zum Problem gemacht. In der *Grammatologie* (dt. 1974; frz.1967) entlarvt er den Anspruch auf eine »Präsenz« des Humanen als das Symptom eines Wunschdenkens. Er spezifiziert zunächst den Verräumlichungseffekt der Schrift als »die Eröffnung der ursprünglichen Äußerlichkeit« (ebd., 124), und erklärt dann, dass diese »Äußerlichkeit« für das Subjekt sowohl »Werden« als auch *»Ökonomie des Todes«* bedeute. Es gibt keine ihm innewohnende Innerlichkeit, die das Subjekt mit Hilfe der Schrift nach außen zu tragen vermöchte. Im Gegenteil, nichts ist dem von Derrida beschriebenen Subjekt äußerlicher als seine Innerlichkeit. Sie wird ihm von der den Seinsraum eröffnenden und in dem Sinn als »ursprünglich« geltenden Teilungsbewegung der Schrift überhaupt erst zugeführt. Dieses Werden ›von außen‹ statt ›von innen‹ erweckt im Subjekt den Wunsch, es möge genau umgekehrt gewesen und es qua Selbst dem Prozess seiner Entstehung vorangegangen sein. Die Behauptung vorgängig existierender Sachen oder Referenzen leitet Derrida aus demselben Wunsch ab. Das Subjekt verkennt, dass es von Grund auf »testamentarisch« (ebd.,121) lebt. Seine Willensbekundungen sind *als Bekundungen* schon enttäuscht, jenseits reiner Spontaneität.

Der als »ursprüngliche Äußerlichkeit« deklarierte Status von Schrift und Subjekt hat in Derridas Diskurs viele andere Namen. Sie lauten Unbewusstes, Graphem, Abwesenheit, Außen, und als Krönung wenn man so will, Tod. Es wäre falsch zu meinen, dass der Autor die Bezeichnungen beliebig gewählt hat. Sie spielen sämtlich auf eine Dimension an, die das positivierbare Sein des Subjekts ›überbordet‹. Dennoch drängt sich ein Paradox auf. Der Diskurs des Poststrukturalismus droht an solchen Stellen zu verlieren, das zu retten sein dringliches Anliegen ist, die Qualität der sprachlichen Differenzierung nämlich. Das Problem zeigt sich speziell am inflationären Gebrauch der Todesmetapher, der eine Unterscheidung der eingeführten Denk- und Redeebenen oft kaum noch zulässt.

Die skizzierte Schwierigkeit hingenommen, ergibt sich etwa folgendes Bild. Derridas Rede vom Tod zielt auf ein Moment der Abwesenheit von Leben *im* Leben, das diesem von Beginn an eingeschrieben ist. Mit Heidegger gesagt wäre es die Einschreibung des Todes als der eigensten Möglichkeit des Daseins. Sie erfolgt nicht nach Maßgabe eines das Außen regierenden Schöpfer-Worts, denn damit wäre wieder ein Subjekt vorausgesetzt. Die Einschreibung der Abwesenheit geschieht mittels der ›aus sich selbst hervorkommenden‹ Bewegung der Spur, ohne dass diese je auf der Phänomenebene erschiene. Sie kann, als der immanente Eröffnungszug allen Werdens, nur im nachhinein erschlossen werden. So wie das Unbewusste oder der Tod ›selbst‹ nicht auftreten und nur an den Folgen ihrer ›stummen‹ Arbeit erkennbar sind, ja mehr noch, vor dieser Arbeit ›nichts‹ sind, so verhält es sich auch mit der Schrift. Am Ende ist ›Arbeit‹ die Ebene, hinter die in Derridas Theorie nicht mehr zurückgegangen werden kann.

Von einem »Verschwinden des Subjekts« zu reden wäre bei diesem Autor also missverständlich. Ein Subjekt im Sinne des Präsenzanspruchs hat es, außer als Wunsch und Fiktion, nie gegeben. Das Sein des Subjekts hängt von etwas ›anderem‹ ab, das ein entstehungsgeschichtlich noch älteres ›Anderes‹ als das Freudsche Unbewusste sein soll. »Die Subjektivität ist – ebenso wie die Objektivität – eine Wirkung der *différance*, eine in das System der *différance* eingeschriebene Wirkung« (Derrida, Semiologie, 153). Welche Entwicklungswege die als »Wirkung der *différance*« konnotierte Subjektivität konkret zurücklegt oder verfehlt, lässt Derrida offen. Statt den psychoanalytischen Erklärungsmustern Konkurrenz zu machen, möchte er ansprechen, was darin ungedacht bleibt.

Anlässlich der Erzählung *La fausse monnaie* von Charles Baudelaire geht Derrida (1991) auf den methodologischen Konnex von Autor, Text und Subjekt ein (in: Falschgeld, 131-136). Bezugnahmen auf den Autor sind ihm nicht tabu, wie sich hier und in anderen Arbeiten zeigt. Als Subjekt, dessen entäußerte Innerlichkeit anstelle des Textes zu analysieren wäre, gilt ihm der Autor jedoch genauso wenig wie der Leser. Der Autor ist jemand, der einen Text durch seine Unterschrift beglaubigt, und der Leser ist die Instanz, die den Text aufnimmt und vor diesem nicht da ist. Nicht einmal der Text soll in der Rolle eines selbstgewissen Subjekts sein. Er ist ein »System von Spuren«, für die es keine Rückkehr zu einem inner- oder außertextlichen Ursprung gibt. »Der beglaubigte Unterzeichner setzte ihn (=den Text) einer Dissemination ohne Rückkehr aus« (ebd.,133).

7.2 »Was ist ein Autor?« (Foucault)

Michel Foucault hat in den 1960er Jahren die Frage des Autors zu einer Titelfrage erhoben. Sein Essay »Was ist ein Autor?« (dt. 1979; frz. 1969) ist in den 80er Jahren im deutschen Sprachraum stark rezipiert worden. Der thesenartige Zuschnitt zeigt, dass es sich ursprünglich um einen Vortrag handelt.

Der neue Raum des Schreibens

Foucault fasst sein Thema historisch auf. Er schreibt: »Der Begriff Autor ist der Angelpunkt für die Individualisierung in der Geistes-, Ideen- und Literaturgeschichte, auch in der Philosophie- und Wissenschaftsgeschichte« (Autor, 10). Die angezeigte Geschichtstendenz ist teilweise schon Vergangenheit. An die Stelle des bürgerlichen Individualitätsideals ist die Einsicht in jene mediale Fremdbestimmung getreten, die bei Derrida schrifttheoretisch ausgelegt wird. Das Schreiben hat sich laut Foucault vom Postulat des Ausdrucks befreit, »es ist auf sich selbst bezogen, und doch wird es nicht für eine Form der Innerlichkeit gehalten; es identifiziert sich mit seiner eigenen entfalteten Äußerlichkeit« (ebd., 11).

Der Einsicht in die »Äußerlichkeit« des vorgeblich inneren Ausdrucks schließt sich wie bei Derrida ein großzügiger Umgang mit der Metapher des Todes an. Foucault nimmt eine »Verwandtschaft des Schreibens mit dem Tod« wahr und lässt dann so entfernte Paradigmen wie das Todesthema im antiken Epos, den von Scheherazade erwirkten Todesaufschub, die Entindividualisierung des Subjekts durch das Schreiben und die tötende Wirkung des Werks auf den Autor Revue passieren. Letztere wird mit den Namen »Flaubert, Proust, Kafka« verknüpft und im Wort vom »Tod des Autors« auf die Pointe gebracht (ebd., 11-12). Das Wort lag offenbar in der Luft. Roland Barthes veröffentlichte 1968 einen einflussreichen Essay mit dem Titel »La mort de l'auteur«, und Julia Kristeva hielt ein Jahr später fest: »Demjenigen, der sich selbst als ›Autor‹ denkt, erscheint die Schreibweise als ein abtötender, versteinernder, hemmender Faktor« (Text, 223). Offenbar muss ein Autor die Schreibweise (écriture), den anonymen Grund des Textes, als etwas »Abtötendes« zurückweisen, solange er Anspruch auf das Privileg eines Namens und einer ursprünglichen Texturheberschaft erheben kann.

Präziser lautet Foucaults Frage so: Was ist ein Autor, wenn die transzendentale Tradition des 19. Jahrhunderts zu zerfallen beginnt? Fortschreibungen der Tradition gibt es gleichwohl, wie er registriert. Der Begriff des Werks, auch der des Schreibens, haben die Stelle einnehmen können, die vorher mit dem »Privileg des Autors« belegt war. Als »Privileg« definiert Foucault eine »Einheit«, der ein »ursprüngliches Statut« zuerkannt wird. Sobald das Schreiben von der ihm eigenen »Äußerlichkeit« her entfaltet werde, fallen die Privilegien dahin – »in Frage steht die Öffnung des Raums, in dem das schreibende Subjekt immer wieder verschwindet« (ebd., 11). Um die ethische Implikation dieses »Verschwindens« zu ermessen, führt Foucault Becketts Satz »Wen kümmert's, wer spricht« an. Wo die Autonomie der Sprachzeichen anerkannt wird, hat die Figur des genialischen Individuums ihre Fetischfunktion verloren. Foucault bewegt sich im Rahmen einer sprach- und kunstphilosophischen Debatte, die im deutschsprachigen Raum unter dem negativen Schlagwort ›Sprachkrise um 1900‹ bekannt ist. Die positive Seite hieß: Eigenmacht der Sprache. Mallarmé sagte es in einer poetologischen Maxime so: »Das reine Werk impliziert das sprechende Hinwegtreten des Dichters, der die Initiative den Wörtern überläßt« (in: Dichtungen, 285).

Die Funktion ›Autor‹

Das eigentliche Thema des Vortrags ist die »Funktion ›Autor‹«. Foucault grenzt sie sowohl gegen den realen Schriftsteller als auch gegen einen fiktionalen Sprecher ab. Träger der Funktion ›Autor‹ sind Diskurse, und genau wie diese ist die Funktion historisch bedingt. Sie ist an Rechts- und Staatssysteme gebunden und wirkt nicht in allen Kulturen einheitlich. Auch tritt sie nicht spontan in Kraft. Es bedarf der Zuschreibungen, einer »Autor-Konstruktion«. Texte wirken an dieser Konstruktion mit, wobei sich zwei Richtungen auftun, die von Foucault nicht näher spezifiziert werden. Einerseits soll der Autor »das Prinzip einer gewissen Einheit des Schreibens« sein oder bleiben. Andererseits, und im Widerspruch dazu, soll z.B. durch textliche Pronomina gewährleistet sein, dass sich in den Diskursen mit Autorfunktion eine »Ego-Pluralität« etablieren kann. Das individuelle Ich zerfällt, um das herum der Text zentriert sein könnte (ebd., 20-23).

Beim Stichwort »Literatur« betont Foucault die Kontinuität der Tradition stärker als den modernen Raum des Schreibens. Man kann es freilich auch so lesen, dass er hier nicht von der neuen Art zu schreiben, sondern von der institutionalisierten Literaturrezeption spricht. »Aber ›literarische‹ Diskurse können nur noch rezipiert werden, wenn sie mit der Funktion Autor versehen sind: jeden Poesie- oder Fiktionstext befragt man danach, woher er kommt, wer ihn geschrieben hat, zu welchem Zeitpunkt, unter welchen Umständen oder nach welchem Entwurf«. Der Befund gipfelt in dem Satz: »Literarische Anonymität ist uns unerträglich; wir akzeptieren sie nur als Rätsel« (ebd., 19). Im Fall von »Poesie- oder Fiktionstexten« wird der Autor offenkundig für unentbehrlich gehalten. In dem Pronomen »Wir« klingt die Stimme der Urteilenden an, die Foucault aber nicht näher situiert.

Bei allen Widersprüchen: Im Kern geht es Foucault darum, die Sehrichtung des Forschungsinteresses umzukehren. Das Urheber-Subjekt verschwindet aus dem Zentrum, was aber keineswegs heißt, dass es sich in Nichts auflöste. Das Subjekt verschwindet in den Funktionszusammenhang des Diskurses, der danach zur zentralen Adresse wird. Wie zu sehen war, hat Kristeva diese Beziehung in das Bild einer ›dialogischen Matrix‹ gesetzt (s. Kap. II. 4.1). Foucault fasst die erkenntnisleitende Rolle des Diskurses so zusammen: Die Frage laute nicht, was der Autor vom Tiefsten seiner selbst ausgedrückt habe. Die Frage laute, welche Existenzbedingungen dieser Diskurs habe, von woher er komme und wie er sich verbreiten könne (ebd., 31; zum Thema Autor bei Foucault vgl. Japp 1988).

Die Frage nach dem Autor ist seit den 70er Jahren teils im Anschluss an Foucault, teils von anderen heuristischen Parametern her in den Problemkanon der Literaturwissenschaften eingerückt (siehe z.B. den Aufsatzband von Ingold/Wunderlich 1992). Texte sind heute unabhängig von einer absoluten Schöpferinstanz und im Konfliktraum gesellschaftlicher Prozesse wahrnehmbar. Analog hierzu kam eine Frage auf, die Foucault nicht stellt, obgleich ihm eine gewisse Nähe zu feministischen Interessen nachgesagt wird (vgl. Henriques 1982; Weedon 1987, 107-135; McNay 1992). Es ist die Frage nach der »schwierigen Autorschaft der Frauen« (Hahn 1991). Die Rede vom dezentrierten (Lacan), prozesshaften (Kristeva), disseminierten (Derrida) oder diskursbedingten (Foucault) Subjekt läuft auf eine Enteignung der schreibenden Person hinaus. Der Autor besitzt nicht, was er schreibt. Die feministische Literatur- und Kulturkritik setzte dem eine gezielte Kontrafaktur entgegen. Das Subjekt ›verschwindet‹ hier nicht, im Gegenteil, es kommt in weiblicher Gestalt gerade erst herauf. Auf die Abdankung des Autors antwortet wie im Gegenzug die Inthronisation der Autorin.

So paradox sie anmutet, die Gegenbewegung ist historisch aufklärbar. Sie geht auf Differenzen in der Emanzipationsgeschichte von Frauen und Männern seit dem 18. und 19. Jahrhundert zurück. Gleichzeitig enthält sie ein intentionales Moment, das sich unter einem gemeinsamen philosophiegeschichtlichen Aspekt betrachten lässt. Die Repräsentationstheorie der Sprache wird in beiden Fällen zurückgewiesen, wenn sich auch unterschiedliche Motive zeigen. Während das verschwindende Universalsubjekt die unterdrückte poetische Eigendynamik des Textes freigeben soll, stellt das erscheinende Subjekt ›Frau‹ das Verdrängte eines androzentrischen Dichterkonzepts dar. In einer begriffsgeschichtlichen Studie zu »Gender and Genius« wird der zweite Punkt so profiliert: »A man with genius was *like a woman* ... but was not *a woman*« (Battersby 1989, 8). Der Anspruch von Frauen auf Name und Künstlerschaft hat sich im westlichen Kulturkreis, wenn auch unter Schwierigkeiten, zu Gehör bringen und in die Literatur- und Geschichtsforschung einschreiben können (vgl. die Studien von Nenon 1988 und Kord 1996; das Kapitel über den Feminismus bei Lindhoff 1995, 1-60).

7.3 Die Erweiterung des Autobiographie-Begriffs

Der Negativitätsschock des Ich

Die Autobiographie ist eine traditionsreiche Gattung (vgl. einführend Wagner-Egelhaaf 2000). Die Frage nach dem Subjekt *des* Textes ist hier eng mit der Frage nach dem Subjekt *im* Text verschränkt. Wenn ›Autor‹ und ›Autorin‹ eine Funktion des Textes, nicht seine autonomen Urheber sind, welchen Status hat dann das ›Autos‹ (=Selbst), das die Autobiographie darzustellen beansprucht?

Die Erfahrung von Krieg, Gewalt und Verfolgung hätte es anders erwarten lassen. Und doch ist bis in die zweite Hälfte des 20. Jahrhunderts im literaturwissenschaftlichen Diskurs über die Autobiographie ein Ansatz vorherrschend geblieben, der als »Teloskonzeption« (Gropp 1990) umschreibbar ist. Vorstellungen, die das Ich von Grund auf negativieren, haben darin keinen anerkannten Platz. Allenfalls die Entäußerung des Ich in verschiedene Rollen ist denkbar.

Die Werkanalysen sind in der Regel auf eine Subjektivität gerichtet, die sich im Vertrauen auf die Repräsentationsfunktion der Sprache als individuelles Selbst hervorbringen soll. Als Paradigma dient Goethes Lebensbeschreibung *Dichtung und Wahrheit* (1811-1822). Der im Titel eingestandene Aspekt des Fiktionalen wird dem Teloskonzept integriert. Er gilt als Ausdruck eines um seine Entwicklung ringenden Ich, das letztlich auf eine durch den Namen des Schreibenden gesicherte Referenz in der Außenwelt des Werks zurückgeführt werden kann.

In den letzten Jahrzehnten ist dieser Ansatz der Korrektur unterzogen worden. Leitworte wie ›Schrift‹, ›Unbewusstes‹, ›Anderer‹ fügten die bisher ausgeklammerte Negativitätsdimension hinzu. Ingeborg Bachmann bereitete den Umbruch mit vor, als sie in ihrer Frankfurter Vorlesung zur Poetik über »Das schreibende Ich« (1959/60) vom »Ich ohne Gewähr« sprach. Das Ich erschien ihr als eine Chiffre für etwas, »das zu dechiffrieren mehr Mühe macht als die geheimste Order« (Bd. 4, 218). Die poststrukturale Kritik am selbstzentrierten Subjekt verstärkte die Skepsis gegenüber einem ›naiven‹ Konzept der Selbstdarstellung. Fortan war die Existenz eines Ich denkbar, das sich im Rahmen des autobiographischen Schreibens zum Problem wird, statt sich darin kreisschlüssig wiederzufinden. Ein Interpret von Derridas Theorie spricht exemplarisch von der verunsichernden Wirkung der Spur des Anderen in der Ichbeschreibung: »I can autobiographise only to the extent that I am confused with the other who ist already drawn into the autobiographical apparatus of the reapplying writing scene« (Smith 1995, 138).

Das Ich der veränderten Autobiographie-Konzeption erleidet einen Negativitätsschock, der buchstäblich ›an die Substanz geht‹. Es erfährt sich als abhängig vom Vermittlungsprozess der sprachlichen Zeichen, von medialen Techniken überhaupt, es entdeckt die verfremdende Macht der geschlechtlichen Differenz, und es stößt auf das Rätsel eines das Ich zerspaltenden Anderen. Der klassisch-bürgerliche Autobiographie-Begriff mit seiner dem Bildungsideal verpflichteten Zielkonzeption und seiner identitätslogischen Fixierung erwies sich für diese Erfahrung als zu eng. Es war, pointiert gesagt, der Schritt von der Ichphilosophie Johann Gottlieb Fichtes zur Anthropologie, Diskurstheorie und Psychoanalyse des 20. Jahrhunderts zu tun. In der *Grundlage der gesamten Wissenschaftslehre* (1794) trug Fichte den Gedanken vor, wonach das tätige Ich sich selbst von vornherein als eingeschränkt setzt. Es setzt das, was außer ihm ist, das Nicht-Ich, jedes Mal mit. In den modernen Theorien verläuft die Operation genau umgekehrt. Das Ich wird gesetzt durch das, was außer ihm ist. Das Andere bringt das Ich hervor, nicht dieses jenes. Dank der Aufwertung des Anderen konnte die starre Grenze zwischen der subjektiven Innerlichkeit des Ich und seinem sozialen ›Außen‹ gelockert werden. Das Konzept ›Intersubjektivität‹ trat in Kraft.

Im literaturwissenschaftlichen Diskurs über die Autobiographie zeichnen sich seither zwei Modalitäten des Begriffsgebrauchs ab. Auf der einen Seite lebt die Autobiographie als eine historische Gattung fort, sei es denn mit den oben skizzierten Relativierungen und Perspektivierungen. Auf der anderen Seite wird das Autobiographische als Ausdruck einer immer nur annähernd erfüllten gattungspoetologischen Intention gefasst. Dem korrespondieren adjektivische Wendungen wie ›autobiographisches Schreiben‹, ›autobiographisches Erzählen‹, ›autobiographischer Text‹. Ein Buchtitel pointiert die Lage als »Autobiographisches Schreiben nach dem Ende der Autobiographie« (Finck 1999; vgl. 1995).

Positionen der Autobiographie-Diskussion seit 1980

Derrida assoziiert das autobiographische Genre ausdrücklich mit den Begriffen ›Tod‹ und ›Anderer‹. Sein Essay »L'oreille de l'autre« von 1982 ist dem autobiographischen Schreiben Nietzsches gewidmet. 1985 kam der Aufsatz auf englisch unter dem Titel *Otobiographies* heraus. Derrida spricht darin vom »Ohr des Anderen« als einer Metapher für den raumgebenden Zug des Schreibens. Das »Ohr« bezeichnet den Umweg, der verhindert, dass die Schrift zu einem selbstzentrierten Ich zurückkehrt. Ein Ohr hält nichts fest. Jedes Mal taucht eine neue Stelle im Text auf, die den Schriftzug empfängt und weiterleitet, seiner Transformation übergibt, ›anders‹ werden lässt. Das Prädikat ›anders‹ meint keine die Botschaft umkehrende Rücksendung wie in Lacans Modell des unbewussten Anderen, ebenso wenig ist eine letzte Unkennbarkeit des Textes gemeint. Derrida betont die Aktivität der Interpretation, die eine Spur zurücklasse (Otobiographies, 52). Selber interpretiert er häufig Werke von Maurice Blanchot. In einer bisher nicht auf deutsch vorliegenden Studie mit dem Untertitel »Fiction et Témoignage« (1996) betrifft das Blanchots autobiographischen Text »L'Instant de ma mort«. Derrida untersucht das Paradox des vorwegerlebten Todes und die in »ma mort« anklingende Figur eines ›unmöglichen Eigenen‹ (vgl. Demeure, insb. 32-73).

In besonderer Weise hat die Theoretikerin Eva Meyer (geb. 1950) den Autobiographie-Begriff erweitert. Das dokumentiert ihre Essaysammlung *Die Autobiographie der Schrift* (1989), und genauer der Eröffnungsessay »Autopoesie« (ebd., 7-40). Der Begriff des Lebens wird in das veränderte Bild der Autobiographie integriert. Das Wort *bios* soll weder der vitalistischen Lebensphilosophie des 19. und frühen 20. Jahrhunderts überlassen bleiben, noch aus der Reihe *autos, bios, graphie* gestrichen werden. Meyer betont die raumerzeugende Wirkung der Wiederholung, die sie konträr zu Freud als Prinzip des Lebens denkt, ohne dieses dem Tod entgegenzusetzen. Das Leben stellt eine umfassende Operation dar, insofern es den Tod als Negation seiner selbst in sich einschließt. Derridas »Testament«-Motiv der Schrift erhält gleichfalls eine andere Note. Statt dass die Schrift nur unter dem Bann des Todes stehen soll, mache ihre Wiederholungsstruktur sie gerade »über den Tod hinaus lesbar« (Meyer 1989, 11).

Die raumschaffende Produktivität der Schrift wird technisch und nicht biologisch begründet, wobei ›technisch‹ den Sinn von ›Verfahren‹ hat. Das Verfahren des Schreibens erschafft nach Ansicht der Autorin einen »*Raum* des Gelebten, der den Beschreiber als die Technik seiner Beschreibung ergreift und in dem Maß ein neues Leben gewinnt, wie *diese Technik* die Autobiographie der Schrift in Gang setzt« (ebd., 9f.). Die gewohnte Perspektive ist umgedreht. Die Schrift transportiert kein *autos*, das ihr vorgeordnet wäre, das *autos* ist das der Schrift ›selbst‹. Es ist ihre den Raum ausdehnende Bewegung, ohne die kein Ich sich mitzuteilen vermöchte. Das Ich bleibt so immer auf seinen Geburtsort als »*das selbst lebendige Schreiben der Schrift*« (ebd., 18) verwiesen. Die im Buchtitel angekündigte theoretische Position wird konsequent zu Ende gedacht. Es ist nicht ein personales Subjekt, das im Text sein Leben verschriftet, es ist die Schrift, die hier ihr Leben bezeugt.

In dem Essay »Die Autobiographie des Weiblichen« (ebd., 83-95) nimmt die Autorin den »Namen« des Weiblichen auf, um ihn aus der Fixierung als das Verdrängte zu lösen. Sobald es auf der Ebene des Anderen selbst erscheint, soll es dem Weiblichen möglich sein, Unterscheidungen ohne Oppositionswert zu treffen. Für die praktische Realisierung beruft sich Eva Meyer auf die Strategien von perspektivischer Brechung und zeit-räumlicher Distanzierung, die sie durch den paradoxen Doppelsinn der Personalpronomina gestützt sieht. »Diejenige, die ›ich‹ war und diejenige, die ›ich‹ bin; das ist nicht mehr umstandslos in ein und derselben Geste der Aneignung zu vermitteln, wenn es sich nur in Beziehung zum Anderen herstellt, vervielfacht, bestätigt, beschränkt, entgrenzt und nicht durch Abstraktion auf abgeleitete Eigenschaften« (ebd., 88). Die These, dass Namen und Personalpronomen eine Identitätsposition eher verwirren denn stiften, ist heute fast schon zum Ausweis für eine poststrukturale Lesart geworden.

›Schreibende Frauen‹ sind in der neueren Autobiographie-Diskussion stark vertreten, in der es auch längst nicht nur um sprachlogische Probleme geht. Mit der Orientierung an dem »Leben Schreiben« (Christa Bürger) von Frauen seit dem 18. Jahrhundert hat sich ein vielgestaltiges Feld aufgetan. Wie kaum ein anderer Zweig der Literaturwissenschaft ist die Autobiographik, die Rousseau-Forschung einbegriffen, zu einem Gebiet geschlechtshistorischer Erkundungen geworden (vgl. die Aufsätze von Goodman 1979; Wedel 1988; die Bücher von Bürger 1990, Garbe 1992, Anderson 1994, Holdenried 1995, Tebben 1997).

Damit wird die Frage aktuell, wie sich die Suche nach einem gattungsmethodologischen Neuansatz zum notwendigen Rekurs auf subjekt- und geschlechtsphilosophische Deutungsmuster verhält. Die Fokussierung des Forschungsinteresses auf die textliche Selbstdarstellung von Frauen hat zwei Seiten. Auf der einen Seite regt sie dazu an, über die – auch feministische – Paranoia hinauszugelangen, jedes, aber auch wirklich jedes Bild der Frau als eine Männerphantasie zu verdächtigen. Auf der anderen Seite kann es geschehen, dass der wissenschaftlich beschreibende Diskurs die Vorstellung eines Selbst aufrechterhält oder wieder einführt, die sich auf ein vorkritisches Modell von Sprache und ein identitätslogisches Bild des Subjekts stützt. Das einzig Neue wäre dann, dass es diesmal ein weibliches Ich ist, das sich um sich selbst dreht und dem Schock der Negativität entzogen bleibt. (Eine kritisch-polemische Reflexion auf das Problem legten Jutta Kolkenbrock-Netz und Marianne Schuller in ihrem Essay über »Frau im Spiegel« von 1982 vor; vgl. in diesem Kontext auch Schullers auf Differenzierung abzielende Arbeit über das Schreiben Else Lasker-Schülers, 1993).

Poststrukturalismus hin oder her: An der Differenz von Schreib- und Lebenswelt wird generell festgehalten, nicht, um sie zu fixieren, sondern um sie unter vielfältigen Aspekten zu problematisieren. Die autobiographische Kommunikation um 1800 z.B. wird unter medialem (Nübel 1994) oder literaturpsychologischem Aspekt (Gärtner 1998, 86-108) untersucht. In den 80er Jahren war es speziell der Aspekt der modernen Informationstechnologie, der in allerdings noch recht schematischer Darstellung verarbeitet wurde (vgl. z.B. Schneider 1986). Als weithin akzeptiert darf die These gelten, wonach sich bei den Autorinnen und Autoren der Gegenwartsliteratur allen Totsagungen zuwider ein Ich im Text behauptet, nur dass es eben kein homogenes Ich, sondern ein im vorhinein relativiertes Wesen ist. »Durchstreichung, Tilgung, Lücke, verwischte Spur: Sie erinnern in literarischen wie im bildkünstlerischen Werk an den oder die jeweils Abwesende, obwohl oder weil sie gegen die eindimensionalen Informations- und Entzifferungswünsche des Betrachters opponieren« (Schmitz-Emans 1993, 157).

7.4   »Autobiographie als Maskenspiel« (Paul de Man)

Autobiographie und Referentialität

Paul de Man hat die Autobiographie-Diskussion um einen rhetoriktheoretischen Ansatz erweitert. Der Titel seines Essays »Autobiographie als Maskenspiel« (dt. 1993; am.1979) klingt zunächst etwas frivol. Er assoziiert eine venezianische Ballnacht, vielleicht auch den Topos von der Beliebigkeit postmoderner Identitäten. Statt eines Gesichts, das ein Mensch verlieren kann, gäbe es hier von vornherein nur Masken. De Man spricht allerdings von »face«, »Gesicht«, obzwar das Wort »Maske« auch nicht fehlt. Im Original lautet der Titel: »Autobiography as De-facement«. Im Verbalsubstantiv »facement« ist das Wort ›Gesicht‹ enthalten, das im Deutschen aber schwer in eine Tätigkeitsform zu bringen ist. Auf dem Spiel steht die Dialektik von ›ein Gesicht geben‹ und ›es zum Verschwinden bringen‹.

Foucault hatte überlegt, dass der Mensch verschwinden könne wie »ein Gesicht im Sand«. Doch auch das ist wieder nicht gemeint. Statt auf eine Archäologie der Kultur stützt sich de Man auf die Rhetorik: Tropen und Figuren. Zentral ist die Prosopopöie, die personifizierende Darstellung, mit deren Hilfe einem Ding im Text eine Stimme oder ein Gesicht gegeben und der Wahrnehmung zugänglich gemacht wird. Diese Technik funktioniert auch in de Mans theoretischem Diskurs. Indem er die Bedeutung der Rhetorik für die Autobiographie nachweist, hat er sich und ihr eine Stimme in der fachwissenschaftlichen Diskussion gegeben.

Zu Beginn seines Essays belichtet de Man die Schwierigkeit, die Autobiographie theoretisch einzuordnen. Wird sie als Gattung bestimmt, erhält sie einen Platz in der kanonischen Rangordnung der Literatur, nicht ohne Probleme jedoch, da sie im Vergleich etwa zu Tragödie oder lyrischer Dichtung ein wenig zweitklassig wirkt. Passender scheint es, den Unterschied zur Fiktion zu betonen, weist die Autobiographie doch eine relativ einfache Form der Referentialität auf. Selbst wenn sie Träume erzählt, ist die Identität des erzählenden Subjekts aufgrund der Lesbarkeit seines Eigennamens gesichert.

De Man erwähnt das Kriterium der »Referentialität« eigentlich nur, weil er es verabschieden will. Wie Eva Meyer hebt er die Medialität des Schreibens hervor, von der die Autobiographie abhängt. Doch bleibt er da nicht stehen. Mehr als das raumschaffende Verfahren der Schrift interessieren ihn die Redefiguren eines Werks. Das Rhetorische ist sozusagen de Mans Markenzeichen im Feld des Poststrukturalismus. Er überlegt, ob das Referenzobjekt ›Leben‹ nicht eher von der Redefigur bestimmt werde als umgekehrt. Konkret lautet die Frage so: »Ergibt sich die Illusion der Referenz nicht als Korrelation der Struktur der Figur, so dass das ›Referenzobjekt‹ überhaupt kein klares und einfaches Bezugsobjekt mehr ist, sondern in die Nähe einer Fiktion rückt, die damit ihrerseits ein gewisses Maß an referenzieller Produktivität erlangt?« (Maskenspiel, 133).

Relativierende Worte wie »gewisses Maß« deuten an, dass es dem Autor nicht um eine bloße Verkehrung der Zuständigkeiten geht. Die Autobiographie soll nicht das Leben gebären. De Man will auf eine logische Spannung zwischen »Redefigur« und »Referenzobjekt« hinaus, die er im Bild der »Drehtür« veranschaulicht. Es stammt von Gérard Genette, der es auf das Werk Prousts und dessen doppelte Lesbarkeit zwischen Fiktion und Autobiographie angewandt hat. In einer Drehtür zu stecken ist wissenschaftlich wenig ergiebig, urteilt de Man. Wenn jeder Text autobiographisch sein kann, ist letzthin kein Text mehr autobiographisch. Sinnvoller scheint es, die epistemologische Konsequenz aus der Drehtür-Metapher zu ziehen. Die einem Text zugrunde liegende tropologische Struktur lässt keine andere Erkenntnis zu als die, dass sie als solche unausweichlich ist. Jede Art der Erkenntnis, also auch Selbsterkenntnis, ist tropologisch fundiert. Was folgt daraus für die Autobiographie? Sie liefert keine verlässliche Selbsterkenntnis. Ihre Bedeutung liegt gerade darin, »daß sie auf schlagende Weise die Unmöglichkeit der Abgeschlossenheit und der Totalisierung aller aus tropologischen Substitutionen bestehenden textuellen Systeme demonstriert (und das heißt, daß es solche Systeme nicht geben kann)« (ebd., 134f.).

De Man spricht der Autobiographie einen Demonstrationswert zu, der sie fast schon zu einer didaktischen Gattung macht. Die Textart, von der gewöhnlich Erkenntnisse über ein Ich erwartet werden, weigert sich nicht nur, das Erwartete zu liefern, sie zeigt sogar an, dass und warum sie es nicht liefern kann. Wo sich ein Ich qua Selbst im Text zu manifestieren hätte, treten ewig nur neue Drehungen der Tür respektive der Tropen hervor. Das Subjekt des Lesens oder Schreibens wird auf »schlagende Weise« aus der Illusion des erreichbaren Abschlusses vertrieben. Falls sich die Literaturkritik diesem Dilemma nicht stellt, ist sie laut de Man dazu verdammt, das Wesen der Texte zu verkennen. »Die Struktur wechselseitiger Spiegelungen ist nur verdrängt, aber nicht überwunden worden; und in dem Moment, wo wir behaupten, den Tropen entkommen zu sein, befinden wir uns erneut in einem System von Tropen« (ebd., 136).

Die Notwendigkeit der Figuration

De Man stellt einen Text des englischen Lyrikers William Wordsworth (1770-1850) vor, um ein Beispiel für die Prosopopöie zu geben. Wenn, wie er darlegt, in Wordsworths Versen die Sonne »blickt« und ein Stein »spricht«, werden eine Stimme und ein Gesicht eingeführt, die durch andere ersetzbar sind. In dem Maße wie sie ersetzbar sind, kann sich der Text in der Dialektik von ›facement‹ und ›de-facement‹ entfalten. Gleichzeitig deuten die figurierenden Elemente auf eine unausweichliche Notwendigkeit hin. Der Text *muss* mit sprachlichen Ersetzungen arbeiten, da ohne sie das Unbekannte nicht verstanden oder erinnert werden kann. Mit anderen denn fiktionalen Stimmen vermag ein Text nicht zu reden. Dieser Zwang zur Maskierung, schließt der Autor, wird auf Seiten des Subjekts als Verlust erfahren. »Die Sprache ist als Trope immer privativ« (ebd., 145).

De Man assoziiert ›Sprachzeichen‹ und ›Tod‹ auf die Endlichkeitserfahrung des Subjekts hin. Weil die Autobiographie die Unumgänglichkeit der Trope demonstriert, verletzt sie die Hoffnung auf ein unmittelbares oder ewiges Sein des Selbst. Im selben Zug führt die Autobiographie das Mittel vor, mit dem der Verletzung begegnet werden kann, ja, muss. Es ist abermals die Trope, und also Rhetorik, Figuration. De Man: »Sobald wir die rhetorische Funktion der Prosopopöie als eine setzende begreifen, die mittels der Sprache Stimme oder Gesicht verleiht, begreifen wir auch, daß wir nicht des Lebens beraubt sind, sondern der Gestalt und der Empfindung einer Welt, die nur in der privativen Weise des Verstehens zugänglich ist« (ebd., 145). Das Subjekt »verschwindet« hier also nicht, aber ein fröhliches Wesen ist es nicht, das in der Drehtür der Tropen steckt. Literatur ist für de Man »nicht der Ort einer gelingenden Versöhnung, sondern einer unheilbaren ›tragischen‹ Entzweiung des Subjekts« (so Menke 1992, 287).

Die Autobiographie, einst das Mauerblümchen der Literaturtheorie, ist bei de Man in den Rang einer exemplarischen Gattung aufgestiegen. Der Aufstieg ist nicht unproblematisch, insofern er sich einer zwiespältigen Umwertung verdankt. Einerseits wertet de Man das Autobiographische ab, da es den Anspruch auf die Einschreibung eines selbstgewissen Ich nicht einlösen kann. Hinter jeder Figur gibt es nur weitere Figurationen. Andererseits wertet er das Genre auf, wobei er sich vertrackterweise aber desselben Arguments bedient und der Gattung etwas verdeckt Unrühmliches gibt. Das »Maskenspiel« des autobiographischen Ich ist offenbar nicht sonderlich raffiniert, eher schon standardisiert und leicht durchschaubar, jedenfalls für Lehrzwecke geeignet. Hierdurch bekommt das Scheitern des Ich-Anspruchs eine ästhetische Zwangsläufigkeit, die den anderen Literaturgattungen und ihren Figurationen des Subjekts zu fehlen scheint. Für die Forschung folgt daraus, dass erstens die Frage der Gattungspoetik und zweitens das Problem der literarischen Wertung samt ihren sozial- und normgeschichtlichen Bezügen im Hinblick auf die Autobiographik neu zu durchdenken wären.

III. Methodologischer Teil: Kritik der Interpretation – Konzepte der Lektüre

1. Poststrukturalismus und hermeneutische Methodik

1.1 Interpretation, Verstehen, Lesen

›Interpretation‹ ist kein Schlüsselwort der poststrukturalen Literaturbetrachtung. Das heißt nicht, dass in diesem Umfeld nicht interpretiert würde oder dass das Wort als solches fehlen würde. Zumal die psychoanalytischen und diskurskritischen Richtungen wären ohne Deutungspraxis undenkbar. Die Frage des »Gender and Reading« ist ebenfalls ganz unmittelbar betroffen. Wann würde in kommunikativen Kontexten je nicht interpretiert? Wann wären Interpretationen je geschlechtsneutral? Unreflektiert eingesetzt können sie hegemoniale Ansprüche des Kanons, des Sexus, des Werts transportieren (vgl. Culler 1982, Flynn/Schweickart 1986, Keitel 1992; eine Literaturanalyse bei Felman 1992).

Strikt methodologisch gesehen hat die Interpretation im Poststrukturalismus jedoch einen anderen Status als in der Hermeneutik. Sie ist Gegenstand der systematischen Kritik und wird auf einen nachgeordneten Platz verwiesen. Weil die Interpretation auf die Rekonstruktion der Sinnintentionen des Autors zielt, droht sie die Einsicht in die Abhängigkeit des Sinns vom Prozess der Sprache zu verdrängen. So das kritische Argument, das die Summe aus den nachstrukturalen Theorien des Textes zieht. Da Sinn und Bedeutung als nachträglicher Effekt von Signifikanten, Schriftzeichen oder semischen Spuren gelten, kann die Interpretation nie vor der Herausarbeitung des grundlegenden Prozessrasters und immer nur in Relation darauf erfolgen. Wenn die semantische Botschaft ein Sekundäreffekt des Textes ist, ist die Interpretation es um so mehr.

Das Argument hat teils den Charakter einer zweckdienlichen Fiktion. Ein Blick in die neuere Fachliteratur lehrt, dass Texthermeneutik und Interpretation nicht zwangsläufig ein einfaches Sinnkonzept voraussetzen oder als unproblematisch dargestellt würden (vgl. z.B. Nassen 1979, Geier 1983, Frank 1989, Jung 1990, Gabriel 1991, Japp 1992, Schutte 1997, Brenner 1998, Titscher 1998). Ferner ist fraglich, ob die Literaturwissenschaft je auf ein überprüfbares Konzept von Interpretation verzichten kann, wenn ein Text denn nicht in beliebig viele Teilserien zerfallen soll. Die von Barthes vor-

gelegte Lektüre *S/Z* kann durchaus auch ein warnendes Beispiel
sein. Ergiebiger sind möglicherweise Lektüren, denen ein interpretativer Leitpunkt zugrunde liegt oder in denen verschiedene Lektüreansätze gegeneinander abwogen werden (siehe als Beispiel Lehmann
1979, Kohn-Waechter 1992, Schuller 1997, v. Bormann 1999).
Keine Frage dagegen ist, dass die philologische Hermeneutik in das
Stadium einer kritischen Selbstreflexion eingetreten ist, die als solche in den 70er Jahren begann (z.b. Göttner 1973, Kamlah 1973),
und in deren Verlauf neue methodische Synthesen wie eine »Semiotik des literarischen Verstehens« (Spinner 1977) erprobt wurden.

Was hätte die Alternative zur Interpretation zu sein? Das Lesen,
korrekter, die Lektüre, womit das Schlüsselwort der poststrukturalen
Methoden genannt wäre. Letzthin trifft die Kritik der Poststrukturalisten gar nicht so sehr das Interpretieren, das sie als solches nicht
ausschließen wollen. Derrida spricht wiederholt von der Notwendigkeit einer »aktiven Interpretation«. Der eigentliche Gegner sind die
hermeneutischen Thesen vom Text als verschrifteter Form der Rede,
vom Verstehen als Fundament der Interpretation, vom Vorrang des
Subjekts vor dem Text.

Einige Zitate. In *Wahrheit und Methode* (1960) betont Hans-Georg Gadamer die existentielle Rolle des Verstehens. Heidegger habe
gezeigt, »dass Verstehen nicht eine unter den Verhaltensweisen des
Subjekts, sondern die Seinsweise des Daseins selber ist« (Vorwort).
In seinem späteren Vortrag in Paris über »Text und Interpretation«
(1984) hebt Gadamer die dienende Rolle des Interpreten gegenüber
dem Text hervor. Im Rückverweis auf Heideggers Wort, dass Interpretation die ursprüngliche Struktur des ›In-der-Welt-Seins‹ sei,
stellt er aber zugleich fest, »daß erst vom Begriff der Interpretation
aus der Begriff des Textes sich als ein Zentralbegriff in der Struktur
der Sprachlichkeit konstituiert« (in: Forget 1984, 34). Derrida ver-
dächtigt das Verstehen dagegen als eine abschlussartige Bewegung
gegenüber dem Text. Er legt Gadamer die Frage vor, ob es nicht sogar den Bruch des Bezuges, eine Aufhebung aller Vermittlung be-
dinge (ebd., 58). Seine eigene Textarbeit begründet er einmal so:
»Aber die Dekonstruktion ist keine Hermeneutik, weil der Sinn als
letzte Schicht des Textes immer geteilt oder vielfältig ist und sich
nicht zusammenfügen läßt« (in: Rötzer 1986, 71).

Für das ›poststrukturale Subjekt‹ ist ein Text ein originär schrift-
liches Erzeugnis, dem ein kongeniales Lesen entspricht. Es ist kein
Lesen im Sinn von Rezeptionsästhetik, keine sozialgeschichtliche Le-
seforschung und keine Einfühlung in die Redeabsicht des Autors.
Angestrebt wird ein durch das lateinische Tätigkeitswort ›legere‹ an-
geregter Modus der Textaneignung. Das Wörterbuch definiert es als

sammeln (Blumen), wählen (Ort oder Zeit), ausheben (Soldaten), lesen (Briefe, ein Buch), wandern (einer Spur folgen). Auf diese Semantik baut die Methodik der Lektüre auf. Lesen ist eine das konkrete Wortfeld ›durchwandernde‹ und die verstreuten Zeichen sammelnde Arbeit am Text, in zugespitzter Sehweise sogar Hervorbringung des Textes. ›Sammeln‹ wiederum meint nicht ›Wiedereinsammeln‹. Die Teilstücke sind das Primäre und kein ruinöser Rest. Es gibt nicht wie im romantischen Modell der Sinngenese zuerst ein Ganzes, das infolge eines katastrophischen Einbruchs zerbrochen wäre und im Akt der Interpretation wieder zusammengesetzt werden müsste.

Kritik der Interpretation heißt nicht Ende der Interpretation, wohl aber ein geschärftes Bewusstsein für ihre erkenntnislogischen Probleme. Friedrich Nietzsche zeichnete die Richtung vor, als er im fünften Buch der *Fröhlichen Wissenschaft* (1887) davon sprach, dass die Welt »unendliche Interpretationen in sich schließt«. Barthes formuliert es Ende der 1960er Jahre im Rückbezug auf Nietzsche so: »Einen Text interpretieren heißt nicht, ihm einen (mehr oder weniger begründeten, mehr oder weniger freien) Sinn geben, heißt vielmehr abschätzen, aus welchem Pluralen er gebildet ist« (S/Z, 9). Wer Textzeichen unter einem ausgewählten Gesichtspunkt »abschätzt«, ist über ein bloß formalistisches Vorgehen schon hinaus. Das Problem der Interpretation kehrt gleichsam durch die Hintertür wieder. Denn selbst der radikale Sinnzweifel ist einem kommunikativen Rahmen verpflichtet und hat einen Standpunkt zu verteidigen. Barthes nennt es das »Plurale des Textes«, das vor dem Zugriff der Sinndeutung bewahrt werden soll.

1.2   »Stil-Verstehen« als Lösung?

Manfred Frank sucht das Problem dadurch zu lösen, dass er die Interpretations- und Verstehensfrage der Hermeneutik ins Licht der modernen Sprachproblematik rückt. Sein Aufsatz »Was ist ein literarischer Text, und was heißt es, ihn zu verstehen?« (1989; vgl. Frank 1979) wägt den Unterschied zwischen hermeneutischer und poststruktural er Methodik ab. Am Anfang steht das Begriffsproblem. Wann nennen wir einen Text literarisch? Die Vertreter der Rezeptionsästhetik haben das Urteil in das aufnehmende Subjekt verlegt. Diese Linie ist schon bei Schleiermacher gegeben, und fortgesetzt wird sie in der existentialen Hermeneutik Sartres, auf dessen repräsentationsphilosophisches Zeichenverständnis Frank allerdings nicht eingeht. Um so gründlicher prüft er den Einwand Derridas in *La dissémination* (frz. 1972), wonach die Hermeneutik die ästhetischen Qualitäten des Werks auf die der Bedeutung reduziere. Frank rekonstruiert Derridas Analyse des literarischen Signifikanten ›Or‹ bei Mallarmé und befindet, dass sie die Inhaltsbezogenheit der herkömmlichen Textdeutung in der Tat überschreite. Klar werde, »dass der Ausdruck nicht nur Instrument für die Wiederaneignung des (entäußerten) Sinns durch die Auslegung, sondern dass er Bedingung der Möglichkeit für diesen Sinn ist« (Frank 1989, 147).

Nach einer kritischen Würdigung der strukturalen Analyse von Roland Barthes stellt Frank sein eigenes, als »Stil-Verstehen« getauftes Lektüremodell vor. Seinem Urteil zufolge ist die Schriftlichkeit konstitutiv für die Sache des Textes, an sich aber kein ausreichendes Kriterium. Der literarische Text sei als ein Text-als-Werk zu verstehen und könne anhand der Merkmale Strukturiertheit, Gattungszugehörigkeit und Stil eingegrenzt werden. Der Stil sei die individuelle Komposition, »das unzurückführbare Nicht-Konventionelle des Textes« (ebd., 177). Der Stil stelle die eigentliche Herausforderung an die Interpretation dar, während umgekehrt die Interpretation durch den Stil irreduzibel hypothetisch werde. Der Verfasser schlägt vor, Stil »differentiell« zu verstehen, wobei der Grad seiner jeweiligen Abweichung von vorgegebenen Strukturen erkennbar werden soll. Offenbar möchte Frank das poststrukturale Differentialitäts-Theorem in die Hermeneutik integrieren, ohne deren methodisches Zirkelkonzept von Teil und Ganzem aufzugeben.

Mit seiner Begriffswahl stellt sich Frank quer zu der Tendenz der französischen Texttheorie, speziell der Tel-Quel-Bewegung, die den Komplex von Stil, Autor und Werk durch den Begriff einer konkreten ›écriture‹ ersetzen will (vgl. die Begriffsskizze bei Brütting 1976, insb. 45-55). Ein Vorläufer dieser Tendenz ist das Buch *Le degré zéro de l'écriture* (1953; dt. Der Nullpunkt der Literatur, 1959/1982) von Roland Barthes. Die Schreibweise (=écriture) wird darin als das individuelle Moment der literarischen Sprache bestimmt, das sich ab Mitte des 19. Jahrhunderts durchgesetzt habe. Den Stil stuft Barthes dagegen unter Berufung auf die Erfahrung des Schriftstellers als ein überzeitlich Gegebenes ein.

2. Typologie der Lektüre

Die Kritik am Strukturalismus führte zu neuen Textkonzepten, denen ebenso viele Arbeits- und Lesemethoden entsprechen. Sie bilden insofern eine einheitliche Klasse, als sie sämtlich sinnkritisch, textpoetisch oder diskurszentriert und detailbewusst sind und sich unter dem Begriff ›Lektüre‹ versammeln lassen. In der französischen Texttheorie der 60er Jahre machte speziell der Doppelbegriff ›écriture-lecture‹ Furore. Er evoziert eine Dialektik von Schreiben und Lesen, welche die Textarbeit davor bewahren soll, unkonkret und spekulativ zu werden. Julia Kristeva hat das Doppel in ihrem »Paragramm«-Aufsatz von 1972 theoretisch unterbaut (ebd., insb. 170-174). Peter Zima schlug 1977 eine kategoriale Erweiterung vor. Ihm zufolge stellen die Begriffe ›Produktions‹- und ›Rezeptionsästhetik‹ keine Alternative dar, da sie ein Teil des semiotischen Prozesses seien, in dem ›écriture‹ und ›lecture‹ einander bedingen (Zima, Rezeption, insb. 279).

Eine weitere Gemeinsamkeit der nachstrukturalen Methoden ist die Tendenz, Texte ›symptomal‹ (s. Kap. II.3) oder ›allegorisch‹ (s. Kap. II.5.6) zu lesen. Darüber hinaus jedoch tragen sie, der jeweils gründenden Theorie gemäß, abweichende Akzente. Es passt durchaus nicht alles unter einen Hut, was unter psychologischen, semiologischen, diskursanalytischen oder schrifttheoretischen Vorzeichen als ›Lektüre‹ bezeichnet wird. Die folgende Typologie soll das Feld näher differenzieren.

2.1 Textuelle Lektüre (Barthes, Derrida)

Das Schreibbare und das Lesbare (Barthes)

»Unsere Wertungsweise kann nur von einer Praxis ausgehen, von der Praxis des Schreibens«. So formuliert Roland Barthes in seinem vielbeachteten Buch *S/Z* (dt. 1987; frz. 1970), in dem das Konzept Lektüre dargelegt und gleichzeitig praktisch angewandt wird (Zitat ebd., 8). Die Studie führt in die Regeln der Lektüre ein, deren theoretische Fundierung Barthes allerdings aus anderen Arbeiten entlehnt. Die Unterscheidung von Polysemie und Dissemination zum Beispiel erinnert an Schlüsselbegriffe Derridas.

Die Lektüre soll systematische Markierungen anbringen, ohne auf ein textunabhängiges Ich zu rekurrieren. Das Warum ist leicht zu erraten. Das »Ich« würde dem Primat des Verstehens in die Hände arbeiten. An seine Stelle setzt Barthes die »Praxis des Schreibens«, wie schon der Buchtitel *S/Z* verrät. Der Buchstabe *S* verweist auf den Namen »Sarrasine«, mit dem eine Erzählung aus der »Comédie humaine« tituliert ist, und das *Z* steht für den Verfassernamen Balzac.

Den methodologischen Wert des Schreibens hebt Barthes dadurch hervor, dass er den »schreibbaren Text« (texte scriptible) zum

Ideal der Lektüre erklärt. »Warum ist das Schreibbare unser Wert? Weil er das Vorhaben der literarischen Arbeit (der Literatur als Arbeit) ist, aus dem Leser nicht mehr einen Konsumenten, sondern einen Textproduzenten zu machen« (S/Z, 8). Je markanter einem Text die Spur seines Geschriebenwordenseins eingeprägt ist, desto eher ist es möglich ihn so zu lesen, als ob man ihn selber schreibe. ›Textuelle Lektüre‹ bedeutet, an einer Aktivtätsstruktur teilzuhaben statt ein Produkt passiv zu konsumieren. Die von Barthes gerühmte »Lust am Text« (vgl. Kap. II.3.2) gründet gleichfalls im Wert des Schreibbaren. Das Ideal kulminiert im »absolut pluralen Text«, dessen Maß »das Unendliche der Sprache« sein soll (ebd., 10). Ein Beispiel für die Lektüre eines »absolut pluralen Textes« gibt Barthes allerdings nicht.

Das Gegenbild, und Gegenstand der faktischen Lektüre, sind »begrenzt plurale Texte«, auch »lesbare Texte« (textes lisibles) genannt. Es handelt sich um »klassische Texte«, meist des 19. Jahrhunderts, von denen »Sarrasine« einer ist. Sie sind nach Barthes so komponiert, dass alle Teile so gut wie möglich zusammenhängen und die Seite der Sinngebung, des Signifikats dominiert.

Die Lektüre stellt sich auf das »Lesbare« ein, denn sie vollzieht sich hier in einer »notwendigen Ordnung« (ebd., 17). Die »Ordnung« wird durch Kodes repräsentiert, die Barthes jetzt nicht mehr nach strukturalistischem Vorbild als Niederschlag einer festen Struktur, sondern als ein den Text durchziehendes Netz von Zitaten begreift. Er teilt die Erzählung nach Wort- oder Satzeinheiten, sogenannten Lexien ein, und arbeitet insgesamt fünf Kodes daran heraus. Hervorstechend ist der »kulturelle Kode«. Er vertritt den Referenzbereich von Wissen, Moral und Ideologie und ist mittels Schulweisheiten oder Sprichwörtern abrufbar. Zu Beginn von »Sarrasine« wird eine Auskunft über den Charakter des Festes gegeben, die Barthes als Ausdruck eines kollektiven kulturellen Wissens ›liest‹ und mit vergleichbaren Aussagen im Text in Zusammenhang sieht.

Dass Barthes Balzacs Erzählung für klassisch nimmt, bedeutet nicht, dass er ihm eine potentiell einheitliche Sinnaussage unterstellt. Am Schluss seiner Lektüre hält Barthes fest – und nähert sich am Ende doch einer Art Interpretation – dass die Figur des Sänger-Kastraten Sarassine der Erwartung von Einsinnigkeit sogar ausdrücklich entgegen wirke. »*Sarrasine* stellt gerade die Störung der Darstellung dar, die entregelte (pandemische) Zirkulation der Zeichen, Geschlechter, Vermögen« (ebd., 213). Balzacs Erzählung deute auf einen Sinn zwar hin, halte dessen Platz aber frei, wodurch einer gewissen Nachdenklichkeit Raum gegeben werde. (Für weitere Paraphrasen zu S/Z vgl. Jefferson/Robey 1985, 107-111, und Frank 1989, 165-176).

Disseminale Lektüre und Supplement (Derrida)

Polysemie und Dissemination

Das Thema des »begrenzt« oder »absolut« Pluralen bei Barthes weist
Verbindungen zu Derridas literaturanalytischem Essay »La dissémination« auf, der dem Sammelband von 1972 seinen Namen gab.

Derrida unterscheidet zwei Verhältnisse, von denen nur einem
das Prädikat »absolut« zufallen soll, ohne daß sie alternativ wären.
Das eine ist die »Polysemie« oder Vieldeutigkeit des Textes, der die
Methode der hermeneutischen Interpretation entspricht. Hier fände
auch die Kategorie des »begrenzt Pluralen« ihren Platz. Das andere
ist die semantische Unbestimmbarkeit des Textes, »Dissemination«
genannt, der einzig durch eine »disseminale Lektüre« beizukommen
ist. Dem hermeneutischen und dem grammatologischen Konzept
des Textes werden sonach unterschiedliche Leseverfahren beigesellt.
Verlierer ist für Derrida die »integrale Lektüre der Polysemie«, denn
die erzeuge lediglich Mannigfaltigkeiten »ohne einen absoluten
Bruch«. Der »absolute Bruch« ist das Privileg von Dissemination
und disseminaler Lektüre. »Absolut disseminierte Vielstimmigkeit«,
notiert der Autor (Dissemination, 390 und 396. Nähere Ausführungen zu den Begriffen in den Kapiteln 3 und 9 des Essays, siehe 337-
344 u. 393-401).

Während Barthes das »absolut Plurale« auf der Ebene des Ideals
belässt, nimmt Derrida es als das Fundament von Text und Lektüre
wahr. Allerdings fällt auf, dass er die disseminale Lesart meist an
sprachexperimentellen Werken, hier an den Arbeiten *Drame* und
Nombres von Philippe Sollers exerziert. Die Arbeit an Baudelaires
realistischer Erzählung *La fausse monnaie* fällt entschieden einfacher
aus (s. Kap. II.7.1). Derrida trägt viel dazu bei, die Literaturwissenschaft darüber aufzuklären, dass sie mit logischen Fiktionen wie
Einheit, Identität, Teil und Ganzheit arbeitet, die sie als solche nicht
immer durchschaut. Die Frage, welche Rolle die stilistisch-histori-
schen Besonderheiten eines Werks für den Erkenntnisprozess der
Lektüre spielen, wird nicht ganz so engagiert bedacht.

Der Kontrast von Polysemie und Dissemination ergibt sich für
Derrida aus ihrer konträren Stellung zur Logik der Identität. ›Identität‹ wäre dabei das, was ungebrochen zu sich selbst zurückzukehren
beansprucht. Wo die Polysemie diesem Anspruch verhaftet bleibe,
mache die Dissemination Identität als eine textliche Fiktion lesbar,
die sich selbst den Anschein von Textunabhängigkeit gebe.

Derrida belegt seine These am Topos der Kastration, den er bei
Sollers auf disseminale Weise entfaltet sieht. Seine Überlegungen
hierzu sind der Sache nach höchst überdenkenswert, anhand der

Passagen aus dem zitierten Text aber mitunter schwer nachvollziehbar. Um zu einem präziseren Urteil zu gelangen, wäre es nötig, Sollers im Zusammenhang zu lesen. Gemäß Derridas Lesart stellt sich die ›Kastration‹ als eine Schnittwirkung dar, die den vitalen Keim (*semen:* Same, Setzling) von Anfang an spaltet. Die Kastration beschnitte somit nicht etwas, das vorher vollständig oder mit sich eins gewesen wäre. Vielmehr manifestiert sich am lebendigen Material eine Teilung, mit der das Wachstum erst beginnt. Goethes Idee der Urpflanze mit ihrem Prinzip der Vielheit in der Einheit wäre hiernach schwer aufrechtzuerhalten. »Keine Sache ist von sich aus vollständig«, erklärt Derrida, und weiter, es gebe »keine einfache und ursprüngliche Einheit vor dieser Teilung« (Dissemination, 342; vgl. zum Thema Beschneidung, Sprache und Literatur auch Kap. VII. in Derridas Buch »Schibboleth« über Celan, 115-135).

So betrachtet wäre der Bruch wirklich »absolut«. Nichts am textlichen Material bliebe davon unberührt. Genau das negiert nach Derridas Ansicht nun aber der Begriff der Polysemie, der vielfältigen Auslegbarkeit des Textsinns, denn: »Sein Stil ist der der repräsentativen Oberfläche« (Dissemination, 397). Repräsentationswerte fehlen im Prozessdispositiv der Dissemination ebenso wenig, kommen da aber nur als »polysemische Phase« (ebd., 398) vor. Der Paradox ist klar. Derrida begreift die disseminale Lektüre als den umfassenderen und stärkeren Ansatz gegenüber der sinnverstehenden Interpretation, obwohl nun gerade diese den Anspruch auf ein ehedem Ganzes erhebt. Der Zankapfel der »Referenz« (vgl. Kap. II.3.5 und II.5.2) kehrt auf der Ebene der Methode wieder. Das, was der Hermeneutik als das »Semantische« des Textes imponiert, ist notwendig schwach, meint Derrida, und warum? Weil es sein vorgängiges Geteiltsein leugnet und sich auf die Hypothese einer in die Textrepräsentation einholbaren Ur-Bedeutung stützt. »Das Seminale hingegen«, erläutert der Autor sein Gegenmodell, »disseminiert sich, ohne jemals es selbst gewesen zu sein und ohne Rückkehr zu sich« (ebd., 398).

Ursprunglose Ersetzung

Überlegungen zur Lektüre hatte Derrida bereits in der einige Jahre zuvor publizierten *Grammatologie* (frz. 1967) in dem Abschnitt über die »Methodenfrage« angestellt (ebd., 272-282). Seine Absicht ist, die Schriften Rousseaus als Text und nicht bloß als philosophisches Dokument zu lesen. Er tastet sich an die Lektüre heran, erwägt ihr kritisches Potential, ihren formal-strategischen Einsatz, sieht sie nicht auf die Literatur begrenzt und korreliert sie dem Verfahren der Dekonstruktion. Ein Begriff ist dabei besonders bedeutsam, nämlich

der des »Supplements« (s. Grammatologie, 244-282 u. 536-541).
Rainer Warning hat sich 1988 mit einer Proust-Lektüre kritisch davon distanziert. Sein Vorschlag ist, Derridas Begriff der Supplementarität zu historisieren und zu einer hermeneutischen Schlüsselkate-
gorie für die nachromantische Individualität zu machen.

Derrida entnimmt das Wort ›Supplement‹ dem Text Rousseaus
und spitzt es nach einer Richtung zu, die er im Text angelegt, nicht
aber ausgearbeitet sieht. Rousseau habe die relativierende Wirkung
des Supplements in bezug auf die Idee des reinen Ursprungs geahnt.
Trotzdem, oder gerade deshalb, wolle er es dazu dienen lassen, »eine
Mutter oder eine Natur zu ersetzen«. Unterdessen hebe sich in seinem Text ein Funktionieren des Ergänzungszeichens ab, das aufs ge-
naue Gegenteil weise. Statt einen einfachen Ursprung zu ersetzen,
trete das Supplement just am Ort von dessen Fehlen auf, und zwar
als etwas, das selber ursprünglich sei. Den letzteren Anspruch fasst
Derrida in den Begriff des »originären Supplements«, während er im
ersten Fall von »Präsenz-Supplement« spricht. Das »originäre Supplement« ist quasi immer schon da, aber es ist nicht »einfach«. Es ist
Teil einer Serie von Substitutionen, von denen keine ein wahrhaft
Erstes vertritt. »Es hat immer nur Supplemente, substitutive Bedeutungen gegeben«, so der Autor, »die ihrerseits nur aus einer Kette
von differentiellen Verweisen hervorgehen konnten, zu welchen das
›Wirkliche‹ nur hinzukam, sich lediglich anfügte, wenn es – ausge-
hend von einer Spur und einem Ergänzungszeichen usw. – Bedeutung erlangte« (Zitate Grammatologie 272, 274f., 530, 537; vgl. zu
Rousseau »Dekonstruktion als produktive Antizipation« in diesem
Kap., 181-184).

Letzthin ist es also die »Kette von differentiellen Verweisen«, die
das Lesen lenkt. Derridas methodologischer Fundamentalismus erinnert an das Axiom Friedrich Schlegels, dass von Literatur in einem
literaturfremden System nicht zu handeln sei. In seiner berühmten
Rezension »Über Goethes Meister« (1798) sprach Schlegel von Büchern, die sich nicht nur selber beurteilen, sondern auch selber darstellen und die man nur aus sich selber verstehen lernen könne. Für
Derrida führen die Bedeutungskonstrukte eines Textes auf jene ur-
sprunglosen Ersetzungen hin, durch die der Text, in Schlegels Worten, ›sich selber darstellt‹. Eine Lektüre, die das Geschriebene so aus
der Dynamik seines Basismediums – Schrift – heraus ›versteht‹,
könnte man »supplementär« nennen. »Textuelle Lektüre« ist sie alle-
mal. »Supplement« und »Schrift« bezeichnen laut Derrida »die Textualität selbst im Text von Rousseau« (ebd., 281).

Der Autor schlägt zwei Strategien vor, die die textuelle Lektüre
fördern sollen. Erstens muss sie innerhalb des Textes bleiben. Steuert

sie auf ein »textäußeres Signifikat« zu, verfällt sie jener »Interpretation« oder *transzendenten* Lektüre«, die den Sinn vom Signifikanten trennen zu können glaubt. Die Dekonstruktion unterliegt derselben Notwendigkeit, »von innen her zu operieren«. Selbstbescheidung ist aber nicht das Ziel. Derrida sieht es als eine Kühnheit an, feste Begriffsgegensätze aufzugeben, ohne ein gesichertes Außen zu haben. Er bezeichnet die Auflösung der Begriffsgrenzen innerhalb der Grenzen des Textes, genauer: der Textualität, als das »Exorbitante« der Lektüre; vielleicht könnte man auch ›ins Freie denken‹ dazu sagen (Zitate Grammatologie, 45; 276; 274).

Die Lektüre soll dabei so vorgehen, und das ist die zweite Strategie, dass sie die Struktur des Textes »produziert«. In gewisser Weise heißt das, den gelesenen Text zu verdoppeln. Das meint aber nicht – hier folgt wohl ein Wink an Sartre – das intentionale Verhältnis zu reproduzieren, das einen Schriftsteller mit der Geschichte verbindet. Wichtig ist gerade das, was sich der Intentionalität entzieht. Die Lektüre »muß ein bestimmtes, vom Schriftsteller selbst nicht bemerktes Verhältnis zwischen dem, was er an verwendeten Sprachschemata beherrscht, und dem, was er nicht beherrscht, im Auge behalten« (ebd., 273). Was »nicht beherrscht« wird, kann eigentlich nur die ursprunglose Ersetzung sein, und so ist es auch. »Der indefinite Prozeß der Supplementarität«, heißt es ergänzend an anderer Stelle, »hat immer schon die Präsenz *angeschnitten*« (ebd., 281).

2.2 Archäologie des Diskurses (Foucault)

Archäologie als Problemorientierung

Die »Archäologie des Diskurses« von Michel Foucault ist kein Lektürekonzept im Sinn des Textualitätsgedankens. Dafür ist sie zu stark thematisch gerichtet. Berührungspunkte mit den texttheoretischen Methoden gibt es gleichwohl. Der Autor weist den Rekurs auf ein Ich-Subjekt zurück, kritisiert den spekulativen Zug von Interpretation und Sinnverstehen und rehabilitiert das reale Dokument. Unter dem Einfluss der Ideologiekritik Louis Althussers weist er den Totalitätsanspruch der klassischen Geschichtswissenschaft zurück: »Genese, Kontinuität, Totalisierung: das sind die großen Themen der Ideengeschichte« (Archäologie, 193-200; Zitat 197). Das Konzept »Archäologie« regt zu einer Problemorientierung an, die dem Gesellschaftszustand in seiner diskursiven Verfasstheit gilt.

Foucault arbeitet mit thematischen Figuren, die in den Titeln seiner Büchern gleich den allegorischen Gestalten am Rand der

Boulevards aufgereiht sind: *Wahnsinn und Gesellschaft, Überwachen
und Strafen, Sexualität und Wahrheit, Archäologie des Wissens, Dispositive der Macht.* Literaturwissenschaftliche Monographien über Foucault folgen oft solchen Reihen, was unterschwellig auf die Schwierigkeit hindeutet, die Theorie dieses Autors in einem kohärenten
Begriffsschema zu erfassen (vgl. die Anmerkungen in Kap. II.2.1).

Die Figuren strukturieren die Wahrnehmung auf den Einschnitt
der neuzeitlichen Moderne und die Veränderungen hin, die der Autor daran abliest. Nach seiner Zeitrechnung setzen sich mit der
Wende vom 18. zum 19. Jahrhundert die Diskurse des ›Wissens
vom Menschen‹, die ›sciences humaines‹ durch. Die Anfänge rei-
chen in die Zeit der Renaissance zurück, als das klassische bzw. dy-
nastische Modell der Ordnung rissig wurde. Die Figur des Menschen tritt an den Platz, der vorher mit der Person des Königs
besetzt war (vgl. zu der Renaissance-Thematik Foucaults Otto 1992;
figurzentrierte Arbeiten über Foucault bei During 1992 und Coole
1993. Die Monographie von Kammler 1986 und die Einführung
von Fink-Eitel 1986 folgen den Phasen des Theoriebildungsprozes-
ses bei Foucault bzw. den Arbeitsabschnitten seines Schaffens; für
Überblicksbände zu Foucaults Denken vgl. Ewald/Waldenfels 1991
und Bublitz u.a. 1999).

Dass Foucaults Arbeit nicht unmittelbar literaturbezogen ist,
wird in der Fachliteratur durchwegs vermerkt (vgl. z.B. Baasner
1996, Geisenhanslüke 1997). Dies bedeutet aber nicht, dass sie für
die Literaturwissenschaft unbrauchbar wäre. Literatur stellt sich
nach Foucaults Sicht als ein Diskurs dar, der seinerseits aus verschiedenen Diskursen oder Diskursschichten aufgebaut ist. Die Rekonstruktion dieser Diskursschichten gestattet es, den Platz eines literarischen Werks im Raum gesellschaftshistorischer Umbrüche
annähernd zu bestimmen. Die Diskursanalyse hat eine gewisse Ähnlichkeit mit den Arbeiten der epochenspezifischen Motivforschung,
aus denen literaturgeschichtliche Überblicksdarstellungen gern
schöpfen. Die Naturkatastrophen in der realistischen Literatur des
19. Jahrhunderts zum Beispiel – Sturmflut, Erdbeben, Gewitter –
konnten zu dem Krisengefühl des Bürgertums zur Zeit der neuen
kapitalistischen Geldwirtschaft in Beziehung gesetzt werden.

Was Foucault diesem Ansatz hinzufügt, ist der Appell zu einer
strengeren Systematisierung der Motive und ihre Ablösung aus der
Illusion einer spontan zugänglichen Lebenswelt. Er unterstreicht
den genetischen Zusammenhang, der, aller Brüche zum Trotz, zwischen den Diskursen besteht und ihnen den Status von kulturellen
Archiven gibt. Der zeitgeschichtliche Kontext eines Werks kann und
darf nicht als dessen einfaches ›Außen‹ isoliert werden; er ist dem

Werk auf der Diskursebene mit eingeschrieben. Genau hier liegt die Chance zu einer diskursanalytisch unterbauten Textinterpretation. »Danach läge die Aufgabe der Diskursanalyse – bezogen auf das hermeneutische Sinnverstehen der Literaturwissenschaft – auf einer Metaebene: Sie hätte zu zeigen, welche diskursiven Praktiken Interpretationen ermöglichen« (Kammler 1994, 634; vgl. 1990).

Es gibt ein zweites Gebiet, das von Foucaults Archäologie profitieren kann. Es ist das anthropo-psychologische Feld des Symbolischen, das sich im Licht der Diskursanalyse nicht als unwandelbar zu behaupten vermöchte. Anfang der 80er Jahre legte eine Gruppe britischer Forscherinnen und Forscher einen entsprechenden Ansatz vor. Das als »universalistisch« kritisierte Konzept des Symbolischen soll mit Hilfe von Foucaults Thesen über die diskursvermittelten Machtbeziehungen umgedeutet werden (Henriques u.a. 1984; siehe insb. das Kapitel »Power relations and the emergence of language« von Cathy Urwin, 264-322).

Die kultur- und symbolkritische Skizze »Autorschaft und Liebe« (1980) von Friedrich Kittler ist eher locker auf Foucault bezogen. Der Verfasser beschreibt den Übergang zum 19. Jahrhundert als Wandel von einer Kultur des Gesetzes, für die der Signifikant Phallus einstehe, zu einer Kultur der Norm, die den Alltag der Subjekte ohne Rekurs auf Leitsignifikanten und im anonymen Namen des Volkes in Regie nehme. Diese, in den letzten Jahrzehnten des 19. Jahrhunderts wieder zu Ende gehende Ordnung soll von der Vorherrschaft der familialen Sozialisation, des individuellen Seelenlebens sowie der Heraufkunft moderner Autorschaft geprägt sein. Ferner rechnet der Verfasser romantische Liebespaare wie Werther und Lotte, diffuse, nicht vorrangig auf die Fortpflanzung bezogene Sexualitäten, eine ich-orientierte Pädagogik sowie eine Literatur des persönlichen Bekenntnisses dem Jahrhundertbild zu (Kittler 1980, insb. 146-147).

Archäologie, Diskurs, Macht und Repräsentation

Vier zentrale Figuren Foucaults sind Archäologie und Diskurs, Macht und Repräsentation. Das erste Paar wird in der *Archäologie des Wissens* (dt. 1981) vorgestellt. Wichtig sind Kapitel II: »Die diskursiven Regelmäßigkeiten« (31-112), und Kapitel IV: »Die archäologische Beschreibung« (191-279). Erläuterungen zu dem zweiten Paar sind in den Büchern *Überwachen und Strafen. Die Geburt des Gefängnisses* (dt. 1976) und *Die Ordnung der Dinge* (dt. 1978) zu finden.

Ein Diskurs ist etwas, das entsteht. So banal das klingt, so wichtig ist es für den Gedanken der Veränderung. Diskurs ist der Name für ein Objekt, das es vorher nicht gab. ›Wahnsinn‹, ›Krankheit‹, ›Sexualität‹, ›Delinquenz‹ sind zentrale Exempel. Das Diskursobjekt entsteht während einer bestimmten Periode, in der es zum Kernpunkt von Aussagen wird. Die eigentlichen Produzenten sind also die Aussagen, die, um diskursstiftend zu sein, einer Anzahl von Regeln unterworfen sind. Sie müssen Konstanz haben, einen erkennbaren Stil aufweisen und ein System der Verteilung besitzen. Sie müssen an Orten, z.B. sozialen Gruppen auffindbar sein, und sie müssen Abgrenzungen, Zuständigkeiten etwa im Bereich von Recht oder Medizin schaffen. Unter solchen Bedingungen hat sich der »Diskurs der Psychopathologie seit dem 19. Jahrhundert« formiert. Überdies kann ein Diskurs nie der Ausdruck eines Subjekts, sondern immer nur ein Feld für Positionen der Subjektivität sein. Auch die Aussage ist nicht auf ein Subjekt rückführbar. Die Frage lautet vielmehr, welche Position ein Individuum einnehmen muss, um das Subjekt der Aussage zu sein (Archäologie, 61, 83, 139, 158).

Insoweit dem Diskurs ein System von Aussagen zugrunde liegt, ist er eine Figur des Wissens. Hier schließt methodisch die Archäologie an, denn sie ist die Figur, die das Wissen ›liest‹. Sie gibt dem Diskursanalytiker den Schlüssel oder besser die Schaufel an die Hand. Das Bild der Ausgrabung hat Foucault wahrscheinlich deshalb fasziniert, weil sich in diesem Rahmen sowohl Kontinuitäten als auch Diskontinuitäten der Wissensproduktion beschreiben lassen. Die Kontinuität wird mit dem Verdacht belegt, mit der Idee einer teleologischen Entwicklung zu kooptieren. Die Diskontinuität mit ihren Zeichen Schwelle, Bruch, Einschnitt und Wechsel genießt den Vorzug. Die archäologische Analyse berücksichtigt ferner die Kriterien Zeit, Menge und Beziehung. Form und Bedeutung beschäftigen sie weniger. Ihr entscheidender methodischer Ausweis ist, dass sie keine Interpretation erzeugt. Die Archäologie orientiert auf Systembildungen hin. Sie fragt nicht, wie der Autor an verschiedenen Stellen auflistet, nach »Ursachen«, »Projektionen von anderswoher« oder »Verborgenem« (ebd., 159; 212; 235; weitere Zitate 13, 20-23).

Aus Foucaults Kritik folgt nicht, dass er selber nie interpretieren würde. Sein früher Essay »Das Denken des Draußen« (1966) über Maurice Blanchot enthält eine Vielzahl deutender Züge (in: Schriften zur Literatur, 130-156). Unter dem Blickwinkel der okzidentalen Erkenntnisgeschichte indes wird die Interpretation in eine vergangene Epoche verwiesen. Es ist die Epoche der Repräsentation, während der der König die verborgene Wahrheit inkarniert, welche die Interpretationen fundiert. In einer berühmten Beschreibung des Gemäldes »Die Hoffräulein« von Diego Velasquez hat Foucault den

Konnex näher dargelegt. Das Bild gebe die »Repräsentation der klassischen Repräsentation« und deute zugleich, sei es als Leerstelle, das Subjekt der neuen Zeit an (in: Dinge, 31-45; 372-377).

Macht und Repräsentation sind nicht so beschaffen, dass es irgendwann mit ihnen vorbei wäre. Foucault denkt sie in Begriffen der Transformation. Dass er dabei systematische Kriterien benutzt, belegt seine Affinität zum Strukturalismus (zu Transformation vgl. Kap. II.4). Von einer linearen Umsetzung der kulturellen Zeichen könnte dem Autor zufolge aber nicht die Rede sein. Die Veränderung ist radikal, verläuft diskontinuierlich, ist über viele Teildiskurse oder Nachbardiskurse verstreut und könnte weder einfach als Fortschritt noch als Rückschritt ausgelegt werden. Die am Wahrheitsgedanken orientierte Repräsentation wandelt sich beim Übergang zum 19. Jahrhundert zur Selbstrepräsentation des endlichen Menschen und ist nun auf die konkrete Körperlichkeit, oder, wie Foucault sagt, »auf einen Blick aus Fleisch« bezogen (Dinge, 377). Aus der Macht als dem persönlichen Besitz des Souveräns schält sich die kontrollierende Macht des modernen Strafsystems heraus, siehe die Studie »Überwachen und Strafen«.

Noch entschiedener verschiebt Foucault die Perspektive auf die Macht, und das wiederum mehr auf der Ebene der theoretischen Konzeption als der des diskursgeschichtlichen Objekts. In den 70er Jahren entwirft er eine einflussreiche Theorie der Macht, für die er Nietzsches Begriff der Genealogie, der Herkunftsbeziehung heranzieht. »*Die* Macht gibt es nicht«. So lautet die Sentenz, die er 1977 vorträgt. Die Macht wird als ein Bündel strategischer Positionen auf einer vielfach gekreuzten Achse dargestellt. Weder strahle sie von oben nach unten oder von einem einzigen Punkt aus, noch sei sie wie ein Ding, das den Eigentümer wechsle. »Sie ist niemals hier oder dort lokalisiert, niemals in den Händen einiger weniger, sie wird niemals wie ein Gut oder wie Reichtum angeeignet. Die Macht funktioniert und wird ausgeübt über eine netzförmige Organisation« (Zitate: Macht, 82, 126).

So, als »netzförmige Organisation« gedacht, verliert die Macht ihren Charakter als eindimensionales Instrument der Unterdrückung. Sie wandelt sich zu einer produktiven Instanz, die, statt ein gegebenes Subjekt zu beherrschen, das Subjekt und die diversen Formen von Subjektivität überhaupt erst erzeugt. Diese dezentralisierte Figur der Macht eignet sich gut dazu, literarische Themen aus alten Vorurteilen zu lösen. Sie öffnet den Blick für Beziehungsweisen, die verwickelter sind als es die strukturalistische Opposition von Macht und Nicht-Macht nahe legt. Auch allzu einfache Vorstellungen über die historischen Geschlechterrollen lassen sich mit ihr relativieren. Das Diskursparadigma des *gender* ist ein Indikator dafür (vgl. Kap. I.3.3).

Andererseits sind die Grenzen von Foucaults Machtbegriff gerade im Rahmen der poststrukturalen Theorien nicht zu verkennen. Der Begriff ist mit Aporien belastet, die Hinrich Fink-Eitel in einer nuanciert kritischen Stellungnahme zu diesem Komplex als »Mimesis an die Macht« apostrophiert hat. Foucault klammere das Subjekt so weit aus, dass es schwierig werde, eine Position des Widerstands zu finden und die Zerstörung oder Selbstzerstörung der quasi omnipräsenten Macht zu denken. »Ausgegrenzt wird somit die andere Perspektive ›von unten‹, die Möglichkeit einer Auszeichnung machtexterner, selbständiger Widerstands- und Autonomiepotentiale, dessen also, was sich machtvoll oder gewalttätig zerstören läßt« (Fink-Eitel 1980, 65). Um dieser Perspektive ›von unten‹ willen wäre dann auch mehr mit der Mikrodynamik der Sprache zu rechnen.

2.3   Semiologische Selbstreflexion (Kristeva)

Die Wissenschafts- und Methodenkritik der 60er bis 70er Jahre

Zu Beginn der 1970er Jahre setzte in Westdeutschland eine Kritik der Geisteswissenschaften ein, die sich in einer Reihe von Schriften niederschlug. Unter den ersten war die *Methodenkritik der Germanistik* (1970/71) von Marie Luise Gansberg und Paul Gerhard Völker. Der Eröffnungssatz des Buchs zeigt den Tenor an: »Die bisherige deutsche/westdeutsche Germanistik ist in ihrer Dominanz eine idealistisch betriebene Wissenschaft, d.h. eine solche, die die historisch-gesellschaftliche Substanz ihres Gegenstandes ignoriert« (ebd.,7). Die Autoren kritisieren aus materialistischer Sicht die Verhaftung der Literaturwissenschaft in bürgerlichen Werttraditionen wie Anspruch auf Überzeitlichkeit und Vorrangstellung von Individuum, Ideengehalt und Bewusstseinsstruktur.

In Frankreich wurde in der zweiten Hälfte der 60er Jahre um eine kritische Distanz gegenüber den Paradigmen von Strukturalismus und Phänomenologie gerungen. Anders als in Deutschland stand die Sprache im Zentrum der Aufmerksamkeit. Der ›linguistic turn‹ trat früher ein, was mit der sprachwissenschaftlichen Ausrichtung des französischen Strukturalismus zusammenhängt.

Als Vorbild fungierten die marxistischen Lektüren Louis Althussers. Althusser nimmt einen erkenntnislogischen Einschnitt (coupure épistémologique) zwischen Ideologie und Wissenschaft an, wobei ihm jene die unbewusste Bindung des Subjekts an bürgerliche Ideen, und diese eine reflektierte Form der Erkenntnis darstellt. In seinem Essay »Über die materialistische Dialektik« (1963) bemängelt er die spekulative Illusion, die den Prozess der Selbstentstehung des Begriffs für den Prozess der Selbstentstehung des konkret Tatsächlichen nehme. Ein sarkastische Pointe folgt. Es könne so scheinen, dass die Steinkohle durch ihre dialektische Selbstentwicklung die Dampfmaschine und die Fabriken produziere, die ihren Abbau erlauben (in: Für Marx, 100-167, Zitat 130f.).

An diesen Faden knüpft Julia Kristeva ihre wissenschaftskritischen Arbeiten an. Sie wirft Fragen folgender Art auf: Wenn eine Wissenschaft wie der Strukturalismus, gestützt auf die Sprachtheorie der Linguistik, Bedeutungen rekonstruiert, in welchen sozialen Praktiken sind die Bedeutungen dann entstanden? Inwieweit reflektieren die Wissenschaften ihren eigenen Status als bedeutungserzeugende Praxis? Wie können die verschiedenen Praktiken der Bedeutung analysiert werden, ohne dass der analysierende Diskurs seine eigene Einbindung in die sprachlichen Vorgänge vergisst? Kristeva plädiert für die Methode einer ›selbstreflexiven Semiologie‹. In deren Bezugsfeld hätte die Literatur ihren Platz unter den honorigen Institutionen des bürgerlichen Lebens preiszugeben, kann dafür aber den Raum ihrer eigenen Buchstäblichkeit (littéralité) besetzen.

Die Idee der »prä-repräsentativen Produktion«

Drei methodenkritische Beiträge Kristevas sind in dem Band *Textsemiotik als Ideologiekritik* (1977) von Peter Zima auf deutsch erschienen. Es sind »Semiologie als Ideologiewissenschaft« (frz. 1969), »Semiologie – kritische Wissenschaft und/oder Wissenschaftskritik« (frz. 1968) und »Der geschlossene Text« (frz. 1969). Der erstgenannte Aufsatz evaluiert die russische Semiotik und spricht daneben die Notwendigkeit an, sich mit der ›symbolischen Funktion‹ zu befassen. Kristeva stellt fest, dass sich »die Frage nach der Beschaffenheit des wissenschaftlichen Diskurses selber aufdrängt, nach seiner Grundlage, seinen Voraussetzungen und seinen Beziehungen zur Ideologie und Geschichte« (Semiologie, 65). Der zweite Aufsatz legt die Forderung nach einem selbstreflexiven Diskurs der Wissenschaft dar, und der dritte, eine konkrete Werkanalyse, enthält eine Kritik des bürgerlichen Literaturbegriffs (siehe Text, insb. 219-224).

Wie stellt sich zunächst das Problem der Wissenschaft dar? Kristeva eröffnet die »Semiologie als kritische Wissenschaft« mit einem Satz, der das Schlüsselwort liefert. »In einem entscheidenden Schritt zur Selbstanalyse vollzieht der wissenschaftliche Diskurs heute eine Rückwendung zu den *Sprachen*, um deren (bzw. seine eigenen)

Strukturmodelle freizulegen« (Kritische Wissenschaft, 35). Es geht um den wissenschaftlichen Umgang mit »*Sprachen*« und mehr noch um die Sprache der Wissenschaft selbst. Vorhang auf für die kritische Semiologie.

Grundstein der Semiologie ist das sprachliche Zeichen, und dies bestimmt die Autorin in strukturkritischer Perspektive so, dass das Signifikat als Signifikant modelliert sei. Darauf baut sie das Verfahren einer »*Herstellung von Modellen*« (ebd., 37) auf, das nach drei Stufen gegliedert ist. Zuunterst befindet sich die von der Linguistik studierte natürliche Sprache. Auf der zweiten Stufe sind die verschiedenen Bedeutungspraktiken – darunter die Literatur – angeordnet, die mit Hilfe von Isomorphie- oder Analogierelationen modelliert und analysiert werden.

Auf der dritten Stufe ist die Praxis der Modellbildung verankert. Hier muss die Semiologie ihr eigenes Tun explizieren, reflektieren, kritisieren. Die Autorin kommentiert: »Von daher gesehen ist die Semiologie ein Typus der Selbstreflexion der Wissenschaft. In ihr gewinnt Wissenschaft ein Bewußtsein davon, daß sie eine Theorie ist« (ebd., 38). Die Rückwendung der Semiologie auf ihr eigenes Vorgehen soll keine Zirkelstruktur aufweisen, womit sie unausgesprochen vom Verstehensmodell der Hermeneutik distanziert wird. Die Rückwendung dient der Selbstkritik. Am Ende einer theoretischen Modellierung hätte die Semiologie ihr eigenes Ergebnis in Frage zu stellen und einen neuen Anfang zum Behuf eines neuen Gegenstands und einer neuen Strategie zu schaffen.

Das Wort ›neu‹ führt auf Kristevas Leitidee der Erneuerung (renouvellement) hin. Diesmal geht es die Sprache der Wissenschaft an, denn »bekanntlich vollzieht sich jede Erneuerung des Denkens dank und vermittels einer Erneuerung der Terminologie: streng genommen existiert eine wissenschaftliche Erfindung/Neuerung erst dann, wenn der dazugehörige Begriff gefunden ist« (ebd., 41f.).

Was die Semiologie zu der gewünschten »Erneuerung« beisteuern kann, wird am Beispiel der Produktion demonstriert. Marx habe den Begriff der Produktion überhaupt erst erfunden, als er ihn an die Stelle einer übernatürlichen Schöpfungskraft setzte. Das Problem sei nur, dass er die Analyse dann auf Wert, Tausch und Zirkulation beschränkte, deren historische Bedingtheit er allerdings auswies. Der zweckbestimmten Produktion entspreche eine Kommunikation, bei der messbare, abbildbare, konsumierbare Werte getauscht würden. Den zweiten Schritt tat Freud, als er um 1900 den Begriff »Traumarbeit« einführte. Mit ihm wurde die Produktivität *vor* der Produktion denkbar. Die Traumarbeit versagt sich dem Tausch, weil sie kein messbares Objekt produziert. Die Arbeit kann sich in ihrem

Eigenwert, nämlich als nicht-lineare Veränderung, als Andersheit gegenüber dem Ergebnis, etwa einem »Sinnprodukt« zeigen. Kristeva
rekapituliert mit Blick auf die Wissenschaft: »Damit wird ›Traumarbeit‹ zu einem theoretischen Konzept, das eine neue Forschungsdis-
ziplin in Gang bringt: die Forschung, die zu der prä-repräsentativen,
d.h. noch-nicht-(ab)bildenden Produktion und zum ›Denken‹ unterhalb des Denkens vorstößt« (ebd., 47). Den dritten Schritt in
dem Veränderungsprozess hätte nun die Semiologie zu tun. Sie soll
die Idee der »prä-repräsentativen Produktion« auf den Schauplatz
der ›écriture‹ übertragen.

Semiologie, Lektüre und literarischer Text

Im Schlussteil des Essays postuliert Kristeva: »Jeder ›literarische Text‹
lässt sich als Produktivität begreifen« (ebd., 51). Die erste Konsequenz daraus ist, dass der bürgerliche Literaturbegriff hinfällig wird.
Die Autorin ordnet ihn dem Modell von Produktion und Kommunikation zu, das seit Freud historisch überholt sei. In »Der geschlossene Text« charakterisiert sie die bürgerliche Literatur als »ein Produkt der ›parole‹, ein (diskursives) Tauschobjekt, zu dem ein
Eigentümer (der Autor), ein Wert und ein Konsument (das Publikum, der Empfänger) gehören« (Text, 222). Nach Alternativen muss
nicht lange gefahndet werden. Die Literaturgeschichte hält seit Ende
des 19. Jahrhunderts Texte bereit – es folgen die Namen Joyce, Mallarmé, Lautréamont, Roussel – die sich laut Kristeva »in ihrer Struktur bereits selber als Produktionen verstehen« (Kritische Wissenschaft, 51).
    Die zweite Konsequenz ist, dass die Literaturwissenschaft zu ei-
nem Teilgebiet der Semiologie wird. »Einer Semiologie der Produktion«, erklärt die Autorin, »fällt daher die Aufgabe zu, sich diesen
Texten zuzuwenden, um die um die Produktion zentrierte skriptura-
le Praxis durch ein wissenschaftliches Denken zu ergänzen, das mit
der Untersuchung dieser Produktion befasst ist, und um alle Konsequenzen aus dieser Untersuchung zu ziehen, d.h. um diese Texte
umzustürzen und sich von ihnen umstürzen zu lassen« (ebd.).
    Die Behauptung einer kritischen Wechselwirkung zwischen Se-
miologie und Literatur ist kein leeres Wort. Kristeva hat eine Vielzahl von Modellen entworfen, die dem Produktivitätsaspekt des Textes entgegenkommen oder wie sie sagt »isomorph« dazu sind. Es
sind zum Beispiel Praxis, Paragramm, Polyloge, Genotext, dialogische Matrix, Intertextualität und Transposition. Überdies legt die
Autorin überprüfbare analytische Exempel vor, so die Studie über
Antoine de La Sale, in der sie die Idee des transzendentalen Symbols

gegen die neuzeitlich-mundane Ordnung des Zeichens abgrenzt (Der geschlossene Text, insb. 197-200).

Ein gewisses Schwanken macht sich indessen da bemerkbar, wo Kristeva den Status des literarischen Textes berührt. Ähnlich war es schon bei Derrida (s. Kap. II.3.5 zu *différance).* Einerseits soll die »Literatur« ein in keiner Weise bevorzugtes Teilgebiet der gesellschaftlichen Praktiken sein. Andererseits stellt sie eine besondere semiotische Tätigkeit dar, weil sie sich im kodifizierten Sprachvollzug nicht auflösen lässt (Kritische Wissenschaft, 50-51). Es bestünde sogar Anlass, von einer Privilegierung zu reden. Der literarische Text hat den Aspekt der Produktivität, nach dem die Semiologie forscht, bereits ›in sich‹, was bedeutet, dass er der Semiologie das Modell liefert, das diese doch erst auf ihn anwenden soll.

In ihrem Essay über die »Paragramme« (dt. 1972; frz. 1966) flicht Kristeva ein enges Netz zwischen »Semiologie«, »Literatur« und »Lektüre«. Der Ansatz ist so komplex, dass er hier nur sehr grob umrissen werden kann. Die von der Autorin erstrebte »Anwendung der Semiologie auf literarische Texte« baut auf mehrere Thesen auf. Eine davon sagt: »Der literarische Text ist ein Doppeltes ›un double‹: Schreiben-Lesen ›écriture-lecture‹« (Paragramme, 164). Die Semiologie liest nicht nur, sie liest ein Lesen, jenes Lesen nämlich, das der literarische Text ›ist‹.

Die These wird besser verständlich, wenn man sieht, wie Kristeva das Doppel von ›écriture-lecture‹ aufschlüsselt. Auf die Seite der ›écriture‹ rückt sie die nicht kodifizierbaren Korrelationen semischer Elemente im Text. Das können Worte, Sätze oder thematische Komplexe sein. Auf der Seite der ›lecture‹ stehen die Operationen »Erinnern« oder »Zitieren«, wobei es in jedem Fall um andere Texte geht. Wichtig ist zudem, dass die Autorin das Lesen als eine aggressive Aneignung begreift. Setzt man das Doppel wieder zusammen, zeigt sich, dass semiologisches Lesen ein intertextuelles Lesen ist. Zur Lektüre steht all das an, was sich der literarische Text aus anderen Texten und Kontexten schreibend angeeignet, ›erlesen‹ hat, ohne dass er es dennoch in eine hierarchische Ordnung zu zwingen vermöchte. Dem steht entgegen, dass sein eigener Schreibprozess, wie oben festgestellt, nur korrelieren, nicht kodifizieren kann. Die Kodifikation erübrigt sich gewissermaßen, da ja die poetische Sprache Gegensätzliches »dialogisch« nebeneinander stehen lassen kann (vgl. Intertextualität, Kap. II.4.1). In Kristevas Transpositionskonzept wird dieses Vermögen dann nicht mehr topologisch, aus der Nebenordnung der Worte und Sätze, sondern triebdynamisch erklärt. Jetzt ist es die innersemiotische Spaltung der Sprache, die sich der Reduktion des Textes auf einen letzten Äquivalenzwert widersetzt.

»Literarische Semiologie« zu betreiben heißt zu lesen, was an einem Text über die zweckbestimmte Kommunikation hinausführt, oder richtiger, was der Text selber darüber hinausführt. Das von der Kommunikation Verdrängte und im Traum nur verdeckt Enthüllte wird vom literarischen Text offen ausgespielt. Es ist nicht ein Wert, es ist die »Arbeit vor dem Wert« (Kritische Wissenschaft, 49). Kristeva legt ein Konzept von Lektüre vor, an dem auch ihr eigenes Tun gemessen werden kann. Das betrifft zumal ihre psychoanalytischen Lektüren seit den 80er Jahren, die sich von ihrer radikalen Theorie der 60er Jahre, wenn nicht alles trügt, ein Stück weit entfernt haben. Die Begriffe des psychoanalytischen Diskurses scheinen nicht halb so tief im bürgerlichen Denken verwurzelt zu sein, wie die Autorin es für die literarische Philologie annimmt. Zwar hat sie wichtige Begriffe wie den des Symbolischen neu akzentuiert, das terminologische Grundgerüst jedoch bleibt unberührt. Sollte sie für die Psychoanalyse tabu sein, die ›semiologische Selbstreflexion‹?

2.4   Lektüre des Unbewussten (Lacan)

Das Unbewusste ›liest sich‹

Ein Lesekonzept im streng systematischen Sinn gibt es bei Jacques Lacan nicht. Seine Freud-Lektüren haben unmittelbar beispielhaft gewirkt. In seinen späten Texten hebt Lacan jedoch einen Konnex von Schreiben, Lesen und Unbewusstem hervor, der vertieft zu werden verdient. Grundlegend ist der Vortrag über »Die Funktion des Geschriebenen« (1973) des Seminars *Encore*. Die deutsche Übersetzung des Textes hält sich so eng an das Original, dass die Schwierigkeit Lacan zu verstehen noch erhöht wird. Die nachfolgende Darstellung versucht es mit eigenen Übersetzungen und Begriffsübertragungen (nach: »La fonction de l'écrit«, in: Encore, 29-38; dt.: »Die Funktion des Geschriebenen«, Encore, 31-42).

Lacans Ausgangspunkt lautet wie folgt: Womit wir zu tun haben, sind Diskurse. Eine prä-diskursive Realität gibt es nicht. Diskurse sind aber nicht voraussetzungslos. Sie gründen in Signifikanten und flechten ein soziales Band zwischen den Subjekten. Insofern eignet ihnen eine gewisse Konsistenz. Der analytische Diskurs ist gleichfalls ein Diskurs, doch verfügt er über ein bestimmtes Privileg. In seinem Rahmen gibt es etwas zu ›lesen‹, das den geläufigen Diskursen entgeht.

Um dieses Lesen einzukreisen, setzt Lacan beim Geschriebenen (écrit) an. Lesen ist eine Funktion dessen, was geschrieben ist oder

wird. Die betreffende Funktion findet sich im Diskurs, was bedeutet, dass dem Sprechen der Subjekte eine Spur des Geschriebenen
innewohnt. Diskurswirkung ist Signifikantenwirkung, was den einfachen Rückschluß erlaubt, dass alles Geschriebene und alles Gelese-
ne Signifikanten sind. Statt von geschriebenen Signifikanten spricht
Lacan auch von Buchstaben (lettres). Die Buchstaben respektive Signifikanten referieren auf nichts, außer auf den Diskurs, an dem sie
teilhaben und den sie mit hervorbringen.

An dieser Stelle der Argumentation ist es nötig, einen Schritt zurück zu tun. Denn maßgeblich für das analytische Lesen sind nicht
die Signifikanten als solche. Maßgeblich ist der Bruch (la barre,
auch übersetzbar als Strich oder Balken), der die Signifikanten von
ihrem Signifikatseffekt trennt. Der Bruch impliziert eine Negation
des Signifikats, ungefähr in dem Sinn, wie Saussure von der Arbitrarität der Zeichen gesprochen hat. Es besteht kein natürliches Band
zwischen einem Signifikanten und der Bedeutung, die er in einem
Diskurs zu erwecken vermag. Die ›Wirkung des Geschriebenen‹ ist
exakter als ›Wirkung des Bruchs im Geschriebenen‹ benennbar. Der
»Bruch« manifestiert sich als »la distance de l'écrit« (ebd., 35), als
Abstand im Raum des Geschriebenen, der Lacan zufolge nicht auf
das linguistische Trennungszeichen zur Unterscheidung von Signifikant und Signifikant reduzierbar ist.

Ohne die Trennung zwischen Signifikant und Signifikat geht
gleichwohl nichts. Nur hier kann sich das Schreibend-Geschriebene
konkret hervorbringen, und einzig vom Bruch oder Balken wird getragen, was sich im Diskurs vom Unbewussten bemerkbar macht
(und was sich *als* Diskurs des Unbewussten bemerkbar macht). Damit ist ein wichtiger, aber auch schwieriger Punkt der Auseinandersetzung erreicht, in die Lacan die Frage des Geschlechtsverhältnisses
mit einflicht. Erkenntnislogische Probleme gibt es hier zuhauf. Für
das Lesethema sei festgehalten, dass die Wirkung des Geschriebenen
auf den Diskurs in seiner sozialen Bindefunktion nicht beschränkt
ist. Sie offenbart sich auch und gerade im Unbewussten, und zwar
in elementarer Form, als »Schrift« (écriture, ebd., 36-37).

Das Privileg des analytischen Diskurses hat hier seinen Ort. Die
Psychoanalyse nimmt ein Subjekt des Unbewussten an, das mehr
oder anderes zu lesen aufgibt, als es der geläufige Diskurs tut. Der
geläufige Diskurs ist auf das fixiert, was ›unter dem Strich‹ heraus-
kommt, Signifikatseffekte. Der analytische Diskurs richtet sich auf
die Signifikanten in ihrer spezifischen Aktion, ihrer Schrift, wofür
Lacan unter Hinweis auf *Finnegan's Wake* von Joyce teleskopierende
Kompositionen nennt. Analog dazu hätte der Psychoanalytiker den
Lapsus in einem Text zu lesen. Ein Lapsus ist ein Sprech- oder

Schreibfehler, ein ›Schnitzer‹. Erst vom Lapsus her, so Lacan, entstehe Bedeutung im Sinn der Möglichkeit unendlich vieler Lesarten. Der Analytiker müsse den Signifikanten jedes Mal eine andere Lektüre (une autre lecture, ebd., 37) geben als es die direkter mitgeteilte Bedeutung zu verlangen scheine. Zwei Schlussfolgerungen drängen sich auf. Der Schriftsteller ist ein ›Analytiker der Sprache‹ und analytisches Interpretieren ist kein Verstehen im ›Sinn‹ der Hermeneutik. Es bedeutet *anders* zu verstehen.

Das Subjekt des Unbewussten bringt nicht schlichtweg einen Diskurs hervor, den der analytische Diskurs dann liest. Lacan deutet an, dass das Unbewusste selber liest, und zwar nicht irgendetwas, sondern ›sich‹. Im analytischen Diskurs gehe es um nichts anderes als um das, was sich liest, und zwar jenseits des unmittelbar provozierten Sagens (»dans le discours analytique, il ne s'agit que de ça, de ce qui se lit, de ce qui se lit au-delà de ce que vous avez incité le sujet à dire«; ebd., 29).

Ob Lacan Derrida gelesen hat? Die Idee eines selbsreferentiellen Unbewussten wird nur umrisshaft, und ohne nähere Hinweise auf den anscheinend doch veränderten, stärker integrierten Platz des Anderen skizziert. Es ist fast unvermeidlich, sich der skrupulösen Studien Derridas aus den 60er Jahren über Verräumlichung, Verzeitlichung und supplementäre Doppel, kurz, Textualität als eigengesetzliche Struktur zu erinnern (vgl. Kap. II.2.5, II.3.5, II.5.3). Die Frage könnte natürlich auch lauten, wie sich Lacans Idee des lesenden Unbewussten zu Kristevas ›écriture-lecture‹-Modell verhält, das im vorigen Abschnitt erörtert wurde: Der poetische Text ›liest‹ Geschriebenes, um es ›umgeschrieben‹ neu zu ›lesen‹ zu geben.

Wie dem auch sei, das Unbewusste qua Diskurs ist aus Buchstaben komponiert, und Buchstaben sind nun einmal etwas, das sich liest. »La lettre, ça se lit« (ebd., 29). Eine andere Möglichkeit mit ihnen umzugehen als lesend, sie lesend, sie ›sich lesen lassend‹ gibt es nicht. Vielleicht ist das Sich-lesen des Unbewussten nach einem ähnlichen Schema zu begreifen wie es in den Redensarten »Das versteht sich«, »Hört sich nicht schlecht an«, »Das liest sich gut« anklingt. Ein weiteres Hilfsbeispiel wäre die Endung ›-ance‹ in *différance* oder *signifiance*. Das scheinbar passiv Gegebene bringt seine eigene Aktivitätsstruktur mit ein. Dass Lacan diese Struktur auf eine unfassliche »Distanz« im Geschriebenen rückbezieht, lässt erahnen, dass ihm das Paradigma der Phonologie nicht mehr genügt.

Im Schlussteil des Vortrags richtet sich der Autor mit dem Lesethema direkt an die Analytiker. »In Ihrem analytischen Diskurs unterstellen Sie, dass das Subjekt des Unbewussten zu lesen weiß. Darauf läuft die ganze Geschichte mit dem Unbewussten hinaus. Sie

unterstellen aber nicht nur, dass es zu lesen weiß, Sie unterstellen
überdies, dass es lesen lernen kann« (Encore, 38; dt. 42). Das Unbewusste – ein intelligentes System, zum Lesen begabt und lernfähig
noch dazu.

»Analytisches Lesen« (Felman, Haselstein)

1988 kam ein Band der Reihe »Poetik und Hermeneutik« heraus, in
dem Lacans Ansatz weiter ausgebaut wird. Grundlegend ist ein Kapitel aus dem Lacan-Buch (1987) von Shoshana Felman mit dem
Titel »Die Lektürepraxis erneuern«. Die Verfasserin skizziert Lacans
Ideen zur Lektüre und bringt sie als »analytisches Lesen« (analytical
reading) auf den Punkt. Ein gedrängter Kommentar unter der Überschrift »Le sujet supposé lire« von Ulla Haselstein schließt sich an.
     Drei von Felmans Thesen seien herausgegriffen. Die erste lautet,
dass es eine »*Urszene* des analytischen Lesens« gibt, die sich aus
Freuds Erfahrung mit der Hysterikerin speist. Freud habe das Unbewusste nicht entdeckt, er habe es theoretisch konstruiert. Folgerecht
sei das analytische Lesen kein intuitiver Akt, es werde, obgleich es
immer eine der Theorie vorgängige Praxis bleibe, durch Hypothesen
angeleitet (Zitate Felman 1988, 204, 206-207). Die Auskunft ist be-
herzigenswert. In literaturwissenschaftlichen Analysen wird nicht
selten der Eindruck erweckt, als besitze die Psychoanalyse ein über-
tragbares substantielles Wissen darüber, was das Unbewusste sei und
wie es zu deuten wäre.
     Felmans zweite These besagt, dass Lesen und Interpretieren sich
nicht ausschließen. Die Autorin definiert dieses von jenem her als
eine Aktivität des Analytikers, die den Diskurs des Analysanden
»verschiebt«. Lacans Forderung einer »autre lecture« wird vertieft:
»Analytisches Lesen ist daher wesentlich das Lesen einer Differenz,
die der Sprache innewohnt, das Erstellen einer Art Topographie der
Punkte im Diskurs des Subjekts, wo es mit sich nicht eins ist« (ebd.,
205). Die dritte These schließt unmittelbar an. Denn im analytischen Diskurs geht es nicht allein um die Aktivität des Analytikers,
es geht auch und sogar mehr um die des Analysanden. Lacans Worte fortführend postuliert Felman: »Das Unbewusste ist ein Leser. Radikal zugespitzt impliziert dies, dass, wer auch immer liest, wer auch
immer aus seinem Unbewussten heraus interpretiert, ein *Analysand*
ist, selbst wenn die Interpretation von der Position des Analytikers
aus geleistet ist« (ebd.).
     Die Behauptung, dass es letzthin nur Analysanden gebe, gewinnt
ihre Brisanz aus der Abgrenzung gegenüber dem Verstehensbegriff
der Hermeneutik. Wenn kein Subjekt da ist, das für die Richtigkeit

der Interpretation bürgt, bleiben in der Tat immer nur ›andere Lesarten‹, einschließlich der Interpretation selbst. Was wäre nun aber das inhaltliche Kriterium jenes ›anderen‹ Lesens, wenn es nicht lediglich um Kompositionsfragen gehen soll? Wahrscheinlich sieht sich die psychoanalytische Literaturinterpretation am Ende doch wieder auf die Freudschen Deutungsmuster verwiesen. Sie kann die Lacanschen Varianten hinzunehmen und hätte dann mit drei großen interpretatorischen Komplexen, nämlich Spiegelphantasien, Phallusphantasien und Phantasien über das Leere zu tun. Kein Wissensdiskurs ist wertfrei, und so wäre weiter zu fragen, ob es in diesen Komplexen Elemente gibt, die sie Psychoanalyse selbst nicht zu ›lesen‹ vermag. Die Stärke der poststrukturalen Lektüreansätze liegt gerade darin, dass der große Bogen der Interpretation immer wieder auf die Mikroebene des Textes zurückgelenkt werden kann. ›Lesen‹ trägt so zu einer Ideologiekritik der Interpretation bei.

Ulla Haselstein streift näher an das Verhältnis von Literatur und Psychoanalyse. Für die letztere gelte der Satz: »Die Deutung eröffnet und beschließt das Lesen«. Die analytische Deutung gehe auf das, was sich von den Einschreibungen des Unbewussten unter der Form der Repräsentation, also als Geschichte, Wissen, Roman darbiete. Ziel sei jedoch, so die Verfasserin, den Zugang zur Schicht der Einschreibung zu eröffnen. Da auch beginne das Lesen. »Die Wirkung der Deutung stellt sich ein, wenn das unterstellte Subjekt des Unbewussten lernt, sich zu lesen, wenn es sich als Adressaten der ›Briefe‹ einzusetzen lernt, die es in der Analyse an den Analytiker richtet«. Das Unbewusste entstehe aus der Einschreibung des Traumas, des Traumas der Symbolisierung zuletzt, die als solche nicht aufhebbar sei. Das Subjekt des Unbewussten trage einen Text nicht wie eine Rede vor. Es sei dem Text unterworfen, ihm einverwoben. Hier kommt für Haselstein die Literatur ins Spiel, denn sie gibt das Exempel: »Genau dies schuldet die Psychoanalyse dem Vorbild der Literatur: das Wissen darum, dass die Lektüre dem Text eingeschrieben ist« (Zitate Haselstein 1988, 212, 214-215).

Aus dem Essay geht nicht eindeutig hervor, worin sich literarische und analytische Deutung unterscheiden sollen. Immerhin scheint es so zu sein, dass die Literatur der Arbeit der Lektüre mehr entgegenkommt. Ein Beispiel ist die Verneinung. Die analytische Deutung, meint Haselstein, ist genötigt, die Verneinung durch eine weitere Negation zu verdoppeln. Schließlich soll das Subjekt an ein ihm unterstelltes Wissen, eine Verdrängung herangeführt werden. Die Literatur hingegen zeigt, wie die Verfasserin schreibt, »eine andere Konfiguration der Verneinung; sie inszeniert die Ambivalenz der Lektüre, indem sie die verdrängte metaphorische Struktur des

Zeichens wiederkehren läßt«. Die Deutung, so Haselstein weiter, liegt auf der Achse des Zeichens und seiner Tendenz zur Vereinheitlichung. Die Lektüre hingegen ist mit den Signifikanten im Bunde, wie diese sich in der Literatur manifestieren dürfen, als anagrammatische Zerstörung der Ordnung nämlich (ebd., 214, 216). Folgt daraus, dass Literatur ›eigentlich‹ nicht gedeutet werden darf?

Vielleicht bleiben deshalb so viele Fragen offen, weil die psychoanalytischen Ideen über Lesen und Deuten in einem größeren Sachzusammenhang aufzuarbeiten wären oder der Anschluss an andere Theorieansätze als dem Lacanschen gesucht werden müsste. Die Möglichkeit zu reflektierten Synthesen wurde im Einleitungsteil (s. Kap. I.3.5) erwähnt. Im einen wie im andern Fall bleibt viel Forschungsarbeit zu tun. Die Beziehungen zwischen der Lektüre des Unbewussten und der Lektüre eines literarischen Textes sind bislang nur sehr global geklärt.

2.5 Dekonstruktion (Derrida)

Das Umfeld des Begriffs

Mit der Dekonstruktion ist es wie mit dem Gral. Alle kennen ihn, haben zumindest davon gehört, doch wer weiß schon was es ist? Oft wird das Wort synonym zu Poststrukturalismus verwendet, obwohl es nur ein Teilgebiet davon bezeichnet. Ein wichtiges Gebiet gewiss, wie es ja auch nicht von ungefähr am Schluss dieser Einführung steht. Das Problem ist, dass sich der Dekonstruktionsbegriff in den 80er Jahren derart ausgeweitet hat, dass sich kaum noch ein eingrenzbares Handeln damit zu verbinden scheint. Er wirkt wie ein Habitus, eine Weltanschauung: So wie man Stoizist, Hedonist oder Laizist ist, ist man auch Dekonstruktivist.

Zusätzlich kompliziert wird die Begriffsfrage dadurch, dass es neben der Derridaschen Dekonstruktion eine einflussreiche Amerikanische Variante gibt. Zu besonderer Bekanntheit haben es die der »Yale School of Deconstructivism« zugerechneten Literaturkritiker Geoffrey H. Hartman, Harold Bloom, J. Hillis Miller und Paul de Man gebracht. Sie gaben 1979 gemeinsam mit Derrida den Band *Deconstruction and Criticism* heraus, der eine Sammlung von Textinterpretationen und kritischen Studien enthält. Im deutschen Sprachraum hat, von Derrida abgesehen, nur de Man größeren Ruhm erlangt. Nicht zu Unrecht, so scheint es. Das hohe gedankliche Niveau seiner Literaturanalysen tritt umso deutlicher zutage, wenn zum Vergleich die Essays in *Saving the Text* (1982) von Geoffrey

Hartman daneben gehalten werden. Hartmans Zugang zum Text wirkt eher pointillierend und bestätigend als problematisierend oder vertiefend (vgl. die Kritik von Royle 1995).

Der Dekonstruktivismus der Yale-Schule erinnert seines textuellen Formalismus wegen an die Tradition des ›New Criticism‹. Ihm mangelt jene ethisch-kritische Strenge Derridas, die Jonathan Culler in seiner Studie *On Deconstruction* (Erstv. 1983) diskutiert hat. Die Frage der Geschlechterdifferenz, für Derridas Denken zentral, blieb der Yale-Schule lange fremd. Die Literaturkritikerin Barbara Johnson prägte in einem Vortrag über »Gender Theory and the Yale School« von 1984 das Wort von der »Yale School« als einer »Male School« (in: Difference, 32-41, Zitat 32; zu de Man, Yale und Derrida vgl. Arac 1983; Royle 1995). Insgesamt kann dem amerikanischen Dekonstruktivismus eine abgehobene oder unkritische Haltung jedoch nicht nachgesagt werden. So wird, um ein Beispiel zu nennen, über eine dekonstruktive Literaturpädagogik nachgedacht (vgl. Atkins/Johnson 1985), und im Anschluss an Derridas Interpretationen und aufbauend auf die historische Vorleistung der Women's Studies hat sich die Strömung eines ›Dekonstruktiven Feminismus‹ (vgl. Vinken 1992) etabliert.

Angesichts der vielfältigen Verzweigtheit des Dekonstruktionsbegriffs sind Orientierungshilfen unverzichtbar (für einen umfassenden Überblick über die Dekonstruktion und eine ebensolche Bibliographie vgl. Zima 1994. Einführungen in die literaturwissenschaftliche Dekonstruktion bei Eagleton 1997, dt. Erstv. 1988, Culler 1988; hilfreich ist ferner das Exposé von Baasner 1996, 119-128).

Aus der Vielfalt des Begriffs folgt jedoch nicht, dass es keine klaren Regeln für die Dekonstruktion gäbe. Derrida, der das Wort zwar nicht erfunden, aber populär gemacht hat, hat es einlässlich erläutert. Zwei Texte sind hier besonders wichtig. Der eine ist die *Grammatologie*, der andere ein Gespräch mit dem Autor, das 1971 unter dem Titel »Positions« erschien und dem Interviewband von 1972 den Namen gab. Auf diese Texte baut die nachfolgende Skizze auf. Der Akzent liegt zuerst auf der Definition, danach auf der Pragmatik der Dekonstruktion. Vorausgeschickt sei ferner, dass Derrida die Dekonstruktion so wenig wie einen anderen seiner Entwürfe als Konzept definiert wissen will. Die Aufmerksamkeit für sprachliche Differenzen drohe sonst geschwächt zu werden. Mitte der 80er Jahre sagt er es so: »im Grund genommen ist sie keine Methode und auch keine wissenschaftliche Kritik, weil eine Methode eine Technik des Befragens oder der Lektüre ist, die ohne Rücksicht auf die idiomatischen Züge in anderen Zusammenhängen wiederholbar sein soll« (in: Rötzer 1986, 70).

Dekonstruktion als »doppelte Geste«

Umkehr und positive Verschiebung
In »Positionen« stellt Derrida die Dekonstruktion als ein »Projekt«
dar, zu dessen Durchführung es einer allgemeinen Strategie bedürfe.
Es ist die Strategie der »doppelten Geste«. Sie soll die Begriffshierar-
chien des metaphysischen Diskurses unter Zuhilfenahme der ihm
selbst eingeschriebenen Brüche erschüttern. Der erste Teil des strategischen Doppels ist relativ leicht zu fassen, da er auf die Umkehrung
(renversement) der zweiwertigen Oppositionen zielt. Der zweite Teil
ist schwieriger, liegt aber in der logischen Verlängerung des ersten.
Jetzt kommt es darauf an, die Grundlage der Opposition anzuta-
sten. Hierzu soll der Abstand zwischen der umgedrehten Opposition
und der Heraufkunft eines neuen, in den Grenzen der vorigen Konstellation nicht mehr einschließbaren Konzepts markiert werden.
Das Ziel ist die Überschreitung und positive Verschiebung (déplace-
ment positif) des gegebenen Rahmens (Zitate nach dem französischen Text, 56 u. 89; in der deutschen Ausgabe ist der Text auf S.
83-176 zu finden).

Derrida unterstreicht, dass die Phase der Umkehrung wichtig sei
und nicht übersprungen werden dürfe. Sie trage dazu bei, die Gewalt (une hiérarchie violente, ebd., 57f.) sichtbar zu machen, auf der
die oppositionelle Zuordnung der Terme beruhe. Von friedlicher
Koexistenz könne nicht die Rede sein. Stets unterwerfe einer von
zwei Termen den untergeordneten Teil (zentrales Beispiel ist die
Herrschaft des Signifikats über den Signifikanten). Gegenüber einem undifferenzierten Ja oder Nein bleibe das Feld wie es sei, ja,
werde es neutralisiert. Andererseits sei die bloße Umkehr von oben
und unten keine hinreichende Bedingung, sich aus der Umschlie-
ßung des Terrains zu befreien. Die Hierarchie der Gegensätze stelle
sich aufgrund ihrer eigenen Strukturlogik stets wieder her.

An dem Punkt tritt die zweite Geste in ihre Rechte. Das Terrain,
auf dem die Opposition entsteht, muss ›desorganisiert‹ werden, muss
durch einen künstlich verstärkten Abstand im Innern in eine unauf-
hörliche Bewegung der Unruhe versetzt werden. Das heißt nicht
etwa, einen dritten Term nach dem Vorbild der spekulativen Dialektik zu errichten. Derrida schwebt das Urteilsmuster eines Weder-
Noch oder Sowohl-als-auch im Sinn des strengen Zugleich vor. Als
Exempel dienen ihm jene oft zitierten Worte, deren semantische
Unentscheidbarkeit auf keine letztgültige Bedeutung hin aufgelöst
werden kann. Es sind ›Pharmakon‹, ›Hymen‹, ›Verräumlichung‹,
›Markierung‹, ›Supplement‹ und ähnliche. Außer dem ›einen‹ bedeuten sie immer auch das ›andere‹, das Gegenteil sogar. Das ›Sup-

plement‹ beispielsweise ist weder einfach ein Weniger noch einfach ein Mehr, es ist vielmehr beides zugleich. (Es ist ›mehr‹, weil es etwas hinzufügt, und ›weniger‹, weil das Hinzugefügte den Text nicht schließt, sondern offen hält).

Worte wie ›Hymen‹ und ›Supplement‹ haben die gewünschte Überschreitung gewissermaßen schon vorvollzogen. Ihre semantische Janusgesichtigkeit macht sie der Figur des oppositionellen Gegensatzes verwandt. Doch entziehen sie sich der einfachen Umkehrbarkeit der Terme, ohne dabei in ein Text-Außerhalb auszuweichen, welches die Herrschaft der Opposition mit ihren Symmetrie- und Homologiebildungen unangetastet lassen würde. Sie bieten Widerstand in sich selbst. Als Gegenbild führt Derrida die rein thematisch orientierte soziologische Kritik und das rein formalistische, nur an Kodes interessierte Modell von Lektüre an. Seines Erachtens ziehen sich beide in ein Text-Außerhalb zurück, denn sie vernachlässigen die genetische Bewegung des Textes zugunsten einer unterstellten substantiellen Beziehung. Die Hermeneutik gehe in dieselbe Falle, wenn sie nach einem Signifikat unterhalb der Textoberfläche forsche.

Die unentscheidbaren Worte figurieren auf der Grundlage der Schrift, nach deren Muster Derrida die »doppelte Geste« entwirft. Für ›Schrift‹ darf hier wohl die *différance* eingesetzt werden, die der Autor anlässlich seiner Kritik an Hegels Differenzkonzept zitiert. Die *différance* lässt sich als ein Produkt der Dekonstruktion, Ergebnis einer positiven Verschiebung lesen, da sie ja offenkundig als ein von der Opposition distanziertes und im Vergleich zu ihr als ›neu‹ markiertes Konzept der Differenzbildung hat formuliert werden können. Zu einem ›Konzept‹ darf sie dennoch nicht verfestigt werden. Sonst geschieht, was der Autor als eine große Gefahr ansieht und woraus sich erklärt, warum er wissenschaftliche Kategorisierungen kategorisch verwirft. Das Neue droht wiederangeeignet (réappropié), in die alte Gegensatzordnung zurückgeführt zu werden. Hier enthüllt sich die Achillesferse der Dekonstruktion, eine gewisse Schwäche, zumindest eine offene Frage. Denn wie den Nachweis über das Neue führen, wenn es nicht in ein Konzept gebracht und der intersubjektiven Prüfung ausgesetzt werden darf?

Dekonstruktion und Literatur
Wo Kritik an der Dekonstruktion geäußert wird, geschieht das häufig mittels zweier Figuren, deren Extreme sich berühren. Die eine besagt, dass Derrida nicht weit genug gehe und das Gegebene nur variiere, die andere meint, dass er viel zu weit gehe und das Kind mit dem Bade ausschütte. Ein Beispiel für das erste Argument ist

die Ansicht, dass Derrida Hegels Dialektik bloß umkehre zum Triumph des Netzwerks über die Hierarchie (Levin 1984). Die Gegenfigur liefert der Literaturwissenschaftler Karlheinz Stierle, der den hermeneutischen Verstehensbegriff gegen die Abstraktionen der Dekonstruktion verteidigt. Dadurch, das Derrida von den Vermittlungen, syntaktischen Funktionen und Kontexten der Sprache absehe, mache er sie unlebendig und leer. Darin gleiche er den Strukturalisten. Wie sie trenne er den Text »von seinem Ursprung, seinem Vollzug als sprachliche Handlung, die auf ein sprechendes und seine Rede verantwortendes Ich verweist« (Stierle 1990, 32).

Wie sieht Derrida selbst das Verhältnis von Dekonstruktion und Literatur? Annähernd so, daß der strategische Angriff auf die Opposition als ein Zug der Literatur selbst erscheint, zumindest nicht als etwas, das wie ein Fremdes an sie herangetragen werden müsste. Derridas Argumentation ist jedoch mehrschichtig und berücksichtigt die philosophische Tradition der Ästhetik und des Literaturbegriffs.

Der Autor geht von der Beobachtung aus, dass ›literarische‹ Texte wie die von Artaud, Bataille, Mallarmé, Sollers auf avancierte Weise mit Unterbrechungen bzw. Brüchen operieren. Der Interpret vermutet, dass sie durch die Textbewegung hindurch die Repräsentation zu dekonstruieren suchen, die es von der Literatur als Teil der schönen Künste, als Poesie, Gebiet der *belles lettres* gibt. Die Texte richten sich, kurzum, gegen das vormoderne Verständnis von literarischer Praxis. Ihre Aktion ist aber nicht bloß negativ. Laut Derrida kann fortan auch den vormodernen Texten, sei es ohne rückläufige Teleologie, eine gewisse Rissstruktur abgelesen werden. Die Avantgarde hat das frühere Schreiben nicht schlichtweg überholt, sie hat daran etwas aufgedeckt, das vorher so nicht wahrnehmbar war. Die Brüche, die einem Text konstitutiv eingezeichnet sind, werden von den avantgardistischen Werken taktisch verstärkt und gegen die Idee von der Literatur als einer philosophisch kategorisierbaren Ordnung gewandt.

Dekonstruiert die Literatur sich demnach selbst? Ganz so einfach ist es nicht, wenngleich Derrida in einer Fußnote – und mit Blick auf Lacans Poe-Seminar – die Ansicht verkündet, es gäbe ›literarische‹ Texte, deren dekonstruktive Kraft den psychoanalytischen Apparat übertreffe, der auf sie angewandt werde. Wo Derrida die moderne Textästhetik erfassen will, spricht er meist von ›Remarkieren‹, nicht von Dekonstruktion. ›Remarkieren‹ heißt, dass der literarische Text die unabschließbare Offenheit seines konstitutiven Prozesses durch entsprechende Bilder und graphische Arrangements verdoppelt, sie ›mimetologisch‹, d.h. nicht schlichtweg ›mimetisch‹ wiederholt (s. Kap. II.3.5).

Wenn Literatur etwas dekonstruiert, dann den Begriff, den es von ihr gibt und in dem das Remarkieren ignoriert wird. Derrida schreibt der Literatur eine immanente Widerständigkeit gegen die kategorialen Systeme zu, die sie zu beherrschen beanspruchen. Es sind die Systeme der Rhetorik und Ästhetik sowie die Literaturkritik mit ihren Wertoppositionen von Sinn und Form, Inhalt und Signifikant, Wahrheit, Repräsentation. Der von den russischen Formalisten in der ersten Jahrhunderthälfte formulierte Begriff der Literarizität soll keine Ausnahme sein (zum Formalismus vgl. Erlich 1973). Die Hervorhebung von Syntax und Form ist nach Ansicht Derridas notwendig gewesen, um soziologische und psychologische Missverständnisse über die ›Literatur‹ auszuräumen. Die Behauptung eines formspezifischen Eigenen der Literatur binde diese jedoch wieder an eine Wahrheit, die nur ihr allein gehören soll. Derrida schlägt darum vor, und es ist nicht ganz klar ob mit oder ohne Ironie, den Literaturbegriff nur noch im strategischen Sinn eines Paläonyms, d.h. eines ausgestorbenen oder versteinerten Worts zu verwenden.

Streng genommen können Werke wie die von Mallarmé also nicht dekonstruiert werden. Die doppelte Geste der Dekonstruktion – Verkehrung und Verschiebung der ›maître-mots‹ – ist schon in ihnen angelegt, dazu noch wird der doppelte Zug literarisch vorgeführt, metaphorisch-reflexiv überboten. Genau das dürfte sein, was Derrida als dekonstruktive Kraft (une capacité déconstructice plus forte, ebd., 118) umschreibt. Einen ontologischen Sonderstatus der Literatur gibt es trotzdem nicht, Sonderformen der Lektüre ebenso wenig. Der philosophische Text funktioniert nach keinen anderen Prinzipien als die Literatur, selbst wenn er auf der Ebene seiner Repräsentationen nichts davon zu wissen scheint. Hegels Text, erklärt Derrida, ist auf seinen philosophischen Inhalt nicht reduzierbar. Er produziere außerdem und notwendigerweise eine Bewegung der Schrift, die seine semantische Aussage übersteige und wovon die dekonstruktive Lektüre sich leiten lassen könne. In seinem zweiteiligen, bisher nicht auf deutsch erschienenen Buch *Glas* (1974/1981) hat Derrida nähere Proben seiner Auseinandersetzung mit Hegels Schreiben und Denken gegeben.

Dekonstruktion als produktive »Antizipation«

Verbleibt der Literatur nicht etwa doch ein Vorzug gegenüber den anderen Textgattungen? Denn muss der philosophische Text nicht wie ein Delinquent überführt werden, bevor er seine unentscheidbaren Worte preis gibt, man denke an Platons ›Pharmakon‹? Hat dagegen die Literatur die Grenze der herrschenden Begriffe als gute Partisanin nicht schon von sich aus überschritten, siehe das ›Hymen‹ bei Mallarmé? Anhand von Derridas praktischen Dekonstruktionen wäre der Streit nicht leicht zu schlichten. So wichtig dem Autor die Literatur ist, zu produktiven Einsichten gelangt er auch aufgrund von theoretischen Traktaten.

Die *Grammatologie* beweist das gleich zweimal, im ersten Teil anhand der Theorie des Zeichens, im zweiten anhand des *Essai sur l'origine des langues* von Jean-Jacques Rousseau. Beide Male manifestiert sich der positive Aspekt der Dekonstruktion, ihre Überschreitung auf ein neues Konzept von Schrift hin. Der Autor ist überzeugt, dass die gesprochene Sprache selber eine Schrift sei, gibt aber zu: »Doch setzt das einen modifizierten Schriftbegriff voraus, den wir vorerst nur antizipieren können« (Grammatologie, 97). Hier rundet sich das Bild. Denn es ist dank des Hinausgehens über die Metaphysik, dass die »modifizierte« Schrift »antizipiert« werden kann. Die Erneuerung, die sich Kristeva in den 60er Jahren von der Semiologie erhofft, erwartet Derrida von der Dekonstruktion,

Die Pragmatik der positiven Überschreitung ist dem Abschnitt »Das Draußen ist das Drinnen« der *Grammatologie* (ebd., 77-114) zu entnehmen. Thema ist die Überschreitung des Zeichens, *die* Dekonstruktion Derridas überhaupt. Zwei gängige Vorurteile können dabei leicht widerlegt werden. Die Dekonstruktion macht sich keineswegs von allein. Sie ist ein kontrolliertes Verfahren, das sich auf Argumente und Räsonnements stützt. Genauso wenig ist sie nur negativ, abweisend oder destruktiv. Sie benötigt Verbündete, die sie in ausgewählten Texten oder Textschichten findet und mit deren Beistand sie das Verdrängte löst.

Erster Bündnispartner ist das Arbitraritätstheorem Saussures. Der Gedanke, dass Zeichen auf Vereinbarung beruhen, bringt Derrida auf den Schluss, dass solche Vereinbarungen ohne den Horizont der Schrift gar nicht vorstellbar wären. Sie müssen geschrieben sein, präziser, da es nicht um Kodifikation geht, es muss ein Raum der Einschreibung eröffnet sein. Dies impliziert, dass die Schrift nicht mehr in der Spur von Saussures Phonozentrismus als Abbild des lautlichen Signifikanten gedacht werden kann. Es genügt auch nicht, den Signifikanten über das Signifikat zu stellen, wie Lacan es tut, und was für Derrida nur ein Teilschritt der Dekonstruktion wäre. Im Fall der bloßen Positionsverkehrung bliebe die Abhängigkeit des Signifikanten vom Prozess der Einschreibung verdeckt. Letzthin würde verfehlt, was als die »Dekonstruktion des transzendentalen Signifikats« intendiert ist (ebd., 85). Erst die Schrift qua Inschrift (inscription) gibt dem Autor das ›Konzept‹ an die Hand, mit dem die Opposition von Signifikant und Signifikat über- oder besser unterschritten werden kann. Die Schrift wird von der Opposition nicht beherrscht, weil diese ohne sie gar nicht entstünde.

Zweiter Bündnispartner ist die Interpretantenlogik des amerikanischen Philosophen, Handlungstheoretikers und Semiotikers Charles Sanders Peirce (1839-1914). Im Unterschied zu Saussure legt Peirce ein dreistelliges Modell des Zeichens vor, in dem ein Repräsentamen, ein Interpretant und ein Objekt beim Prozess der Semiose zusammenwirken. Die drei Partizipanten können auch als materielles Substrat, Bezugspunkt der Erkenntnis und interpretative Vermittlung umschrieben werden (vgl. die Darstellung bei Spinner 1977, 33-77).

Mit Peirce verfährt Derrida ähnlich wie mit Saussure. Er registriert eine bestimmte Uneindeutigkeit, die er dahingehend verstärkt, dass die unterbelichtete Seite klarer zum Vorschein kommt. Er bemerkt, dass Peirce das Symbol teils aus anderen Symbolen, teils aus einer früheren Bedeutungsordnung entstehen lassen will. Er schließt, dass, woher auch immer das Symbol komme, jedenfalls nichts außerhalb der Zeichen geschehe. »Es gibt keinen Boden der Nicht-Bedeutung – verstehe man sie nun als Bedeutungslosigkeit oder als Eingebung einer gegenwärtigen Wahrheit –, der als Grundlage dieser Verwurzelung unter dem Spiel und dem Werden der Zeichen verliefe« (Grammatologie, 84). Das entscheidende Wort ist »Spiel«. Es deutet an, dass das Werden der Zeichen und Symbole immer schon begonnen hat, mehr noch, dass sich dieses Werden als ein Unmotiviertwerden vollzieht. ›Unmotiviert‹ oder ›arbiträr‹ sind die Zeichen nicht erst von dem Augenblick an, da sie zu Ende geschrieben sind. Sie ›werden‹ überhaupt nur als geschriebene, und das heißt als etwas, das von Beginn an ohne einen anderen Rückhalt als den einer ihrerseits bodenlosen Schrift ist. Auf diesem paradoxen Weg sucht Derrida die Schrift über eine bloß negative Definition (»ist kein Abbild von«) hinauszuführen. Dass sie ohne Wurzel in irgendeinem Signifikanten oder Signifikat ist, gereicht ihr nicht zum Nachteil. Es ist ihr Positivum, ihr ›Spiel‹.

Ist die Dekonstruktion, wie hier, an den Punkt gelangt, dass ein neues Konzept antizipiert werden kann, ist eine Geste der Substitution möglich. Der traditionelle Begriff der Schrift kann zum Beispiel durch das Kunstwort *différance* ersetzt werden. Der eingeführte Begriff kann auch beibehalten werden, muss dann aber durch Anführungszeichen oder nach dem Vorbild Heideggers durch querende Striche markiert werden. »Gelingen kann dies aber nur«, so Derrida unter Verweis auf die zu denkende Radikalität des Spiels, »indem die Begriffe des Spiels und der Schrift, auf die wir hier rekurrieren, durchstrichen werden« (ebd., 88).

Im zweiten Teil der *Grammatologie* geht Derrida auf den Supplement-Begriff bei Rousseau ein (siehe dazu die Hinweise unter »Disseminale Lektüre« in diesem Kap.). Seinem Befund zufolge antizipiert Rousseau das Spiel der Schrift, freilich nur auf verhüllte Art. »Sie ist der Ursprung der gesprochenen Sprache«, fasst er die ›blinde‹ Einsicht des Philosophen zusammen, und setzt erläuternd hinzu: »Rousseau behauptet ihn, ohne ihn zu deklarieren. Heimlich wie ein Schmuggler« (ebd., 539). Paul de Man legte in den 70er Jahren eine komplexe Gegenlektüre dazu vor. Er liest Rousseaus Text als Literatur und befindet, dass er keiner Dekonstruktion bedürfe. So umsichtig Derrida vorgehe, bleibe er doch blind für die Schicht in Rousseaus Sprache, die seiner Kritik widerstehe. Rousseau entfalte eine Theorie der Bedeutung, die das Bild des einfachen Ursprungs ausdrücklich negiere (de Man: »Die Rhetorik der Blindheit: Jacques Derridas Rousseauinterpretation«, am. zweite Fassung 1977, in: Menke 1993, 185-230).

Offenkundig prallen hier zwei Auffassungen von Dekonstruktion aufeinander, wobei Derrida der Idee eines unbewussten Textes näher steht. Er unterscheidet eine konstatierende Ebene, auf der Rousseau sagt, was er sagen will, und eine performative Ebene, auf der er sagt, was er verschweigt. Für de Man sind, wo immer es zwei Ebenen gibt, beide gleichwertig, da er sie als Ausdruck der Allegorizität des Textes liest. Sein konsequentes doppeltes Lesen erinnert formal an Kristevas Entwurf einer paragrammatischen Nebenordnung (vgl. Kap. II.4.1).

Die abweichenden Dekonstruktionen de Mans und Derridas bedeuten eine Art Zusage, dass es künftig an Kontroversen nicht mangeln wird. Einerseits steht die Dekonstruktion in Fehde zur Hermeneutik, die den Handschuh nicht hat liegen lassen, wie die Kapitelüberschrift »Sinnverweigerung: Der dekonstruktivistische Angriff auf die Hermeneutik« andeutet (Brenner 1998; vgl. die einfachere Skizze bei Müller 1988). Andererseits bewegt sich die Dekonstruktion in einem Spannungsfeld zu sich selber, und das sowohl ihren Definitionen als auch ihrer Pragmatik nach. Ihre Produktivität wird sich auf beiden Feldern bewähren müssen.

Dekonstruktion: Spiegelfechterei oder ethische Kritik?

»... das jüngste Buch von Jacques Derrida zum Beispiel, über das wir dann auch telefonierten, rufe ich ...« Dieser Satz ist nicht dem Protokoll einer Redaktionssitzung entnommen. Es handelt sich um ein literarisches Zitat, denn die da spricht ist das Text-Ich in Friederike Mayröckers Prosabuch *Reise durch die Nacht* (1984). Das Ich erzählt während einer Heimreise aus Frankreich und zitiert Derrida am Schluss des Buchs auch dem Wortlaut nach (ebd., 69; 132). Ein bezeichnender Fall. Derrida, der die Literatur Zitierende, wird in der Literatur zitiert, könnte seine Zitate fortan also literarisch gedoppelt re-zitieren. Die Frage erhebt sich: Ist die Dekonstruktion bloße Spiegelfechterei mit Worten? Oder ist sie eine Kritik mit ethischen Implikationen?

Beide Seiten sind bei Derrida zu finden. Der erste Teil der »Zweifachen Séance« (frz. 1971) über Mallarmés Prosastück *Mimique* (1886) ist ein wahres Spiegelkabinett. *Mimique* erweist sich als hochgradig intertextuell, voller Brechungen, Anspielungen, Verweise. Es enthält die Erzählung eines Mimen, der berichtet, wie Pierrot seine treulose Frau Colombine bestraft, indem er sie zu Tode kitzelt, während die als Porträt anwesende Colombine lebendig wird und lacht. Was fehlt, kommentiert Derrida, ist die Tat, das Verbrechen. Was da ist, ist eine literarische Fiktion, die sich als solche weiß und darstellt. »Der Mime mimt die Referenz. Er ist kein Nachahmer, er mimt die Nachahmung« (Séance, 195-253; die Erzählung des Mimen 223-225, Derridas Kommentare 216-233, Zitat 245).

An diese Linie knüpft David Martyn an, um die »Dekonstruktion« im Rahmen eines Grundkurs-Buchs (Erstv. 1992) vorzustellen. Er zitiert ein Gedicht von Francis Ponge, das Derrida einmal selbst behandelt hat, und setzt als zweites Beispiel ein Goethe-Gedicht hinzu. Martyns Analysen sind sprachlich und gedanklich sehr exakt, im Ergebnis aber vorhersehbar. Es ist, als habe unter dem Stichwort der Selbstreferentialität und unter dem Einfluss des Allegoriekonzepts Paul de Mans eine Verlagerung vom allwissenden Erzähler zum allwissenden Text stattgefunden. Der Text weiß immer schon alles über sich selbst, so dass es eigentlich nur noch darauf ankommt, die jeweilige sprachliche Einfassung dieser Selbstbekundung nachzureichen. Der Verfasser bemerkt: »Die Sprache von Goethes Text ist selbst schon eine Metasprache: Sie kommentiert die irrtümliche Verwechslung von Natur und Sprache, die sie selbst bewirkt« (Martyn 1994, 674; vgl. 1995).

Die ethische Seite der Dekonstruktion wird stärker aus Derridas philosophischen Lektüren ersichtlich, oder aus seiner Arbeit mit solcher Literatur, die wie Baudelaires Erzählung *Das falsche Geldstück* relativ linear wirkt. Der Befund der Selbstreferentialität fehlt auch in der Baudelaire-Analyse nicht, ist hier jedoch in ein breites Netz von Bezügen eingebettet. Derrida erwähnt die Sozialgeschichte des Bettlertums und Almosengebens, er referiert den indianischen Ritus des Potlatsch, er durchdenkt die Aporien der Gabe anhand von Heideggers Wort »es gibt« (Falschgeld; zum Thema ›Literatur‹ insb. 214-

216). Natürlich ist damit nicht die Kritik widerlegt, die im Anschluss an Adorno und Habermas vorgebracht wurde und die lautet, dass Derridas Dekonstruktion zu wenig an Gesellschaftstheorie orientiert sei (Zima 1994). Eine Gesellschaftstheorie hat Derrida in der Tat nicht. Die Bezüge bestätigen lediglich, dass die Dekonstruktion zwei Seiten aufweist.

Ironischerweise ist die ethische Seite der Dekonstruktion da am stärksten, wo ihr ein Text den größeren Widerstand leistet. An den traditionellen Werken der Literatur und der Philosophie zeigt sich klarer als an der ästhetischen Avantgarde, dass genaues Lesen eine starke Waffe gegen einseitige Autoritäts- und Repräsentationsansprüche sein kann. Auf eine scheinbar neutrale Außen-Position verzichtend, lässt die Dekonstruktion die Texte selber sagen, was nicht zu sagen ihnen unmöglich ist. Kein Text kann verschweigen, wie er aufgebaut ist, wie und was er auswählt oder fortlässt, verbindet und trennt, gleich- oder entgegenstellt. Im Hintergrund steht Derridas Prämisse der *différance,* der differentiellen Dynamik von Aufschub und Unterscheidung, die verhindert, dass ein Text sich an der Stelle einer bestimmten Identitäts- oder Differenzbehauptung schließt. Die textinterne Bewegung des Aufschubs hintertreibt das Bemühen, das als gleich oder ungleich Gesetzte in ein repräsentatives Maß zu zwingen. Auf dieser Überzeugung basiert heute eine unübersehbare Zahl von Abhandlungen über diskriminierte Sexualitäten, Minoritäten, Kolonialismus, Rassismus, Antifeminismus.

Ohne die Prämisse der *différance* ist es nicht immer leicht, die Dekonstruktion von Verfahren wie *explication de texte, close reading,* wörtlichem Lesen oder schlicht von philologischer Kleinarbeit zu unterscheiden. Derridas Theorem über die semantische Unentscheidbarkeit der Zeichen ist in seinen Arbeiten stets ›mitzulesen‹. Als ›typisch‹ Derridasche Praxis haben sich gleichwohl bestimmte Aufmerksamkeitsgebiete herauskristallisiert, von denen vier genannt seien. Vorangestellt sei Derridas Satz, dass die Dekonstruktion keine mechanische Sache sei und »nie ohne Liebe vor sich gehen kann ...« (in: Engelmann 1985, 60).

– Genealogien, Etymologien, Übersetzungen
Derrida fragt konsequent nach der Herkunft eines Worts aus anderen Sprachen und Verwendungskontexten, prüft seine unmittelbare Semantik und die weitläufigeren Assoziationen. Mallarmés Wort »hymen« zum Beispiel wird auf die griechische (Membran) und lateinische (Gewebe) Wortbedeutung zurückgeführt, durch Verwendungsbeispiele (Aristoteles) gestützt, einerseits mit ›Hymne‹, andererseits mit ›Textur‹ assoziiert und auf diesem Hintergrund als

Medium einer Faltung von Textstellen gelesen, die nie zur Deckung kommen (Séance, 236-242).

– Innertextliche Rahmungen, Thesen, Kontexte, Aussagetypen
Die Dekonstruktion achtet nicht nur auf einzelne Worte, sie filtert auch thesenartige Behauptungen heraus. Derrida nimmt sie jedoch nicht für die letztmögliche Aussage des Textes. Im Gegenteil, er konfrontiert sie untereinander, unterstreicht ihre Unvereinbarkeit und setzt als weiteren sinnfälligen Rahmen den Stil, die Art der Formulierung ›hinter‹ die Thesen. In seinem Vortrag *Sporen. Die Stile Nietzsches* (frz.1972) stellt er drei Typen von Aussagen in Nietzsches Aphorismen über die Frau zusammen. Er liest den Sätzen die Grenze der sprachlichen Kodifizierbarkeit ab, weil sie sich nicht auf einen gemeinsamer Nenner bringen lassen, ihnen die letzte semantische Entscheidbarkeit fehlt (Sporen, 149-152).

– Paratexte: Titel, Vorworte, Fußnoten, Glossare, Datumsangaben
Alles, was scheinbar nicht direkt zum Korpus des Textes gehört, da es vor, nach oder unter ihm angeordnet ist, verdient beachtet zu werden. Denn hierher kann sich zurückgezogen haben, wovon der Haupttext nichts wissen will, ihn hinterrücks aber desto sicherer ›verrät‹. In Lacans Arbeit über Poes »Entwendeten Brief« zum Beispiel entdeckt Derrida eine Fußnote, in der ohne nähere Namensangabe von einer »Köchin« die Rede ist. Indem er sie als Verweis auf die Analytikerin Marie Bonaparte und ihr 1933 veröffentlichtes Buch über Edgar Allan Poe entschlüsselt, stellt er Lacans Arbeit in den Raum eines intertextuellen Bezugs, den Lacan selbst zu kaschieren suche (Facteur, 220-226).

– Asemantische Zeichen, graphische Signaturen, Synkategorema
Derrida entwickelt eine systematische Aufmerksamkeit für die unscheinbaren Signale des Textes. Dies sind Satzzeichen und Druckarrangements, aber auch Worte, die keine eigenständige Semantik haben wie ›zwischen‹, ›und‹, ›mit‹, sogenannte Synkategorema. In ihnen spürt er das supplementäre ›Mehr‹ auf, das über die ausdrückliche Mitteilung hinausweist. In seinem Buch über den Geist-Begriff bei Heidegger (dt. 1992; frz.1987) stellt Derrida das an dem von ihm selbst so genannten »Gesetz der Anführungszeichen« dar. Er bemerkt, dass Heidegger in seiner Rektoratsrede von 1933 das Wort ›Geist‹ nicht mehr in Anführungszeichen gebraucht. Seines Erachtens hat Heidegger auf diese Weise zum Ausdruck bringen wollen, dass dem ›echt‹ deutschen Begriff des Geistes eine Vorrangsstellung im Nazismus zukommen soll (Vom Geist, 40-57, Zitat 40).

Literaturverzeichnis

Zur Zitierweise

Im Einführungstext: Anfang oder Ende eines kurzen Satzzitats sind in der Regel nicht durch Auslassungszeichen markiert worden.

Im Literaturverzeichnis: Die Titel sind nach ›Primärliteratur‹ (Grundlagentexte) und ›Sekundärliteratur‹ (weiterführende Texte) geordnet. Abgekürzt zitierte Titel sind an entsprechender Stelle unter ›Sekundärliteratur‹ nachgewiesen.

1. Primärliteratur

1.1 Roland Barthes

Die strukturalistische Tätigkeit. (1966) In: Kimmich 1996, S. 215-223.

Elemente der Semiologie. (Syndikat) Frankfurt a.M. 1979. (*Éléments de sémiologie,* zuerst in: *Communications* 4/1964).

Die Sprache der Mode. (Suhrkamp) Frankfurt a.M. 1985 (=es 1318). (*Système de la Mode,* Éditions du Seuil, Paris 1967).

S/Z. (Suhrkamp) Frankfurt a.M. 1987 (=stw 687). (*S/Z.* Éditions du Seuil, Paris 1970).

Die helle Kammer. Bemerkung zur Photographie. (Suhrkamp) Frankfurt a.M. 1989. (*La chambre claire. Note sur la photographie.* Paris 1980).

Fragmente einer Sprache der Liebe. (Suhrkamp) Frankfurt a.M. 1988 (=st 1586). (*Fragments d'un discours amoureux.* Éditions du Seuil, Paris 1977).

Die Lust am Text. (Suhrkamp) Frankfurt a.M. 1974 (=Bibliothek Suhrkamp; Bd. 378). (*Le Plaisir du Texte.* Éditions du Seuil, Paris 1973).

Das semiologische Abenteuer. (Suhrkamp) Frankfurt a.M. 1988 (=es 1441). (*L'aventure sémiologique.* Éditions du Seuil, Paris 1985).

Der entgegenkommende und der stumpfe Sinn. (Suhrkamp) Frankfurt a.M. 1990 (=NF 367). (*L'obvie et l'obtus.* Essais critique III. Éditions du Seuil, Paris 1982).

Zu Barthes

Brinkemper, Peter: Liebe als Fragment. Affinitäten und Differenzen zwischen Bachmann und Barthes. In: *Jahrbuch der Grillparzer-Gesellschaft* 16 (1986), S.189-199.

Brown, Andrew: *Roland Barthes. The figures of writing.* (Oxford University Press) Oxford/New York 1992.

Comment, Bernard: *Roland Barthes, Vers le Neutre*. Essais. (Christian Bourgeois) o.O. 1991.

Derrida, Jacques: *Die Tode von Roland Barthes*. (Nishen) (=Das Foto-Taschenbuch 10) Kreuzberg/Berlin 1987. (*Les morts de Roland Barthes*, in: *Poétique* Nr. 47, 1981).

Flaschka, Horst: Das Modell als ›Simulacrum‹ bei Barthes. In: ders.: *Modell, Modelltheorie und Formen der Modellbildung in der Literaturwissenschaft*. (Böhlau) Köln/Wien 1976 (=böhlau forum litterarum 6), S.71-84.

Johnson, Barbara: Die kritische Differenz: BartheS/BalZac (1980). In: Assmann 1996, S.142-155.

Kristeva, Julia: Comment parler à la littérature? (1971) In: dies.: *Polylogue*, S. 23-54, auch abgedruckt in: *Desire in Language* (siehe unter 1.6), S. 92-123.

Mortimer, Arnime Kotin: »*The Gentlest Law*«. *Roland Barthes's »The Pleasure of the Text*«. (Lang) New York/Bern u.a. 1989 (=American University Studies; 22).

O'Neill, John: Breaking the Signs. Roland Barthes and the Literary Body. In: Fekete 1984, S.183-200.

Neumann, Gerhard: Barthes. In: *Klassiker der Literaturtheorie. Von Boileau bis Barthes*. Hg. von Horst Turk (C.H. Beck) München 1979 (=Beck'sche Schwarze Reihe; Bd. 192), S. 298-310.

Röttger-Denker, Gabriele: *Roland Barthes zur Einführung*. (Edition SOAK im Junius Verlag; 50) Hamburg 1989.

Schor, Naomi: Desublimation: Roland Barthes's Aesthetics. In: dies.: *Reading in Detail. Aesthetics and the Feminine*. (Methuen) New York/London 1987, S.79-97.

1.2 Hélène Cixous

›Schreiben, Feminität, Veränderung‹ und: ›Schreiben und Begehren‹. In: *alternative* Heft 108/109: *Das Lächeln der Medusa* (1976), S. 134-147 u. S.155-159.

Die unendliche Zirkulation des Begehrens. (Merve) Berlin 1977 (=Internationale Marxistische Diskussion; 71).

Weiblichkeit in der Schrift. (Merve) Berlin 1980.

Geschlecht oder Kopf? (1976) In: *Aisthesis. Wahrnehmung heute oder Perspektiven einer anderen Ästhetik*. (Reclam) Leipzig 1991, S. 98-122.

LA. (des femmes) Paris 1976.

Illa. (Éditions des Femmes) Paris 1980.

Zu Cixous

Andermatt Conley, Verena: *Hélène Cixous: Writing in the Feminine*. (University of Nebraska Press) Nebraska 1984.

Brinker-Gabler 1988 Bd. 1, insb. S. 23-31.

Fisher, Claudine Guégan: *La Cosmogonie d'Hélène Cixous*. (Rodopi) Amsterdam 1988 (=Études de langue et littérature françaises publieés; no.35).

Heymann, Brigitte: *Textform und weibliches Selbstverständnis. Die Romane von Hélène Cixous und Chantal Chawaf*. (Deutscher Studien Verlag) Weinheim 1991 (=Ergebnisse der Frauenforschung; Bd.23).

Lachmann 1984.

Moi 1989, über Cixous S.121-149.

Othmer-Vetter 1988.

Penrod, Lynn Kettler: *Hélène Cixous.* (Twayne) New York 1996 (=Twayne's world authors series; 860).

Prokop 1992.

Schmidt, Ricarda: E.T.A. Hoffmanns Erzählung ›Der Sandmann‹ – ein Beispiel für eine écriture féminine? In: Annegret Pelz/Marianne Schuller/Inge Stephan/ Sigrid Weigel/Kerstin Wilhelms (Hg.): *Frauen – Literatur – Politik.* (Argument) Hamburg 1988 (=Argument-Sonderband 172/173), S.75-93.

Schulte 1995, über Cixous S. 102-107.

Sellers, Susan: *Hélène Cixous. Authorship, Autobiographie and Love.* (Blackwell) Oxford 1996;

dies.: *Language and Sexual Difference. Feminist Writing in France.* (Macmillan) Houndmills/London 1991.

Shiag, Morag: *Helene (sic) Cixous. A Politics of Writing.* (Routledge) London/New York 1991.

Stanton, Domna C.: Difference on Trial: A Critique of the Maternal Metaphor in Cixous, Irigaray, and Kristeva. In: Nancy K. Miller (Hg.): *The Poetics of Gender.* (Columbia University Press) New York 1986 (=Gender and Culture), S.157-182.

Stevens, Christa: *L'écriture solaire d'Hélène Cixous. Travail du texte et histoires du sujet dans ›Portrait du soleil‹.* (Editions Rodopi) Amsterdam/Atlanta 1999 (Faux Titre; 160).

Waniek, Eva: *Hélène Cixous: Entlang einer Theorie der Schrift.* (Turia und Kant) Wien 1993.

Weigel 1985.

1.3 Jacques Derrida

Die Schrift und die Differenz. (Suhrkamp) Frankfurt a.M. 1976. (*L'écriture et la différence.* Éditions du Seuil, Paris 1967).

Grammatologie. (Suhrkamp) Frankfurt a.M. 1974. (*De la grammatologie.* Éditions de Minuit, Paris 1967. Collection ›Critique‹).

Der Entzug der Metapher. (1978) In: Volker Bohn (Hg.): *Romantik, Literatur und Philosophie.* Internationale Beiträge zur Poetik. (Suhrkamp) Frankfurt a.M. 1987, S. 317-355.

The Ear of the Other. Otobiography, Transference, Translation. Texts and Discussions with Jacques Derrida. (University of Nebraska Press) Lincoln/London 1988.

la différance. In: *Tel Quel. Théorie d'Ensemble.* (Éditions du Seuil) Paris 1968 (=Collection ›Critique‹), S. 41-66;

weiter abgedruckt in: *Marges de la philosophie.* (Éditions de Minuit) Paris 1972 (=Collection ›Critique‹), S.1-29.

Die différance. In: *Randgänge der Philosophie.* (Ullstein) Frankfurt/M-Berlin-Wien 1976, S. 6-37;

weiter abgedruckt in: *Randgänge der Philosophie.* Erste vollständige deutsche Ausgabe. Hg. von Peter Engelmann (Passagen) Wien 1988; S. 29-52; sowie in: *Postmoderne und Dekonstruktion. Texte französischer Philosophen der Gegenwart.* Hg. von Peter Engelmann (Reclam) Stuttgart 1990 (=Universal-Bibliothek Nr. 8668/4), S. 76-113.

Sporen oder die Stile Nietzsches (1972). In: Werner Hamacher (Hg.): *Nietzsche aus Frankreich*. Essays von Maurice Blanchot, Jacques Derrida (u.a.). (Ullstein) Frankfurt/M., Berlin 1986 (=Ullstein Buch Nr. 35238), S.129-168.

Die weiße Mythologie. Die Metapher im philosophischen Text (1971). In: *Randgänge* 1988, S.205-258.

Schibboleth. Für Paul Celan. (1986) (Böhlau) Graz/Wien 1986 (=Edition Passagen; Bd. 12).

Chora. (1987) Hg. von Peter Engelmann (Passagen) Wien 1990 (=Edition Passagen; Bd. 32).

Memoires. Für Paul de Man. (1987) Hg. von Peter Engelmann (Passagen) Wien 1988 (=Edition Passagen; Bd. 18).

Falschgeld. Zeit geben I. (1991) (Fink) München 1993.

Dissemination. Hg. von Peter Engelmann (Passagen) Wien 1995 (=Passagen Philosophie). (*La dissémination*. Éditions du Seuil, Paris 1972).

Die zweifache Séance (1970). In: *Dissemination*, S. 193-320.

Positions. Entretiens avec Henri Ronse, Julia Kristeva, Jean-Louis Houdebine, Guy Scarpetta. (Éditions de Minuit) Paris 1972 (=Collection ›Critique‹).

Derrida. Positionen. Hg. von Peter Engelmann (Böhlau/Passagen) Graz/Wien 1986 (=Edition Passagen Bd.8); der Abschnitt ›Semiologie und Grammatologie. Gespräch mit Julia Kristeva‹ aus *Positionen* ist ferner abgedruckt in: Engelmann 1990 (siehe 1.3.), S. 140-164; sowie in: Brütting/Zimmermann 1975, S. 144-164.

La loi du genre (1979), in: *Parages*. (Galilée) Paris 1986, S. 251-287.

Der Facteur der Wahrheit: In: ders.: *Die Postkarte von Socrates bis an Freud und jenseits. 2. Lieferung.* (Brinkmann & Bose) Berlin 1987, S.185-281. (*La carte postale de Socrate à Freud et au-delà.* (Flammarion) Paris 1980).

Vom Geist. Heidegger und die Frage. (1987) (Suhrkamp) Frankfurt a.M. 1992 (=stw 995).

Demeure. Fiction et Témoignage. In: *Passions de la littérature*. Avec Jacques Derrida. Sous la direction de Michel Lisse (Galilée) Paris 1996 (=Collection la Philosophie en effet), S. 13-73.

Zu Derrida

Ansén, Reiner: *Defigurationen. Versuch über Derrida.* (Königshausen & Neumann) Würzburg 1993 (=Epistemata; Reihe Philosophie Bd.140).

Baasner, Rainer: Neostrukturalismus (Poststrukturalismus). Dekonstruktion bei Derrida und Paul de Man. In: ders. 1996, S.119-128.

Behler, Ernst: *Derrida-Nietzsche-Nietzsche-Derrida.* (Schöningh) München/Paderborn/Wien/Zürich 1988.

Brenner, Peter J.: Sinnverweigerung: Der dekonstruktivistische Angriff auf die Hermeneutik. In: ders. 1998, S.133-166.

Culler 1988.

Eagleton 1997, S.110-137.

Ecker 1985; 1988.

Engelmann, Peter (Hg.): Jacques Derrida. In: ders.: *Philosophien*. Gespräche mit Michel Foucault, Kostas Axelos, Jacques Derrida u.a. (Passagen) Graz/Wien 1985 (=Edition Passagen Bd. 6), S. 51-70;

ders. (Hg.): *Postmoderne und Dekonstruktion*. Texte französischer Philosophen der Gegenwart. (Reclam) Stuttgart 1990 (=Universal-Bibliothek Nr.8668/4). Mit einer Einführung des Herausgebers, S. 5-32;

ders. 1994.

Englert, Klaus: *Frivolität und Sprache. Zur Zeichentheorie bei Jacques Derrida.* (Die Blaue Eule) Essen 1987 (=Genealogica; Bd.14);

ders.: Die bewußtseinsfähigen Denkvorgänge – die Struktur ihrer Verräumlichung und Verzeitlichung. Zu Derridas Freud-Lektüre. In: *Frag.Mente.* Schriftenreihe für Kultur-, Medien- und Psychoanalyse. Heft 46 (1994), hg. von K. Dahlke, U.A. Müller, M. Schuller, S.171-187.

Frank, Manfred: Die Entropie der Sprache. Überlegungen zur Debatte Searle-Derrida. In: ders. 1989, S.491-560;

ders.: Vorlesungen über Derrida. In: ders. 1983, S. 520-607.

Gumbrecht, Hans Ulrich: Who is afraid of Deconstruction? in: Fohrmann/Müller 1988, S. 95-113.

Hartman, Geoffrey: *Saving the Text. Literature/Derrida/Philosophy.* (The Johns Hopkins University Press) Baltimore/London 1982 (1981).

Hirsch, Alfred: *Der Dialog der Sprachen. Studien zum Sprach- und Übersetzungs-denken Walter Benjamins und Jacques Derridas.* (Fink) München 1995 (=Phäno-menologische Untersuchungen; Bd. 4).

Hörisch, Jochen: Das Sein der Zeichen und die Zeichen des Seins. Marginalien zu Derridas Ontosemiologie. Vorwort zu: *Jacques Derrida: Die Stimme und das Phänomen. Ein Essay über das Problem des Zeichens in der Philosophie Husserls.* (1967) Frankfurt a.M. 1979 (=es 945), S. 7-50.

Jäger, Michael: Derridas konservative Wende. In: *Ästhetik & Kommunikation.* Heft 82 (Jg. 22) 1993, S.110-116.

Kimmerle, Heinz: *Derrida zur Einführung.* (Junius) Hamburg 1988 (=SOAK-Ein-führungen 37).

Cornelia Klinger: Eine Fallstudie zum Thema postmoderne Philosophie der Weiblichkeit: Jacques Derrida, ›Sporen: Die Stile Nietzsches‹. In: Amstutz 1994, S. 205-233.

Kofmann, Sarah: *Derrida lesen.* (1984) (Passagen) Wien 1987 (=Edition Passagen).

Lagemann, Jörg/Klaus Gloy: *Dem Zeichen auf der Spur. Derrida. Eine Einführung.* (ein-FACH-verlag) Aachen 1998 (=Hochschulschriften zur Philosophie und Sprachtheorie; Bd. 3).

Leitch 1983.

Levin, Charles: La Greffe du Zèle: Derrida and the Cupidity of the Text. In: Fe-kete 1984, S. 201-227.

Martyn, David: Dekonstruktion, in: Brackert/Stückrath 1994, S. 664-677;

ders.: Unmögliche Notwendigkeit. (Die Ethik des Lesens). In: Fohrmann/Müller 1995, S. 311-329.

Menke, Bettine: Dekonstruktion – Lektüre: Derrida literaturtheoretisch. In: Bog-dal 1990, S. 235-264;

dies.: Verstellt – der Ort der Frau und die Stimme des Textes. In: Amstutz 1994, S. 185-204;

dies.: Dekonstruktion. Lesen, Schrift, Figur, Performanz. In: Pechlinavos 1995, S. 116-137.

Menke, Christoph: *Die Souveränität der Kunst. Ästhetische Erfahrung nach Adorno und Derrida.* (Suhrkamp) Frankfurt a.M. 1991 (1988) (=stw 958).

Müller, Harro: Hermeneutik oder Dekonstruktion? Zum Widerstreit zweier In-terpretationsweisen. In: Bohrer 1993, S. 98-116.

Payne, Michael: *Reading Theory. An Introduction to Lacan, Derrida, and Kristeva.* (Blackwell) Oxford 1993, S. 110-161.

Florian Rötzer: *Französische Philosophen im Gespräch.* (Boer) München 1986. Gespräch mit Jacques Derrida, S. 67-87.

Schestag, Thomas: *Parerga: Friedrich Hölderlin, Carl Schmitt, Franz Kafka, Platon, Friedrich Schleiermacher, Walter Benjamin, Jacques Derrida. Zur literarischen Hermeneutik.* (Boer) München 1991.

Smith, Robert: *Derrida and autobiographie.* (Cambridge University Press) Cambridge 1995 (= Literature, Culture, Theory; 16).

Spivak 1992.

Strozier, Robert M.: *Saussure, Derrida and the Metaphysics of Subjectivity.* (Mouton/de Gruyter) Berlin/New York/Amsterdam 1988 (=Approaches to Semiotics; 80).

Tewes, Ulrich: *Schrift und Metaphysik. Die Sprachphilosophie Jacques Derridas im Zusammenhang von Metaphysik und Metaphysikkritik.* (Königshausen & Neumann) Würzburg 1994 (=Epistemata. Würzburger Wissenschaftliche Schriften. Bd. 156).

Wellmer 1990.

Werner, Horst: *Metaphysik – Zeichen – mimesis – Kastration. Möglichkeiten und Grenzen begrifflichen Philosophieverständnisses nach J. Derrida.* (Centaurus) Pfaffenweiler 1985 (=Reihe Philosophie; Bd.3).

Zima 1994.

1.4 Michel Foucault

Schriften zur Literatur. (1962-1969) (Ullstein) Frankfurt/M/Berlin/Wien 1979 (=Ullstein Materialien 35011).

Die Ordnung der Dinge. Eine Archäologie der Humanwissenschaften. (1966) (Suhrkamp) Frankfurt a.M. 1971 (=stw 96).

Dispositive der Macht. Über Sexualität, Wissen und Wahrheit. (Merve) Berlin 1978.

Die Ordnung des Diskurses. (1972) (Fischer) Frankfurt a.M. 1991 (Erweiterte Ausgabe).

Archäologie des Wissens. (1973) (Suhrkamp) Frankfurt a.M. 1981 (=stw 356).

Überwachen und Strafen. Die Geburt des Gefängnisses. (1975) (Suhrkamp) Frankfurt a.M. 1976 (=stw 184).

Zu Foucault

Baasner, Rainer: Diskursanalyse. In: ders. 1996, S.129-138.

Bublitz, Hannelore/Andrea D. Bührmann/Christine Hanke/Andrea Seier (Hg.): *Das Wuchern der Diskurse. Perspektiven der Diskursanalyse Foucaults.* (Campus) Frankfurt/New York 1999.

Bürger, Peter: Die Wiederkehr der Analogie. Ästhetik als Fluchtpunkt in Foucaults ›Die Ordnung der Dinge‹. In: Bürger 1987, S. 114-121.

Coole, Deborah: *The Subject Finds a Voice. Foucaults Turn Towards Subjectivity.* (Lang) New York/San Francisco/Bern u.a. 1993 (=Revisioning Philosophy; 11).

During, Simon: *Foucault and Literature. Towards a Genealogy of Writing.* (Routledge) London/New York 1992.

Ewald, François/Bernhard Waldenfels (Hg.): *Spiele der Wahrheit. Michel Foucaults Denken.* (Suhrkamp) Frankfurt a.M. 1991 (=esNF 640).

Frank, Manfred: Zum Diskursbegriff bei Foucault. In: Fohrmann/Müller 1988, S. 25-44;

ders.: Vorlesung über Foucault. In: ders. 1983, S.135-258;

ders.: Was ist ein Diskurs? Zur »Archäologie« Michel Foucaults. In: ders. 1989, S. 408-426.

Fink-Eitel, Hinrich: Michel Foucaults Analytik der Macht. In: Kittler 1980, S.38-78;

ders.: *Foucault zur Einführung*. (Junius Verlag) Hamburg 1989 (=Edition SOAK; Bd. 48).

Geisenhanslüke, Achim: *Foucault und die Literatur. Eine diskurskritische Untersuchung*. (Westdeutscher Verlag) Opladen 1997.

Henriques, Julian/Wendy Hollway/Cathy Uwin/Couze Venn/Valerie Walkerdine: *Changing the Subject: Psychology, social regulation and subjectivity*. (Methuen) London/New York 1984.

Herdina 1991.

Jäger, Christian: *Michel Foucault. Das Ungedachte denken. Entwicklung und Struktur des kategorischen Zusammenhangs in Foucaults Schriften*. (Fink) München 1994.

Japp, Uwe: Der Ort des Autors in der Ordnung des Diskurses. In: Fohrmann/ Müller 1988, S. 223-234.

Kammler, Clemens: *Michel Foucault. Eine kritische Analyse seines Werks*. (Bouvier) Bonn 1986 (=Studien zur französischen Philosophie des 20. Jahrhunderts; Bd. 12);

ders.: Historische Diskursanalyse (Michel Foucault). In: Bogdal 1990, S. 31-55;

ders.: Historische Diskursanalyse. Foucault und die Folgen. In: Brackert/Stückrath 1994, S. 630-639.

Kittler, Friedrich A.: Autorschaft und Liebe. In: ders. 1980, S. 142-173.

Macdonell, Diane: *Theories of Discourse. An Introduction*. (Basil Blackwell) Oxford 1989 (Erstdruck 1986). Zu Foucault S. 82-130.

McNay, Lois: *Foucault and Feminism. Power, Gender and the Self*. (1992) (Polity Press) Oxford 1994.

Kögler, Hans Herbert: *Michel Foucault*. (Metzler) Stuttgart/Weimar 1994 (=Sammlung Metzler; 281).

Otto, Stephan: *Das Wissen des Ähnlichen. Michel Foucault und die Renaissance*. (Lang) Frankfurt a.M./Bern/New York/Paris 1992.

1.5   Luce Irigaray

Speculum. Spiegel des anderen Geschlechts. (Suhrkamp) Frankfurt a.M. 1980 (=es 946). *(Speculum de l'autre femme*. Éditions de Minuit, Paris 1974).

Waren, Körper, Sprache. Der ver-rückte Diskurs der Frauen. (Merve) Berlin 1976 (=Internationale Marxistische Diskussion; 62).

Unbewußtes, Frauen, Psychoanalyse. (Merve) Berlin 1977 (=Internationale Marxistische Diskussion; 66).

Das Geschlecht das nicht eins ist. (Merve) Berlin 1979. (*Ce sexe qui n'en est pas un*. Éditions de Minuit, Paris 1977).

Zur Geschlechterdifferenz. Interviews und Vorträge. (Wiener Frauenverlag) Wien 1987 (=Frauenforschung Bd. 5).

Ethik der sexuellen Differenz. (Suhrkamp) Frankfurt a.M. 1991 (=es 1362). *(Éthique de la différence sexuelle*. Éditions de Minuit, Paris 1984).

Amante marine. De Friedrich Nietzsche. (Éditions de Minuit) Paris 1980 (=Collection ›critique‹).
L'oubli de l'air. Chez Martin Heidegger. (Éditions de Minuit) Paris 1983 (=Collection ›critique‹).

Zu Irigaray

Brügmann, Margret: Weiblichkeit im Spiel der Sprache. Über das Verhältnis von Psychoanalyse und ›écriture feminine‹. In: Hiltrud Gnüg/Renate Möhrmann (Hg.): *Frauen, Literatur, Geschichte. Schreibende Frauen vom Mittelalter bis zur Gegenwart.* (Metzler) Stuttgart/Weimar 1985, S. 395-415.
Chanter, Tina: *ethics of eros. Irigaray's Rewriting of the Philosophers.* (Routledge) New York/London 1995.
Deuber-Mankowsky, Astrid: Von neuen Welten und weiblichen Göttern. Zu Luce Irigarays ›Éthique de la différence sexuelle‹. In: Judith Conrad/Ursula Konnertz (Hg.): *Weiblichkeit in der Moderne. Ansätze feministischer Vernunftkritik.* (edition diskord) Tübingen 1986, S. 62-74.
Lindhoff 1995, S.128-148.
Osinski 1998, S.156-159.
Postl, Gertrud: *Weibliches Sprechen. Feministische Entwürfe zu Sprache & Geschlecht.* (Passagen) Wien 1991 (=Passagen Philosophie), S.121-150.
Rippl, Gabriele: Feministische Literaturwissenschaft. In: Pechlinavos 1995, S. 230-240.
Schällibaum, Urs: *Geschlechterdifferenz und Ambivalenz. Ein Vergleich von Luce Irigaray und Jacques Derrida.* (Passagen) Wien 1991 (=Passagen Philosophie).
Schor, Naomi: Dieser Essentialismus, der keiner ist – Irigaray begreifen. (1989) In: Vinken 1992, S. 219-246.
Weber 1994, S. 34-40.
Whitford, Margaret: *Luce Irigaray – Philosophy in the Feminine.* (Routledge) London/New York 1991.

1.6   Julia Kristeva

Semeiotikè. Recherches pour une sémanalyse. (Extraits) (Éditions du Seuil) Paris 1969.
Probleme der Textstrukturation. In: Jens Ihwe (Hg.): *Literaturwissenschaft und Linguistik II, 2.* (Athenäum) Frankfurt/M. 1971, S. 484-507. Auch abgedruckt in: Sautermeister 1971, S.135-154.
Le langage, cet inconnu. Une invitation à la linguistique. (Erstv. 1969) (Éditions du Seuil) Paris 1981.
Bachtin, das Wort, der Dialog und der Roman. In: Jens Ihwe (Hg.): *Literaturwissenschaft und Linguistik III.* (Athenäum) Frankfurt/M. 1972, S. 345-375. Auch abgedruckt in: Kimmich 1996, S. 334-348.
Zu einer Semiologie der Paragramme. In: Helga Gallas (Hg.): *Strukturalismus als interpretatives Verfahren.* (Luchterhand) Darmstadt und Neuwied 1972, S.163-200 u. S. 267-269.
Produktivität der Frau. In: *alternative* 108/109 (1976), S.166-172.
La sémiologie: science critique et/ou critique de la science. In: *Tel Quel: Théorie d'ensemble.* (Éditions du Seuil) Paris 1968 (=Collection ›Tel Quel‹), S. 80-93.

Semiologie – kritische Wissenschaft und/oder Wissenschaftskritik. In: Zima 1977, S. 35-53.

Semiologie als Ideologiewissenschaft. In: Zima 1977, S. 65-76.

Der geschlossene Text. In: Zima 1977, S. 194-229.

Ideologie des Diskurses über die Literatur. In: Brütting/Zimmermann 1975, S. 165-178.

Die Aktualität Célines (1976). In: *Literaturmagazin 10: Vorbilder.* (Rowohlt) Reinbek b. Hamburg 1979, S. 67-78.

Die Revolution der poetischen Sprache. (Suhrkamp) Frankfurt a.M. 1978 (=es 949). *(La révolution du langage poétique. L'avant-garde à la fin du XIXe siècle: Lautréamont et Mallarmé.* Éditions du Seuil, Paris 1974).

Polylogue. (Éditions du Seuil) Paris 1977 (=Collection Tel Quel).

Desire in language. A Semiotic Approach to Literature and Art. Hg. von Leon S. Roudiez (Columbia University Press) New York 1980.

Das Subjekt im Prozeß: Die poetische Sprache. In: Jean-Marie Benoist (Hg.): *Identität.* Ein interdisziplinäres Seminar unter Leitung von Claude Lévi-Strauss. (1974-75) (Klett-Cotta) Stuttgart 1980, S.187-209.

Pouvoirs de l'horreur. Essai sur l'abjection. (Éditions du Seuil) Paris 1980.

Powers of Horror. An Essay on Abjection. (Columbia University Press) New York 1982.

Geschichten von der Liebe. (Suhrkamp) Frankfurt a.M. 1989. *(Histoires d'amour.* Éditions Denoël, Paris 1983).

The Kristeva Reader. Hg. von Toril Moi (Basil Blackwell) Oxford 1987 (1986).

Black Sun. Depression and Melancholia. (1987) (Columbia University Press) New York 1989.

Kristeva, Julia/Margret Waller: An Interview with Julia Kristeva. (1985) In: Patrick o'Donnell/Robert Con Davis (Hg.): *Intertextuality and Contemporary American Fiction.* (The Johns Hopkins University Press) Baltimore/London 1989, S. 280-293.

Identification and the Real. In: Collier/Geyer-Ryan 1990, S.167-176.

Die neuen Leiden der Seele. (1993) (Junius) Hamburg 1994.

Fremde sind wir uns selbst. (1988) (Suhrkamp) Frankfurt a.M. 1990.

Le temps sensible. Proust et l'expérience littéraire. (Éditions Gallimard) Paris 1994.

Zu Kristeva

Brandt 1997. Ausführungen zu Kristeva S.102-146.

Brokoff, Jürgen/Torsten Hitz: Die endliche und die unendliche Kommunikation bei Bachtin und Kristeva. In: Hitz/Stock 1995, S. 26-42.

Butler, Judith: Die Körperpolitik von Julia Kristeva. In: dies. 1991, S. 123-142.

Coole, Diana: Beyond equality and difference: Julia Kristeva and the politics of negativity. In: Herta Nagl-Docekal/Herlinde Pauer-Studer (Hg.): *Denken der Geschlechterdifferenz. Neue Fragen und Perspektiven der feministischen Philosophie.* (Wiener Frauenverlag) Wien 1990 (=Reihe Frauenforschung Bd. 14), S. 101-126.

Crownfield, David R. (Hg.): *Body/Text in Kristeva. Religion, Women and Psychoanalysis.* (State University of New York Press) Albany/New York 1992.

Ecker 1985.

Fletcher John/Andrew Benjamin (Hg.): *Abjection, Melancholia, and Love. The work of Julia Kristeva.* (Routledge) London/New York 1990.

Gallop, Jane: The Phallic Mother: Fraudian Analysis. In: dies.: *Feminism and Psychoanalysis. The Daughter's Seduction.* (The Macmillan Press) London/ Basingstoke 1982, S. 113-131.

Geier 1985.

Hempfer 1991.

Holthuis 1993.

Houdebine 1968.

Lachmann 1982; 1984.

Lechte, John: *Julia Kristeva*. (Routledge) London/New York 1990 (=Critics of the 20th century).

Oliver, Kelly: *Reading Kristeva. Unraveling the Double-bind*. (Indiana University Press) Bloomington/Indianapolis 1993a;

dies. (Hg.): *Ethics, Politics, and Difference in Julia Kristeva's Writing*. (Routledge) New York/London 1993b.

Payne 1993 (siehe unter 1.3), S.162-211.

Pfister 1985.

Plett 1991.

Rajan, Tilottama: Trans-Positions of Difference: Kristeva and Post-structuralism. In: Oliver 1993b (siehe unter 1.6), S. 215-237.

Rose, Jacqueline: Julia Kristeva – Take Two. In: dies.: *Sexuality in the Field of Vision*. (Verso) London 1986, S.141-164. Der Abschnitt ist auch abgedruckt in Oliver 1993b (1.6).

Spörk, Ingrid: Die Sprache ist das Haus des Herrn. Zu einer Semiotik des Weiblichen bei Kristeva. In: Jeff Bernhard/Theresia Klugsberger/Gloria Withalm (Hg.): *Semiotik der Geschlechter*. Akten des 6. Symposiums der österr. Gesellschaft für Semiotik. (Dietze) Stuttgart/Wien 1989, S. 399-403.

Schmid 1983.

Schmitz, Bettina: *Arbeit an den Grenzen der Sprache. Julia Kristeva*. (Ulrike Helmer) Königstein/Taunus 1998 (=Facetten).

Stierle 1984.

Suchsland, Inge: *Julia Kristeva zur Einführung*. (Junius) Hamburg 1992 (=Zur Einführung Bd. 74).

Werner, Reinhold: Einleitung zu Kristeva: *Revolution* (1978), S.7-25.

1.7   Jacques Lacan

Lituraterre. In: *Littérature* Nr. 3: *Littérature et Psychanalyse* (Oktober 1971), S. 3-10.

Schriften I (1966), hg. von Norbert Haas (Suhrkamp) Frankfurt a.M. 1975 (=stw 137).

Schriften II (1966), hg. von Norbert Haas (Quadriga) Weinheim Berlin, 3., korr. Auflage 1991.

Das Drängen des Buchstabens im Unbewußten oder die Vernunft seit Freud. In: *Schriften II*, S. 15-55.

Schriften III (1966), hg. von Norbert Haas/Hans-Joachim Metzger (Quadriga) Weinheim Berlin 1986.

Das Ich in der Theorie Freuds und in der Technik der Psychoanalyse. Das Seminar Buch II (1954-1955), hg. von Norbert Haas (Walter) Olten 1980.

Encore. Das Seminar Buch XX (1972-1973), hg. von Norbert Haas/Hans-Joachim Metzger (Quadriga) Weinheim/Berlin 1991. (*Encore*. Livre XX. Éditions du Seuil, Paris 1975).

Die vier Grundbegriffe der Psychoanalyse. Das Seminar Buch XI (1964), hg. von
  Norbert Haas (Quadriga), Weinheim/Berlin 1987.
Freuds technische Schriften. Das Seminar von Jacques Lacan. Buch I (1953-1954)
  (Quadriga), Weinheim/Berlin 1990.
Die Ethik der Psychoanalyse. Das Seminar von Jacques Lacan Buch VII (1959-
  1960), hg. von Norbert Haas/Hans-Joachim Metzger (Quadriga) Weinheim/
  Berlin 1986.
Les Psychoses. Le séminaire livre III. (Éditions du Seuil), Paris 1981.
L'envers de la psychanalyse. Le séminaire livre XVII. (Éditions du Seuil) Paris 1991.
Les formations de l'inconscient. Le séminaire livre V. (Éditions du Seuil) Paris
  1998.

Zu Lacan

Bowie, Malcolm: *Lacan.* (1991) (Steidl) Göttingen 1994.
v. Bormann, Claus: Das Spiel des Signifikanten. Zur Struktur des Diskurses bei
  Lacan. In: Fohrmann/Müller 1988, S. 53-80;
ders.: Begriffsschicksal »Wunsch-Begehren« (1994). In: Hitz/Stock 1995, S.16-25.
Evans, Dylan: *An Introductory Dictionary of Lacanian Psychoanalysis.* (Routledge)
  London/New York 1996.
Felman, Shoshana (Hg.): *Literature and Psychoanalysis. The Question of Reading:
  Otherwise.* (1977/1982) (The Johns Hopkins University Press) Baltimore/Lon-
  don 1989. Mit einem Vorwort der Herausgeberin: To Open the Question, S.5-
  10;
dies.: The Case of Poe: Applications/Implications of Psychoanalysis. In: dies.: *Jacques Lacan and the Adventure of Insight. Psychoanalysis in Contemporary Culture.*
  (Harvard University Press) Cambridge/Massachusetts/London 1987, S. 27-51;
dies.: »Die Lektürepraxis erneuern«. In: Frank/Haverkamp 1988, S. 203-208.
Frank, Manfred: Das »wahre Subjekt« und sein Doppel. Jacques Lacans Hermeneutik. In: ders. 1989, S. 334-361.
Gallas, Helga: *Das Textbegehren des Michael Koolhaas. Die Sprache des Unbewußten
  und der Sinn der Literatur.* (Rowohlt) Reinbek b. Hamburg 1981 (=Das neue
  Buch 162);
dies.: Psychoanalytische Positionen. In: Brackert/Stückrath 1992, S. 593-606.
Gallop, Jane: *Feminism and Psychoanalysis. The Daughter's Seduction.* (The Macmillan Press) London/Basingstoke 1982;
dies.: The American other. In: dies.: *Reading Lacan.* (Cornell University Press) It-
  haca/London, 1986 (1985), S.55-73. (Zur Poe-Debatte).
Gekle, Hanna: *Tod im Spiegel. Zu Lacans Theorie des Imaginären.* (Suhrkamp)
  Frankfurt a.M. 1996 (=stw 1198).
Haselstein, Ulla: *Entziffernde Hermeneutik. Zum Begriff der Lektüre in der psychoanalytischen Theorie des Unbewußten.* (Fink) München 1991 (=Theorie und Geschichte der Literatur und der schönen Künste; Bd. 84);
dies.: »Le sujet supposé savoir«. Versuch eines Kommentars zur Lacan-Lektüre
  von Shoshana Felman. In: Frank/Haverkamp 1988, S. 209-216.
Heise, Jens: Die erste und die zweite Sprache. Fragen einer allgemeinen Symbol-
  theorie bei Lacan. In: Taureck 1992 (siehe unter 1.7), S. 60-81.
Hiebel, Hans H.: Strukturale Psychoanalyse und Literatur (Jacques Lacan). In:
  Bogdal 1990, S. 56-81;
ders.: Franz Kafka 1984.

Hofmann, Roger: *Beschreibungen des Abwesenden. Lektüren nach Lacan.* (Lang) Frankfurt a.M./Berlin u.a. 1996.

Holzapfel, Heinrich: *Subversion und Differenz. Das Spiegelmotiv bei Freud – Thomas Mann – Rilke und Jacques Lacan.* (Die Blaue Eule) Essen 1986 (=Genealogica; Bd. 8).

Johnson 1978.

Lacoue-Labarthe, Philippe/Jean-Luc Nancy: *Le titre de la lettre. Une lecture de Lacan.* (1973) (Galilée) Paris 1990.

Lang, Hermann: *Die Sprache und das Unbewußte. Jacques Lacans Grundlegung der Psychoanalyse.* (Suhrkamp) Frankfurt a.M. 1993 (1973).

Lummerding 1994, siehe das Kapitel über Lacan.

Mitchell, Juliet/Jacqueline Rose (Hg.): *Feminine Sexuality. Jacques Lacan and the ›école freudienne‹.* (The Macmillan Press) London/Basingstoke 1982.

Muller, John P./J. Richardson (Hg.): *The Purloined Poe. Lacan, Derrida and Psychoanalytic Reading.* (The Johns Hopkins University Press) Baltimore/London 1988.

Müller 1995.

Pagel, Gerda: *Lacan zur Einführung.* (Junius) Hamburg 1989 (=Edition SOAK; Bd. 49).

Payne 1993 (siehe unter 1.3), S. 26-109.

Ragland-Sullivan, Ellie: The Eternal Return of Jacques Lacan. In: Joseph Natoli (Hg): *Literary Theory's Future(s).* (University of Illinois Press) Urbana/Chicago 1989, S. 33-81.

Safouan, Moustafa: Die Struktur in der Psychoanalyse, Beitrag zu einer Theorie des Mangels. In: Wahl 1973, S. 259-321.

Schottelius 1990.

Seifert, Edith: ›Was will das Weib?‹ Zu Begehren und Lust bei Freud und Lacan. (Quadriga) Weinheim/Berlin 1987.

Steinbrügge, Lieselotte: Marie-Madeleine de Lafayette, Edgar Allan Poe und der zirkulierende Brief. In: Irmela von der Lühe/Anita Runge (Hg.): *Wechsel der Orte. Studien zum Wandel des literarischen Geschichtsbewußtseins.* Festschrift für Anke Bennholdt-Thomsen. (Wallstein) Göttingen 1997, S.231-241.

Roudinesco, Elisabeth: *Jacques Lacan. Esquisse d'une vie, histoire d'un système de pensée.* (Fayard) o.O. 1993.

Taureck, Bernhard H. F. (Hg.): *Psychoanalyse und Philosophie. Lacan in der Diskussion.* (Fischer) Frankfurt a.M. 1992 (=Philosophie Fischer 10911); ders.: Ethik im Kontext Lacans. In: Taureck 1992, S.138-172.

Weber, Samuel: *Rückkehr zu Feud. Jacques Lacans Ent-stellung der Psychoanalyse.* (Passagen) Wien 1990.

Thoma-Herterich 1976, zu Lacan S. 133-203.

Widmer, Peter: *Subversion des Begehrens. Jacques Lacan oder Die zweite Revolution der Psychoanalyse.* (Fischer) Frankfurt a.M. 1990 (=fischer perspektiven; 4188).

Wright, Elizabeth: Structural psychoanalysis. In: dies. 1989, S.113-122 (zur Poe-Debatte); dies.: Modern Psychoanalytic Criticism. In: Jefferson/Robey 1985, S.145- 165.

Žižek, Slavoj: ›Warum ein Brief immer seinen Bestimmungsort erreicht‹. In: ders.: *Liebe Dein Symptom wie dich selbst! Jacques Lacans Psychoanalyse und die Medien.* (Merve) Berlin 1991 (=Perspektiven der Technokultur), S. 27-48.

1.8   Paul de Man

Allegorien des Lesens. (Teilabdruck 1979) Suhrkamp (=es 1357) Frankfurt a.M. 1984. Einleitung von Werner Hamacher »Unlesbarkeit«, S.7-26.

Autobiographie als Maskenspiel. (1979) In: Menke 1993 (siehe unten), S. 131-146.

Blindness and Insight. Essays in the Rhetoric of Contemporary Criticism. (Sec. Edition, Revised) Introduction by Wlad Godzich (Methuen & Co.) London 1986 (1983).

The Rhetoric of Blindness: Jacques Derrida's Reading of Rousseau. In: *Blindness and Insight* (siehe oben), S. 102-141.

The Resistance to Theory. Foreword by Wlad Godzich. (Manchester University Press) Manchester o.J. (=Theory and History of Literature; 33). (Mit einer Bibliographie, S.122-127).

Der Widerstand gegen die Theorie. In: Bohn 1987, S. 80-106.

Die Ideologie des Ästhetischen. Hg. von Christoph Menke (Suhrkamp) Frankfurt a.M. 1993 (=es NF 682).

Harold Bloom/Paul de Man/Jacques Derrida/Geoffrey H. Hartman/J. Hillis Miller: *Deconstruction and Criticism.* (Continuum) New York 1979.

Zu de Man und ›Amerikanischer Dekonstruktivismus‹

Arac, Jonathan/Wlad Godzich/Wallace Martin (Hg.): *The Yale Critics: Deconstruction in America.* (University of Minnesota Press) Minneapolis 1983 (=Theory and history of literature; v. 6).

Atkins 1985.

Bohrer, Karl Heinz (Hg.): *Ästhetik und Rhetorik. Lektüren zu Paul de Man.* (Suhrkamp) Frankfurt a.M. 1993 (=Aesthetica; esNF 681).

Böning, Thomas: Literaturwissenschaft im Zeitalter des Nihilismus? Paul de Mans Nietzsche-Lektüre. In: *Deutsche Vierteljahresschrift für Literaturwissenschaft und Geistesgeschichte.* Bd. 64 (1990), S. 467-513.

Cebulla, Michael: *Wahrheit und Authentizität. Zur Entwicklung der Literaturtheorie Paul de Mans.* (M & P; Verlag für Wissenschaft und Forschung) Stuttgart 1992 (Schriftenreihe für Wissenschaft und Forschung).

Derrida, Jacques: *Mémoires. Für Paul de Man.* (1987) Hg. von Peter Engelmann (Passagen) Wien 1988 (=Edition Passagen; Bd. 18);

ders.: *Wie Meeresrauschen auf dem Grund einer Muschel ... Paul de Mans Krieg. Mémoires II.* (1988) Hg. von Peter Engelmann (Passagen/Böhlau) Wien 1988 (=edition Passagen; Bd. 20).

Ellrich, Lutz/Nikolaus Wegmann: Theorie als Verteidigung der Literatur? Eine Fallgeschichte: Paul de Man. In: *Deutsche Vierteljahresschrift für Literaturwissenschaft und Geistesgeschichte.* Bd. 64 (1990), S. 427-466.

de Graef, Ortwin: *Serenity in crisis: a preface to Paul de Man 1939-1960.* (University of Nebraska Press) Lincoln/London 1993 (=Texts and contexts; 4).

Herman, Luc/Kris Humbeeck/Geert Lernout (Hg.): *Dis/continuities: Essays on Paul de Man.* (Rodopi) Amsterdam (Restant) Antwerpen 1989 (=Postmodern Studies 2).

Johnson, Barbara: Rigorous Unreliability. (1983) In: dies. 1987, S.17-24.

Martyn, David: Unmögliche Notwendigkeit. (Die Ethik des Lesens). In: Fohrmann/Müller 1995, S. 311-329.

Menke, Christoph: ›Unglückliches Bewußtsein‹. Literatur und Kritik bei Paul de Man. Nachwort zu: ders. (Hg.): *Die Ideologie des Ästhetischen* (siehe weiter oben), S. 265-299.
Müller, Harro: Kleist, Paul de Man und Deconstruction. Argumentative Nach-Stellungen. In: Fohrmann/Müller 1988, S. 81-92.
Norris, Christopher: *Paul de Man. Deconstruction and the Critique of Aesthetic Ideology.* (Routledge) New York/London 1988.
Rosiek, Jan: *Figures of Failure. Paul de Man's Criticism 1953-1970.* (Aarhus University Press) Aarhus 1992.
Royle, Nicolas: *After Derrida.* (Manchester University Press) Manchester/New York 1995.

1.9 Ferdinand de Saussure

Grundfragen der allgemeinen Sprachwissenschaft (1906-1916). (De Gruyter) Berlin 1967.
Cours de linguistique general. Édition critique par Rudolf Engler. Tome 1. Otto Harrassowitz, Wiesbaden 1968.

Zu Saussure

Jäger, Ludwig/Christian Stetter (Hg.): *Zeichen und Verstehen.* Akten des Aachener Saussure-Kolloquiums 1983. (Rader) Aachen 1986 (=Aachener Studien zur Semiotik und Kommunikationsforschung Bd. 3).
Stetter, Christian: Die Arbitrarität des Zeichens. Sprachwissenschaft als fiktionales Handeln. In: Simon 1994, S.158-187;
ders.: *Schrift und Sprache.* (Suhrkamp) Frankfurt a.M. 1997. Dort insb. S.117-269.

2. Sekundärliteratur

Adams, Hazard: *Philosophy of the Literary Symbolic.* (University Presses of Florida) Tallahassee 1983.
Albrecht, Jörn: *Europäischer Strukturalismus.* (Francke) Tübingen 1988 (=UTB 1487).
Alcoff, Linda/Elizabeth Potter: *Feminist Epistemologies.* (Routledge) New York/London 1993.
Althusser, Louis: *Für Marx.* (1965) (Suhrkamp) Frankfurt a.M. 1968 (=es 737).
Amstutz, Nathalie/Martina Kuoni (Hg.): *Theorie – Geschlecht – Fiktion.* (Stroemfeld/Nexus) Basel/Frankfurt a.M. 1994 (=Nexus; 13).
Anderson, Linda R.: *Women and autobiography in the twentieth century: remembered futures.* (Routledge) London 1994.
Angerer, Marie-Luise (Hg.): *The Body of Gender. Körper. Geschlecht. Identitäten.* (Passagen) Wien 1995 (=Passagen Philosophie).
Appelt, Hedwig: *Die leibhaftige Literatur. Das Phantasma und die Präsenz der Frau in der Schrift.* (Quadriga) Weinheim/Berlin 1989.

Aristoteles: *Poetik*. Hg. von Manfred Fuhrmann (Reclam) Stuttgart 1982 (=Universal-Bibliothek Nr.7828/2).

Arnold, Heinz Ludwg/Volker Sinemus (Hg.): *Grundzüge der Sprach- und Literaturwissenschaft*. Bd.1: *Literaturwissenschaft*. (dtv) München 1978 (1973); Bd. 2: *Sprachwissenschaft*, ebd. 1974.

Arntzen, Helmut: *Der Literaturbegriff. Geschichte, Komplementärbegriffe, Intention. Eine Einführung*. (Aschendorff) Münster 1984 (=Literatur als Sprache. Literaturtheorie – Interpretation – Sprachkritik; Bd.1).

Arntzen, Helmut/Franz Hundsnurscher (Hg.): *Metapherngebrauch. Linguistische und hermeneutische Analysen literarischer und diskursiver Texte*. (Waxmann) Münster/New York 1993;

Arntzen, Helmut: Metaphernbasis. In: Arntzen/Hundsnurscher 1993, S. 1-6.

Assmann, Aleida (Hg.): *Texte und Lektüren. Perspektiven in der Literaturwissenschaft*. (Fischer) Frankfurt a.M. 1996 (=Philosophie der Gegenwart).

Assmann, Aleida/Jan Assmann (Hg.): *Schrift und Gedächtnis*. (Fink) München 1983 (=Beiträge zur Archäologie der literarischen Kommunikation; 1).

Atkins, G. Douglas/Michael L. Johnson (Hg.): *Writing and Reading ›Differently‹. Deconstruction and the Teaching of Composition and Literature*. (University Press of Kansas) Kansas 1985.

Baasner, Rainer (unter Mitarbeit von Maria Zens): *Methoden und Modelle der Literaturwissenschaft. Eine Einführung*. (Schmidt) Berlin 1996.

Bachmann, Ingeborg: *Werke*. Hg. von Christine Koschel/Inge von Weidenbaum/Clemens Münster. Vierter Band: *Essays, Reden, Vermischte Schriften*. (Piper) München/Zürich 1982.

Baier, Lothar: Zeichen und Wunder. Eine semiologische Modenschau. In: *Kursbuch* 84 (1986), S. 17-33.

Baßler, Moritz (Hg.): *New Historicism. Literaturgeschichte als Poetik der Kultur*. Mit Beiträgen von Stephen Greenblatt, Louis Montrose u.a. (Fischer) Frankfurt a.M. 1995 (=Fischer Wissenschaft);

ders.: New Historicism – Literaturgeschichte als Poetik der Kultur, in: ders. 1995, S. 7-28.

Battersby, Christine: *Gender and Genius. Towards a Feminist Aesthetics*. (Indiana University Press). Bloomington/Indianapolis 1989.

Bauer, Edith: *Drei Mordgeschichten. Intertextuelle Referenzen in Ingeborg Bachmanns »Malina«*. (Lang) Frankfurt a.M./Berlin/Bern u.a. 1998 (=Europäische Hochschulschriften. Deutsche Sprache und Literatur; Bd. 1668).

Bayerdörfer, Hans-Peter: *Poetik als sprachtheoretisches Problem*. (Niemeyer) Tübingen 1967 (=Studien zur deutschen Literatur; Bd. 8).

Behler, Ernst/Jochen Hörisch (Hg.): *Die Aktualität der Frühromantik*. (Schöningh) Paderborn/München/Wien/Zürich 1987.

Benhabib, Seyla, u.a. (Hg.): *Der Streit um die Differenz. Feminismus und Postmoderne in der Gegenwart*. (Fischer) Frankfurt a.M. 1993.

Benjamin, Walter: Zentralpark. (1938/39). In: ders.: *Illuminationen. Ausgewählte Schriften*. (Suhrkamp) Frankfurt a.M. 1977 (=st 345), S. 230-250.

Bentele, Günther/Ivan Bystrina: *Semiotik. Grundlagen und Probleme*. (Kohlhammer) Stuttgart/Berlin/Köln/Mainz 1978.

De Berg, Henk/Matthias Prangel (Hg.): *Systemtheorie zwischen Dekonstruktion und Konstruktivismus*. (Francke) Tübingen und Basel 1995.

Berger, Albert/Gerda Elisabeth Moser (Hg.): *Literatur und Sprache in der Postmoderne*. (Passagen) Wien 1994 (=Passagen Literatur).

Bettinger, Elfi: *Das umkämpfte Bild. Zur Metapher bei Virginia Woolf.* (Metzler) Stuttgart/Weimar 1993 (=Ergebnisse der Frauenforschung; Bd. 34).

Biebuyck, Benjamin: *Die poietische Metapher. Ein Beitrag zur Theorie der Figürlichkeit.* (Königshausen & Neumann) Würzburg 1998 (=Epistemata; Reihe Literaturwissenschaft Bd. 204).

Blumensath, Heinz (Hg.): *Strukturalismus in der Literaturwissenschaft.* (Kiepenheuer & Witzsch) Köln 1972 (=Neue Wissenschaftliche Bibliothek 43; Literaturwissenschaften).

Bode, Christoph: *Ästhetik der Ambiguität. Zur Funktion und Bedeutung von Mehrdeutigkeit in der Literatur der Moderne.* (Niemeyer) Tübingen 1988 (=Konzepte der Sprach- und Literaturwissenschaft; Bd. 43).

Bogdal, Klaus-Michael (Hg.): *Neue Literaturtheorien.* Eine Einführung. (Westdeutscher Verlag) Opladen 1990 (=WV studium Bd.156);

ders. (Hg.): *Neue Literaturtheorien in der Praxis.* Textanalysen von Kafkas ›Vor dem Gesetz‹. (Westdeutscher Verlag) Opladen 1993 (=WV studium Bd.169).

Böhme, Hartmut/Klaus Scherpe (Hg.): *Literatur und Kulturwissenschaften. Positionen, Theorien, Modelle.* (Rowohlt) Reinbek b. Hamburg 1996 (=rowohlts enzyklopädie 575).

Bohn, Volker (Hg.): *Literaturwissenschaft. Probleme ihrer theoretischen Grundlegung.* (Kohlhammer) Stuttgart/Berlin/Köln/Mainz 1980;

ders. (Hg.): *Romantik. Literatur und Philosophie. Internationale Beiträge zur Poetik.* (Suhrkamp) Frankfurt a.M. 1987 (=esNF 359).

Bormann, Alexander v.: ›Philotas‹-Lektüren. Zum Verhältnis von Tragödie und Aufklärung. In: *Lessing Yearbook.* XXX 1998: Neue Lessing Lektüren. (Wallstein/Wayne State University Press) 1999, S. 31-52.

Bosse, Heinrich: *Autorschaft ist Werkherrschaft. Über die Entstehung des Urheberrechts aus dem Geist der Goethezeit.* (Schöningh) Paderborn/München/Wien/ Zürich 1981.

Bossinade, Johanna: Literatur und Gedächtnis. Eine Problemskizze mit Textbeispielen. In: *Jahrbuch für Internationale Germanistik* (1) 1990, S. 128-153;

dies.: Prolegomena einer geschlechtsdifferenzierten Literaturbetrachtung. Am Beispiel von Wedekinds »Lulu«-Dramen, in: *Jahrbuch für Internationale Germanistik* 1 (1993), S.97-120;

dies.: Ödön von Horváth: Kasimir und Karoline. Entstellte Rede. In: *Interpretationen. Dramen des 20. Jahrhunderts.* Bd. 1. (Reclam) Stuttgart 1996, S. 399-423;

dies.: *Moderne Textpoetik. Entfaltung eines Verfahrens. Mit dem Beispiel Peter Handke.* (Königshausen & Neumann) Würzburg 1999.

Brackert, Helmut/Jörn Stückrath (Hg.): *Literaturwissenschaft. Ein Grundkurs.* Reinbek b. Hamburg 1994 (1992) (=rowohlts enzyklopädie 523).

Brandt, Joan: *Geopoetics. The Politics of Mimesis in Poststructuralist French Poetry and Theory.* (Stanford University Press) Stanford 1997.

v. Braun, Christina: *Nicht ich: Logik, Lüge, Libido.* (Neue Kritik) Frankfurt (Main) 1985.

Brenner, Peter J.: *Das Problem der Interpretation. Eine Einführung in die Grundlagen der Literaturwissenschaft.* (Niemeyer) Tübingen 1998 (=Konzepte der Sprach- und Literaturwissenschaft; 58).

Briegleb, Klaus/Sigrid Weigel (Hg.): *Gegenwartsliteratur seit 1968.* (dtv) München 1992 (=Hansers Sozialgeschichte der deutschen Literatur; Bd.12).

Brinkemper, Peter: Ingeborg Bachmanns ›Der Fall Franza‹ als Paradigma weiblicher Ästhetik. In: *Modern Austrian Literature* (3/4) 1985, S. 147-182.

Brinker-Gabler, Gisela (Hg.): *Deutsche Literatur von Frauen.* Bd. 1: *Vom Mittelalter bis zum Ende des 18. Jahrhunderts*; Bd. 2: *19. und 20. Jahrhundert.* (Beck) München 1988;

dies.: Frauen schreiben. Überlegungen zu einer ausgewählten Exploration literarischer Praxis. In: dies. 1988, Bd. 1, S. 11-36.

Broekman, Jan M.: *Strukturalismus. Moskau – Prag – Paris.* (Alber) Freiburg/München 1971.

Broich, Ulrich/Manfred Pfister (Hg.): *Intertextualität. Formen, Funktionen, anglistische Fallstudien.* (Niemeyer) Tübingen 1985 (=Konzepte der Sprach- und Literaturwissenschaft; 35).

Bronfen, Elisabeth: Leichenhafte Bilder – Bildhafte Leichen. Zu dem Verhältnis von Bild und Referenz in Theodor Storms Novelle ›Aquis submersus‹. In: Hans Körner (Hg.): *Die Trauben des Zeuxis.* (Olms) Hildesheim u.a. 1990, S. 305-333;

dies.: *Nur über ihre Leiche. Tod, Weiblichkeit und Ästhetik.* (1992) (Kunstmann) München 1994.

Brügmann, Margret/Maria Kublitz-Kramer (Hg.): *Textdifferenzen und Engagement. Feminismus, Ideologiekritik, Poststrukturalismus.* (Centaurus) Pfaffenweiler 1993.

Brütting, Richard/Bernhard Zimmermann (Hg.): *Theorie – Literatur – Praxis. Arbeitsbuch zur Literaturtheorie seit 1970.* (Athenaion) Frankfurt a.M. 1975.

Brütting, Richard: Linguistische Poetik, Semiotik, Semanalyse. In: Brütting/Zimmermann 1975, S.10-30;

ders.: *›écriture‹ und ›texte‹. Die französische Literaturtheorie ›nach dem Strukturalismus‹. Kritik traditioneller Positionen und Neuansätze.* (Bouvier) Bonn 1976 (=Abhandlungen zur Kunst-, Musik- und Literaturwissenschaft; Bd. 213).

Buchholz, Michael B. (Hg.): *Metaphernanalyse.* (Vandenhoeck & Ruprecht) Göttingen 1993.

Bürger, Christa/Peter Bürger (Hg.): *Postmoderne: Alltag, Allegorie und Avantgarde.* (Suhrkamp) Frankfurt a.M. 1987 (=stw 648).

Bürger, Christa: *Leben Schreiben. Die Klassik, die Romantik und der Ort der Frauen.* (Metzler) Stuttgart 1990.

Busch, Günther u.a. (Hg.): *Den Körper neu denken.* Gender Studies. Themenheft *Neue Rundschau.* Heft 4 (1993).

Busse, Klaus-Peter/Hartmut Riemenschneider: *Grundlagen semiotischer Ästhetik.* (Schwann) Düsseldorf 1979.

Bußmann, Hadumod/Renate Hof (Hg.): Genus. Zur Geschlechterdifferenz in den Kulturwissenschaften. (Kröner) Stuttgart 1995 (=Kröners Taschenausgabe; Bd. 492).

Butler, Judith: *Das Unbehagen der Geschlechter.* (1990) (Suhrkamp) Frankfurt a.M. 1991;

dies.: *Körper von Gewicht. Die diskursiven Grenzen des Geschlechts.* (1993) (Suhrkamp) Frankfurt a.M. 1995 (=es 1737).

Carveth, Donald L.: Die Metaphern des Analytikers. Eine dekonstruktivistische Perspektive. In: Buchholz 1993, S. 15-71.

Červenka, Miroslav: *Der Bedeutungsaufbau des literarischen Werks.* Hg. von Frank Boldt und Wolf-Dieter Stempel (Fink) München 1978 (=Theorie und Geschichte der Literatur und der schönen Künste; Bd. 36).

Chvatík, Květoslav: *Tschechoslowakischer Strukturalismus. Theorie und Geschichte.* (Fink) München 1981 (=Theorie und Geschichte der Literatur und der schönen Künste; Bd. 61);

ders.: *Mensch und Struktur. Kapitel aus einer neostrukturalen Ästhetik und Poetik.* (Suhrkamp) Frankfurt a.M. 1987 (=stw 681).

Coller, Peter/Helga Geyer-Ryan (Hg.): *Literary Theory Today.* (Cornell University Press) Ithaca/New York 1990.

Coward, Rosalind/John Ellis: *Language and Materialism. Developments in Semiology and the Theory of the Subject.* (Routledge & Kegan Paul) Boston/London/ Henley 1977.

Culler, Jonathan: *The Pursuit of Signs. Semiotics, Literature, Deconstruction.* (Routledge & Kegan Paul) London/Henley 1981;

ders.: *Dekonstruktion. Derrida und die poststrukturalistische Literaturtheorie.* (1983) (Rowohlt) Reinbek b. Hamburg 1988.

Deleuze, Gilles/Félix Guattari: *Kafka. Für eine kleine Literatur.* (1975) (Suhrkamp) Frankfurt a.M. 1976 (=es 807).

Dietzen, Agnes: *Soziales Geschlecht. Soziale, kulturelle und symbolische Dimensionen des Gender-Konzepts.* (Westdeutscher Verlag) Opladen 1993.

Drux, Rudolf: Metapher und Metonymie. Zur Brauchbarkeit rhetorischer Kategorien für die Analyse literarischer Texte. In: Barbara Sandig (Hg.): *Stilistisch-rhetorische Diskursanalyse.* (Narr) Tübingen 1988 (=Forum angewandte Linguistik; Bd.14), S. 63-74.

Ducrot, Oswald: Der Strukuralismus in der Linguistik. In: Wahl 1973, S. 13-104.

Eagleton, Terry: *Einführung in die Literaturtheorie.* (1988) (Metzler) Stuttgart 4. Aufl. 1997 (=Sammlung Metzler Bd. 246);

ders.: Der Poststrukturalismus. In: ders. 1997, S. 110-137.

Ecker, Gisela: Poststrukturalismus und feministische Wissenschaft – eine heimliche oder unheimliche Allianz? In: Renate Berger/Monika Hengsbach/Maria Kublitz/Inge Stephan/Sigrid Weigel (Hg.): *Frauen – Literatur -Schrift.* (Argument) Berlin 1985 (=Argument Sonderband; 134), S. 8-20;

dies.: A Map for Rereading. Intertextualität aus der Perspektive einer feministischen Literaturwissenschaft. In: Broich/Pfister 1985, S. 297-311;

dies.: Spiel und Zorn. Zu einer feministischen Praxis der Dekonstruktion. In: Annegret Pelz u.a. (Hg.): *Frauen, Literatur, Politik.* (Argument) Hamburg 1988 (=Argument Sonderband 172/173), S. 8-22;

dies.: Postmoderne und feministisches Engagement. In: Brügmann/Kramer 1993, S. 67-77.

Engelmann, Peter (Hg.): *Postmoderne und Dekonstruktion. Texte französischer Philosophen der Gegenwart.* Mit einer Einführung des Herausgebers. (Reclam) Stuttgart 1990 (=Universal-Bibliothek Nr. 8668/4);

ders.: Positionen der Differenz: Jacques Derrida und Jean-François Lyotard. In: Berger/Moser 1994, S.103-120.

Emrich, Wilhelm: Was ist poetische Wirklichkeit? Zum Problem von Dichtung und Ideologie. In: ders.: *Poetische Wirklichkeit. Studien zur Klassik und Moderne.* (Akademische Verlagsgesellschaft Athenaion) Wiesbaden 1979, S. 11-20. (Erstv. Mainz 1974).

Erlich, Victor: *Russischer Formalismus.* (1955) Mit einem Geleitwort von René Wellek. Frankfurt a.M. 1973.

Fekete, John (Hg. und Einleitung): *The structural Allegory. Reconstructive Encounters with the New French Thought.* (Manchester University Press) Manchester 1984 (=Theory and History of Literature; 11).

Felka, Rike: *Psychische Schrift: Freud – Derrida – Celan.* (Turia & Kant) Wien/ Berlin 1991.

Fellinger, Raimund: Probleme der Semiotik der Literatur. In: Bohn 1980, S. 217-254.

Felman, Shoshana: Weiblichkeit wiederlesen. (1981) In: Vinken 1992, S. 33-61.

Ferry, Luc/Alain Renaut: *Antihumanistisches Denken – Gegen die französischen Meisterphilosophen.* (Hanser) München/Wien 1987. *(La pensée 68. Essais sur l'anti-humanisme contemporain.* Paris 1988.)

Fietz, Lothar: *Strukturalismus. Eine Einführung.* (Narr) 2., überarb. Aufl. Tübingen 1992 (1982) (=Literaturwissenschaft im Grundstudium; Bd. 15).

Finck, Almut: Subjektbegriff und Autorschaft: Zur Theorie und Geschichte der Autobiographie. In: Pechlinavos 1995, S. 283-294;

dies.: *Autobiographisches Schreiben nach dem Ende der Autobiographie.* (Schmidt) Berlin 1999 (=Geschlechterdifferenz und Literatur; Bd. 9).

Flynn, Elizabeth A./Patrocinio P. Schweickart (Hg.): *Gender and Reading. Essays on Readers, Texts, and Contexts.* (The Johns Hopkins University Press) Baltimore/London 1986.

Fohrmann, Jürgen/Harro Müller (Hg.): *Diskurstheorien und Literaturwissenschaft.* (Suhrkamp) Frankfurt a.M. 1988 (=stm 2091);

Fohrmann, Jürgen/Harro Müller (Hg.): (unter Mitwirkung von Susanne Landeck): *Literaturwissenschaft.* (Fink) München 1995 (=UTB 1874);

dieselben: (Hg.): *Systemtheorie der Literatur.* (Fink) München 1996 (=UTB; 1929).

Forget, Philippe (Hg.): *Text und Interpretation.* Deutsch-französische Debatte mit Beiträgen von J. Derrida/Ph. Forget/M. Frank/H.-G. Gadamer/J. Greisch/F. Laruelle. (Fink) München 1984.

Frank, Manfred (Hg.): *F. D. E. Schleiermacher. Hermeneutik und Kritik.* Mit einem Anhang sprachphilosophischer Texte Schleiermachers. Eingel. vom Hg. (Suhrkamp) Frankfurt a.M. 1977 (=stw 211);

ders.: *Was ist Neostrukturalismus?* (Suhrkamp) Frankfurt a.M. 1983 (=es 1203);

ders.: Die Grenzen der Beherrschbarkeit der Sprache. Das Gespräch als Ort der Differenz zwischen Neostrukturalismus und Hermeneutik. In: Forget 1984, S. 181-213;

ders.: *Das Sagbare und das Unsagbare. Studien zur deutsch-französischen Hermeneutik und Texttheorie.* (1980) (Suhrkamp) Frankfurt a.M. (Erweiterte Neuausgabe) 1989 (=stw 317);

ders.: Die Aufhebung der Anschauung im Spiel der Metapher. In: ders. 1989, S. 213-238;

ders.: Was heißt ›einen Text verstehen‹? In: Nassen 1979, S. 58-77; erweiterte Fassung: Was ist ein literarischer Text, und was heißt es, ihn zu verstehen? In: Frank 1989, S.121-195;

ders./Anselm Haverkamp (Hg.): *Individualität.* (Fink) München 1988 (=Poetik und Hermeneutik; 13).

Freud, Sigmund: Die Verdrängung. (1915) In: Studienausgabe Band III: *Psychologie des Unbewußten.* (Fischer) Frankfurt a.M. 1982, S. 107-118.

Fricke, Harald: *Literatur und Literaturwissenschaft. Beiträge zu Grundfragen einer verunsicherten Disziplin.* (Schöningh) Paderborn/München/Wien/Zürich 1991 (=Explicatio. Analytische Studien zu Literatur und Literaturwissenschaft).

Gabriel, Gottfried: *Zwischen Logik und Literatur. Erkenntnisformen von Dichtung, Philosophie und Wissenschaft.* (Metzler) Stuttgart 1991.

Gadamer, Hans-Georg: *Wahrheit und Methode. Grundzüge einer philosophischen Hermeneutik.* (1960) (Siebeck) Tübingen, 3., erweiterte Auflage 1972;

ders: Text und Interpretation. In: Forget 1984, S. 24-55.

Gallas, Helga: Strukturalismus in der Literaturwissenschaft. In: Arnold/Sinemus 1973, S. 374-388;

dies.: *Strukturalismus als interpretatives Verfahren*. (Luchterhand) Darmstadt/Neuwied 1972 (=Sammlung Luchterhand 35; collection alternative Bd.2).

Gamm, Gerhard: *Die Macht der Metapher. Im Labyrinth der modernen Welt*. (Metzler) Stuttgart 1992.

Gansberg, Marie Luise/Paul Gerhard Völker: *Methodenkritik der Germanistik. Materialistische Literaturtheorie und bürgerliche Praxis*. (1970/71) (Metzlersche Verlagsbuchhandlung) Stuttgart, 4., teilw. überarb. Aufl. 1973.

Garbe, Christine: *Die ›weibliche‹ List im ›männlichen‹ Text. Jean-Jacques Rousseau in der feministischen Kritik*. (Metzler) Stuttgart/Weimar 1992 (=Ergebnisse der Frauenforschung, Bd. 29).

Gärtner, Marcus: *Kontinuität und Wandel in der neueren deutschen Literaturwissenschaft nach 1945*. (Aisthesis) Bielefeld 1997.

Gärtner, Michael: *Zur Psychoanalyse der literarischen Kommunikation: ›Dichtung und Wahrheit‹ von Goethe*. (Königshausen & Neumann) Würzburg 1998 (=Freibuger literaturpsychologische Studien; 4).

Geier, Manfred: *Methoden der Sprach- und Literaturwissenschaft. Darstellung und Kritik*. (Fink) München 1983 (=UTB 1227);

ders.: *Die Schrift und die Tradition. Studien zur Intertextualität*. (Fink) München 1985;

Geier, Manfred/Harald Woetzel (Hg.): *Das Subjekt des Diskurses*. (Argument) Berlin 1983 (=Argument Sonderband; 98);

Gelhaus, Axel: Textgenese als poetologisches Problem. Eine Einführung. In: ders. (Hg.): *Die Genese literarischer Texte. Modelle und Analysen*. (Königshausen & Neumann) Würzburg 1994, S. 11-24.

Genette, Gérard: *Palimpseste. Die Literatur auf zweiter Stufe*. (1982) (Suhrkamp) Frankfurt a.M. 1993 (=es 1683).

Georg-Lauer, Jutta (Hg.): *Postmoderne und Politik*. (edition diskord) Tübingen 1992 (=Tübinger Beiträge zu Philosophie und Gesellschaftskritik; Bd. 14).

Gerlach, Franziska Frei: *Schrift und Geschlecht. Feministische Entwürfe und Lektüren von Marlen Haushofer, Ingeborg Bachmann und Anne Duden*. (Schmidt) Berlin 1998 (=Publikationen des Münchner Graduiertenkollegs; Bd. 8).

Goodman, Kay: Die Kunst, nach innen zu weinen. Autobiographien deutscher Frauen im späten 19. und frühen 20. Jahrhundert. In: Wolfgang Paulsen (Hg.): *Die Frau als Heldin und Autorin. Neue kritische Ansätze zur deutschen Literatur*. (Bern/München) 1979 (=Amherster Kolloquium zur deutschen Literatur), S. 125-135.

Göttner, Heide: *Logik der Interpretation. Analyse einer literaturwissenschaftlichen Methode unter kritischer Betrachtung der Hermeneutik*. (Fink) München 1973 (=Münchener Universitäts-Schriften; Reihe der philosophischen Fakultät; Bd. 11).

Greenblatt, Stephen: Shakespeare and the Exorcists. In: Jay/Miller 1985, S. 101-123;

ders.: Resonance and Wonder. In: Collier/Geyer-Ryan 1990, S. 74-90.

Greuner, Suzanne: *Schmerzton. Musik in der Schreibweise von Ingeborg Bachmann und Anne Duden*. (Argument) Berlin 1990 (=Literatur im historischen Prozeß; Neue Folge 24).

Greiner, Bernhard: ›Sujet barré und Sprache des Begehrens: Die Autorschaft ›Anna Seghers‹. In: *Amsterdamer Beiträge zur Neueren Germanistik*. Bd. 17: Literaturpsychologische Studien und Analysen, hg. von Walter Schönau. 1983, S. 319-351.

Groppe, Sabine: *Das Ich am Ende des Schreibens. Autobiographisches Erzählen im 18. und frühen 19. Jahrhundert.* (Königshausen & Neumann) Würzburg 1990 (=Epistemata: Reihe Literaturwissenschaft; Bd. 58).

Haag, Klaus: *zeichen/ästhetisches/zeichen. Ein kritischer Beitrag zur Semiotik, Ästhetik und Interpretationstheorie.* (Königshausen & Neumann) Würzburg 1997 (= Epistemata. Reihe Literaturwissenschaft Bd. 215).

Hahn, Barbara: *Unter falschem Namen. Von der schwierigen Autorschaft der Frauen.* (Suhrkamp) Frankfurt a.M. 1991 (=es 1723).

Hamacher, Werner (Hg.): *Nietzsche aus Frankreich.* Essays von Maurice Blanchot, Jacques Derrida (u.a.). Frankfurt/M./Berlin 1987 (=Ullstein Materialien; Nr. 35239).

Hansen, Klaus P.: *Kultur und Kulturwissenschaft. Eine Einführung.* (Francke) Tübingen und Basel 1995 (=UTB 1846).

Harding, Sandra/Merril B. Hintikka (Hg.): *Discovering Reality. Feminist Perspectives on Epistemology, Metaphysics, Methodology, and Philosophy of Science.* (Reiding) Dordrecht/Boston/London 1983.

Harth, Dietrich: *Das Gedächtnis der Kulturwissenschaften.* (Dresden University Press) Dresden/München 1998.

Haverkamp, Anselm (Hg.): *Theorie der Metapher.* (Wissenschaftliche Buchgesellschaft) Darmstadt 1989 (=Wege der Forschung; 389).

Haverkamp, Anselm/Renate Lachmann (Hg.): *Gedächtniskunst: Raum – Bild – Schrift. Studien zur Mnemotechnik.* (Suhrkamp) Frankfurt a.M. 1991 (=es NF 653).

Hawthorn, Jeremy: *Grundbegriffe moderner Literaturtheorie. Ein Handbuch.* (1992) (Francke) Tübingen und Basel 1994 (=UTB 1756).

Hellig, Jörg (Hg.): *Intermedialität. Theorie und Praxis eines interdisziplinären Forschungsgebiets.* (Schmidt) Berlin 1998.

Hempfer, Klaus W.: *Gattungstheorie.* (Fink) München 1973 (=UTB 133);

ders.: *Poststrukturale Texttheorie und narrative Praxis. Tel Quel und die Konstitution eines nouveau nouveau roman.* (Fink) München 1976 (=Romanica Monacensia; Bd.11);

ders.: Intertextualität, Systemreferenz und Strukturwandel: die Pluralisierung des erotischen Diskurses in der italienischen und französischen Renaissance (Ariost, Bembo, Du Bellay, Ronsard). In: Titzmann 1991, S. 7-43;

ders. (Hg.): *Poststrukturalismus, Dekonstruktion, Postmoderne.* (Steiner) Stuttgart 1992 (=Text und Kontext; 9).

Herdina, Philip: *Methodenprobleme der Literaturwissenschaft.* (Verlag des Instituts für Sprachwissenschaft). Innsbruck 1991 (=Innsbrucker Beiträge zur Kulturwissenschaft: Sonderheft; 78).

Hiebel, Hans Helmut: *Franz Kafka: »Ein Landarzt«.* (Fink) München 1984 (=UTB 1289);

ders.: »Später!« – Poststrukturalistische Lektüre der »Legende« *Vor dem Gesetz.* In: Bogdal 1993, S. 18-42.

Hitz, Torsten/Angela Stock (Hg.): *Am Ende der Literaturtheorie? Neun Beiträge zur Einführung und Diskussion.* (LIT Verlag) Münster 1995 (=Zeit und Text; Bd. 8).

Hof, Renate: *Die Grammatik der Geschlechter. Gender als Analysekategorie der Literaturwissenschaft.* (Campus) Frankfurt/Main/New York 1995.

Holdenried, Michaela: *Geschriebenes Leben. Autobiographien von Frauen.* (Schmidt) Berlin/Bielefeld/München 1995.

Holthuis, Susanne: *Intertextualität. Aspekte einer rezeptionsorientierten Konzeption.* (Stauffenberg) Tübingen 1993 (=Stauffenberg Colloquium; Bd. 28).

Hörisch, Jochen: *Die andere Goethezeit. Poetische Mobilmachung des Subjekts um 1800.* (Fink) München 1992.

Horn, Andras: *Grundlagen der Literaturästhetik.* (Königshausen & Neumann) Würzburg 1993.

Houdebine, Jean-Louis: Première approche de la notion de texte. In: *Théorie d'ensemble.* (Éditions du Seuil) Paris 1968 (=Collection ›Tel Quel‹), S. 270-284.

Hülzer, Heike: *Die Metapher. Kommunikationssemantische Überlegungen zu einer rhetorischen Kategorie.* (Nodus Publikationen) Münster 1987.

Ingold, Felix Philipp/Werner Wunderlich (Hg.): *Fragen nach dem Autor. Positionen und Perspektiven.* (Universitätsverlag) Konstanz 1992.

Iser, Wolfgang: *Die Appellstruktur der Texte. Unbestimmtheit als Wirkungsbedingung literarischer Prosa.* (1970) (Universitätsverlag) Konstanz 1974.

Jakobson, Roman: *Semiotik. Ausgewählte Texte 1919-1982.* (Suhrkamp) Frankfurt a.M. 1992 (=stw 1007). Hg. und mit einer Einführung von Elmar Holenstein, S. 9-38;

Jakobson, Roman: Was ist Poesie? (1934) und: Linguistik und Poetik (1960). In: ders.: *Poetik. Ausgewählte Aufsätze. 1921-1971.* (Suhrkamp) Frankfurt a.M. 1993;

ders.: Der Doppelcharakter der Sprache. Die Polarität zwischen Metaphorik und Metonymie. (1956) In: Jens Ihwe (Hg.): *Literaturwissenschaft und Linguistik. Ergebnisse und Perspektiven.* (=Ars poetica. Texte zur Dichtungslehre und Dichtkunst) Bd. 1: *Grundlagen und Voraussetzungen.* (Athenäum) Frankfurt a.M. 1971, S. 323-333.

Japp, Uwe: Hermeneutik. In: Brackert/Stückrath 1994, S. 581-593.

Jauß, Hans-Robert: Italo Calvino: ›Wenn ein Reisender in einer Winternacht‹. Plädoyer für eine postmoderne Ästhetik. In: ders.: *Studien zum Epochenwandel der ästhetischen Moderne.* (Suhrkamp) Frankfurt a.M. 1989 (=stw 864), S. 267-302.

Jay, Gregory S./David L. Miller (Hg.): *After Strange Texts. The Role of Theory in the Study of Literature.* (The University of Alabama Press) Alabama 1985.

Jefferson, Ann/David Robey (Hg.): *Modern Literary Theory. A Comparative Introduction.* (1982) (B. T. Batsford) London, Second Edition 1985.

Johnson, Barbara: The Frame of Reference: Poe, Lacan, Derrida. In: Geoffrey H. Hartman (Hg.): *Psychoanalysis and the Question of the Text.* (The Johns Hopkins University Press) Baltimore/London 1978, S.149-171. (Auch abgedruckt in: Felman 1989; siehe unter 1.7);

dies.: *A World of Difference.* (The Johns Hopkins University Press) Baltimore/London 1987.

Jung, Werner: Neuere Hermeneutikkonzepte. Methodische Verfahren oder geniale Anschauung? In: Bogdal 1990, S. 154-175.

Jurgensen, Manfred: *Deutsche Literaturtheorie der Gegenwart. Georg Lukács – Hans Mayer – Emil Staiger – Fritz Strich.* (Francke) München 1973 (=UTB 215).

Kamlah, Wilhelm: Plädoyer für eine wieder eingeschränkte Hermeneutik. In: Dietrich Harth (Hg.): *Propädeutik der Literaturwissenschaft.* (Fink) München 1973 (=UTB 205), S.126-135.

Keitel, Evelyne: reading as/like a woman. In: *Feminism and Psychoanalysis: A Critical Dictionary.* Hg. von Elisabeth Wright (Blackwell) Oxford 1992, S. 371-374.

Keller, Rudi: *Zeichentheorie. Zu einer Theorie semiotischen Wissens.* (Francke) Tübingen und Basel 1995 (=UTB 1849).

Keller, Ulrich: *Fiktionalität als literaturwissenschaftliche Kategorie.* (Carl Winter Universitätsverlag) Heidelberg 1980 (=Germanisch-Romanische Monatsschrift; Beiheft 2).

Kimmich, Dorothee/Rolf Günter Renner/Bernd Stiegler (Hg.): *Texte zur Literaturtheorie der Gegenwart.* (Reclam) Stuttgart 1996 (=Universal-Bibliothek Nr. 9414).

Kittler, Friedrich A.: ›Das Phantom unserer Ichs und die Literaturpychologie: E.T.A. Hoffmann – Freud – Lacan. In: ders./H. Turk (Hg.): *Urszenen. Literaturwissenschaft als Diskursanalyse und Diskurskritik.* (Suhrkamp) Frankfurt a.M. 1977;

Kittler, Friedrich A. (Hg.): *Austreibung des Geistes aus den Geisteswissenschaften. Programme des Poststrukturalismus.* (Schöningh) Paderborn/München/Wien/Zürich 1980 (=UTB 1054);

ders.: Autorschaft und Liebe. In: ders. 1980, S. 142-173.

Klein, Christian (Hg.): *Réécritures: Heine, Kafka, Celan, Müller. Essais sur l'intertextualité dans la littérature allemande du XXème siècle.* (Presses universitaires) Grenoble 1989 (=Ludwigsburger Hochschulschriften; 11).

Klinger, Cornelia: Erkenntnistheoretische Positionen und Probleme der Frauenforschung. In: Silvia Henke/Sabine Mohler (Hg.): *Wie es ihr gefällt. Künste, Wissenschaft & alles andere.* Bd. 2: *Versuch über den Salto vitale aus dem Feminismus.* Freiburg 1991, S. 5-28.

Kloepfer, Rolf: *Poetik und Linguistik. Semiotische Instrumente.* (Fink) München 1975 (=UTB 366).

Knoop, Ulrich: Die Historizität der Sprache. In: Brigitte Schlieben-Lange (Hg.): *Sprachtheorie.* (Hoffmann und Campe) Hamburg 1975 (=Kritische Wissenschaft), S.165-187.

Koch, Walter A.: *Poetizität. Skizzen zur Semiotik der Dichtung.* (Olms) Hildesheim/New York 1981 (=Studia Semiotica. Bd.9).

Kohn-Waechter, Gudrun: *Das Verschwinden in der Wand. Destruktive Moderne und Widerspruch eines weiblichen Ich in Ingeborg Bachmanns »Malina«.* (Metzler) Stuttgart 1992 (=Ergebnisse der Frauenforschung; Bd. 28).

Kolkenbrock-Netz, Jutta: Interpretation, Diskursanalyse und/oder feministische Lektüre literarischer Texte von Frank Wedekind. In: *Weiblichkeit in geschichtlicher Perspektive. Fallstudien und Reflexionen zu Grundproblemen der historischen Frauenforschung.* Hg. von Ursula A. J. Becher/Jörn Rüsen (Suhrkamp) Frankfurt a.M. 1988 (=stw 725), S. 397-422;

Kolkenbrock-Netz, Jutta/Marianne Schuller: Frau im Spiegel. Zum Verhältnis von autobiographischer Schreibweise und feministischer Praxis. In: Irmela von der Lühe (Hg.): *Entwürfe von Frauen in der Literatur des 20. Jahrhunderts.* (Argument) Berlin 1982 (=Argument-Sonderband; 92), S. 154-174.

Köller, Wilhelm: *Semiotik und Metapher. Untersuchungen zur grammatischen Struktur und kommunikativen Funktion von Metaphern.* (Metzler) Stuttgart 1975.

Kolodny, Annette: Neu lesen – erneut lesen – (Ge-)schlecht lesen. Eine Landkarte. (1980) In: Assmann 1996, S. 247-268.

Kord, Susanne: *Sich einen Namen machen. Anonymität und weibliche Autorschaft 1700-1900.* (Metzler) Stuttgart 1996 (=Ergebnisse der Frauenforschung; Bd. 41).

Kreuzer, Helmut: *Veränderungen des Literaturbegriffs. Fünf Beiträge zu aktuellen Problemen der Literaturwissenschaft.* (Vandenhoeck & Ruprecht) Göttingen 1975 (=Kleine Vandenhoek-Reihe; 1398);

ders. (Hg.): *Pluralismus und Postmodernismus. Beiträge zur Literatur- und Kulturgeschichte der 80er Jahre.* (Lang) Bern/Frankfurt a.M. 1989 (=Forschungen zur Literatur- und Kulturgeschichte).

Kurz, Gerhard: *Metapher, Allegorie, Symbol.* (Vandenhoeck & Ruprecht) Göttingen 1982 (=Kleine Vandenhoeck-Reihe; 1486).

Lachmann, Renate (Hg.): *Dialogizität.* (Fink) München 1982 (=Theorie und Geschichte der Literatur und der schönen Künste; Bd.1);

dies.: Dialogizität und poetische Sprache. In: dies. 1982, S. 51-62;

dies.: Thesen zu einer weiblichen Ästhetik. In: Claudia Opitz (Hg.): *Weiblichkeit oder Feminismus?* Beiträge zur interdisziplinären Frauentagung Konstanz 1983. (Drumlin) Weingarten 1984, S. 181-194;

dies.: Ebenen des Intertextualitätsbegriffs. In: Stierle/Warning 1984, S.133-138.

dies.: *Gedächtnis und Literatur. Intertextualität in der russischen Moderne.* (Suhrkamp) Frankfurt a.M. 1990.

Laermann, Klaus: Lacancan und Derridada. Über die Frankolatrie in den Kulturwissenschaften. In: *Kursbuch* 84 (1986), S. 34-43.

Lehmann, Hans-Thies: Das Subjekt als Schrift. Hinweise zur französischen Texttheorie. In: *Merkur* 33 (1979), S. 665-677;

ders.: Exkurs über E.T.A. Hoffmanns ›Sandmann‹. Eine texttheoretische Lektüre. In: Gisela Dischner/Richard Faber (Hg.): *Romantische Utopie – Utopische Romantik.* (Gerstenberg) Hildesheim 1979, S. 301-323;

ders.: Raum-Zeit. Das Entgleiten der Geschichte in der Dramatik Heiner Müllers und im französischen Poststrukturalismus. In: *text + kritik*, Heft 73: *Heiner Müller*, München 1982, S. 71-81;

ders.: Der buchstäbliche Körper. Zur Selbstinszenierung der Literatur bei Franz Kafka. In: Gerhard Kurz (Hg.): *Der junge Kafka.* (Suhrkamp) Frankfurt a.M. 1984, S. 213-241.

Leitch, Vincent B.: *Deconstructive Criticism. An Advanced Introduction.* (Columbia University Press) New York 1983.

Lévi-Strauss, Claude: *Strukturale Anthropologie I.* (1958) (Suhrkamp) Frankfurt a.M. 1981 (=stw 226).

Lindhoff, Lena: *Einführung in die feministische Literaturtheorie.* (Metzler) Stuttgart 1995 (=Sammlung Metzler Bd. 255).

Lingrün, Gerd: Strukturale Linguistik. In: Arnold/Sinemus 1974 Bd.2, S.150-177.

Link, Jürgen: *Die Struktur des literarischen Symbols. Theoretische Beiträge am Beispiel der späten Lyrik Brechts.* (Fink) München 1975 (=Kritische Information);

ders.: *Elementare Literatur und generative Diskursanalyse.* (Fink) München 1983.

Lotman, Jurij M.: *Die Struktur des künstlerischen Textes.* Hg. von Rainer Grübel (Suhrkamp) Frankfurt a.M. 1973;

ders.: *Aufsätze zu Theorie und Methodologie der Literatur und Kultur.* Hg. von Karl Eimermacher (Scriptor) Kronberg/Ts. 1974.

Lummerding, Susanne: ›*Weibliche‹ Ästhetik? Möglichkeit und Grenzen einer Subversion von Codes.* (Passagen) Wien 1994 (=Passagen Philosophie).

Lützeler, Paul Michael (Hg.): *Spätmoderne und Postmoderne. Beiträge zur deutschsprachigen Gegenwartsliteratur.* (Fischer) Frankfurt a.M. 1991.

Lyotard, Jean-François: *Das postmoderne Wissen. Ein Bericht.* (1979) (Böhlau) Graz/Wien 1986 (=Edition Passagen; 7);

ders.: Beantwortung der Frage: Was ist postmodern? In: Engelmann 1990 (siehe
   unter 1.3), S. 33-53.

Mallarmé, Stéphane: *Sämtliche Dichtungen*. Französisch und deutsch. Mit einer
   Auswahl poetologischer Schriften. (Hanser) München/Wien 1992.

Mayröcker, Friederike: *Reise durch die Nacht*. (Suhrkamp) Frankfurt a.M. 1984.

Meyer, Eva: *Zählen und Erzählen. Für eine Semiotik des Weiblichen*. (Medusa-Die
   Quere) Wien/Berlin 1983;

dies.: *Die Autobiographie der Schrift*. (Stroemfeld/Roter Stern) Basel/Frankfurt
   a.M. 1989.

Moi, Toril: *Sexus, Text, Herrschaft. Feministische Literaturtheorie*. (Zeichen + Spuren) Bremen 1989. (*Sexual/TextualPolitics: Feminist Literary Theory*. Methuen.
   London/New York 1985).

Morrien, Rita: *Weibliches Textbegehren bei Ingeborg Bachmann, Marlen Haushofer
   und Unica Zürn*. (Königshausen & Neumann) Würzburg 1996 (=Epistemata.
   Reihe Literaturwissenschaft; Bd.193).

Morris, Charles William: *Grundlagen der Zeichentheorie. Ästhetik und Zeichentheorie*. (1938; 1939) Mit einem Nachwort von Friedrich Knilli. (Ullstein) Frank-
   furt/M/Berlin/Wien 1979 (=Ullstein Materialien; Nr. 35006).

Mukařovský, Jan: *Kunst, Poetik, Semiotik*. Hg. und mit einem Vorwort von Kvêtoslav
   Chvatík (Suhrkamp) Frankfurt a.M. 1989.

Müller, Marlene: Psychoanalyse und Gender. In: Fohrman/Müller 1995, S.297-
   310.

Nagl-Docekal, Herta/Herline Pauer-Studer (Hg.): *Denken der Geschlechterdifferenz. Neue Fragen und Perspektiven der feministischen Philosophie*. (Wiener Frauenverlag) Wien 1990.

Nassen, Ulrich (Hg.): *Texthermeneutik. Aktualität, Geschichte und Kritik*.
   (Schöningh) Paderborn/München/Wien/Zürich 1979 (=UTB 961).

Naumann, Hans (Hg.): *Der moderne Strukturbegriff. Materialien zu seiner Entwicklung*. (Wissenschaftliche Buchgesellschaft) Darmstadt 1973 (=Wege der
   Forschung ; Bd. 155).

Nenon, Monika: *Autorschaft und Frauenbildung. Das Beispiel Sophie von La Roche*.
   (Königshausen & Neumann) Würzburg 1988 (=Epistemata. Reihe Literaturwissenschaft Bd. 31).

Nethersole, Reingard: »...die unsagbare Gegenwart des Realen«. Der Konflikt von
   Sprache und Literatur im Werk Ingeborg Bachmanns. In: Gudrun Brokop-
   Mauch/Annette Daigger (Hg.): *Ingeborg Bachmann. Neue Richtungen in der
   Forschung?* Internationales Kolloquium 1991. (Röhrig) St.Ingbert 1995 (=Bei-
   träge zur Robert-Musil-Forschung und zur neueren österreichischen Literatur;
   Bd.8), S. 29-45.

Neumann, Gerhard (Hg.): *Poststrukturalismus. Herausforderung an die Literaturwissenschaft*. (Metzler) Stuttgart/Weimar 1997 (=Germanistische Symposien.
   Berichtsbände, XVIII).

Nietzsche, Friedrich: *Umwertung aller Werte*. Aus dem Nachl. zusammengest. von
   Friedrich Würzbach. (dtv) München 1969 (=dtv-Bibliothek 6079).

Nübel, Birgit: *Autobiographische Kommunikationsmedien um 1800. Studien zu
   Rousseau, Wieland, Herder und Moritz*. (Niemeyer) Tübingen 1994.

Nünning, Ansgar (Hg.): *Metzler Lexikon Literatur- und Kulturtheorien. Ansätze –
   Personen – Grundbegriffe*. (Metzler) Stuttgart/Weimar 1998.

Olsen, Stein Haugom: *The end of literary theory*. (Cambridge University Press)
   Cambridge 1990 (1987).

Osinski, Jutta: *Einführung in die feministische Literaturwissenschaft.* (Schmidt) Berlin 1998.

Othmer-Vetter, Regine: Weibliches Schreiben? In: *Feministische Studien* Heft 1 (1988), S. 116-124.

Pasero, Ursula/Friederike Braun (Hg.): *Konstruktion von Geschlecht.* (Centaurus) Pfaffenweiler 1995 (=Frauen, Männer, Geschlechterverhältnisse; Bd.1).

Pasternack, Gerhard: *Theoriebildung in der Literaturwissenschaft. Einführung in Grundfragen des Interpretationspluralismus.* (Fink) München 1975 (Reihe Information und Synthese Bd. 2) (=UTB 426).

Platon: Timaios. In: *Sämtliche Werke.* Bd. 5: *Politikos, Philebos, Timaios, Kritias.* Hg. von Ernesto Grassi u.a. (Rowohlt) Reinbek b. Hamburg 1991, S. 170-175.

Pechlinavos, Miltos/Stefan Rieger/Wolfgang Struck/Michael Weitz (Hg.): *Einführung in die Literaturwissenschaft.* (Metzler) Stuttgart/Weimar 1995.

Pfister, Manfred: Konzepte der Intertextualität. In: ders./U. Broich 1985, S. 1-30.

Plett, Heinrich F.: *Textwissenschaft und Textanalyse. Semiotik, Linguistik, Rhetorik.* (Quelle & Meyer) Heidelberg 1979 (=UTB 328);

ders.: (Hg.): *Intertextuality.* (De Gruyter) Berlin 1991 (=Research in text theory. Vol. 15).

Posner, Roland: Strukturalismus in der Gedichtinterpretation. Textdeskription und Rezeptionsanalyse am Beispiel von Baudelaires ›Les Chats‹. In: Blumensath 1972, S. 202-242.

Prokop, Ulrike: Was ist der Gegenstand einer ›Geschichte weiblichen Schreibens‹? In: Ilona Ostner/Klaus Lichtblau (Hg.): *Feministische Vernunftkritik. Ansätze und Traditionen.* (Campus) Frankfurt/M./New York 1992, S. 91-98.

Renner, Rolf Günter: Postmoderne Literaturtheorie/Postmoderne literarische Entwürfe. In: Berger/Moser 1994, S. 171-195.

Richter-Schröder, Karin: Feministischer Fortschritt? Weibliche Ästhetik und poststrukturalistische Literaturtheorie. In: Karin Fischer/Eveline Kilian/Jutta Schönberg (Hg.): *Bildersturm im Elfenbeinturm. Ansätze feministischer Literaturwissenschaft.* (Attempto) Tübingen 1992 (=Attempto Studium Generale), S. 48-65.

Roebling, Irmgard: Heraldik des Unheimlichen. Annette von Droste-Hülshoff. Auch ein Porträt. In: Brinker-Gabler 1988 Bd. 2, S. 41-68.

Rusterholz, Peter: Semiotik und Hermeneutik. In: Nassen 1979, S. 37-57.

Sautermeister, Gert (Übersetzer): *Tel Quel. (Théorie d'ensemble). Die Demaskierung der bürgerlichen Kulturideologie.* Marxismus, Psychoanalyse, Strukturalismus. (Mit Beiträgen von Jean-Louis Baudry u.a.) (Kindler) München 1971.

Scheer, Thorsten: *Postmoderne als kritisches Konzept. Die Konkurrenz der Paradigmen in der Kunst seit 1960.* (Fink) München 1992.

Scheffer, Bernd: Interpretation und Blamage. ›Vor dem Gesetz‹ -Präambeln aus konstruktivistischer Sicht. In: Bogdal 1993, S. 140-158.

Schiwy, Günther: *Neue Aspekte des Strukturalismus.* (Deutscher Taschenbuch Verlag) München 1971;

ders.: *Poststrukturalismus und »Neue Philosophen«.* (Rowohlt) Reinbek b. Hamburg 1985 (=rowohlts enzyklopädie). (Überarbeitete Neuausgabe des 1978 in derselben Reihe erschienenen Bandes *Kulturrevolution und ›Neue Philosophen‹*).

Schmid, Wolf/Wolf-Dieter Stempel (Hg.): *Dialog der Texte. Hamburger Kolloquium zur Intertextualität.* (Gesellschaft zur Förderung slawistischer Studien) Wien 1983 (=Wiener slawistischer Almanach; Sonderband 11).

Schmidt, Siegfried J.: *Texttheorie. Probleme einer Linguistik der sprachlichen Kommunikation.* (Fink) München 1976 (=UTB 202);

ders.: Der Radikale Konstruktivismus: Ein neues Paradigma im interdisziplinären Diskurs. In: ders. (Hg.): *Der Diskurs des Radikalen Konstruktivismus.* (Suhrkamp) Frankfurt a.M. 1987 (=stw 636), S. 11-88;

ders.: *Der Kopf, die Welt, die Kunst. Konstruktivismus als Theorie und Praxis.* (Böhlau) Wien/Köln/Weimar 1992a (=Nachbarschaften, Humanwissenschaftliche Studien; Bd.1);

ders.: Vom Text zum Literatursystem. Skizze einer konstruktivistischen (empirischen) Literaturwissenschaft. In: ders. (Hg.): *Einführung in den Konstruktivismus.* (1985) (Piper) München/Zürich 1992b, S. 147-166;

ders.: (Hg.): *Literaturwissenschaft und Systemtheorie. Positionen, Kontroversen, Perspektiven.* (Westdeutscher Verlag) Opladen 1993.

Schmidt-Haberkamp, Barbara: New Historicism – Literaturwissenschaft im Spiegelkabinett der Texte. In: Hitz/Stock 1995, S.115-130.

Schmitz-Emans, Monika: Überleben im Text? Zu einem Grundmotiv literarischen Schreibens und einigen Formen seiner Reflexion im poetischen Medium. In: *Colloquia Germanica.* Heft 2, Bd. 26 (1993), S. 135-161.

Schneider, Manfred: *Die erkaltete Herzschrift. Der autobiographische Text im 20. Jahrhundert.* (Hanser) München/Wien 1986.

Schönau, Walter: *Einführung in die psychoanalytische Literaturwissenschaft.* (Metzler) Stuttgart 1991 (=Sammlung Metzler 259).

Schottelius, Saskia: *Das imaginäre Ich. Subjekt und Identität in Ingeborg Bachmanns Roman »Malina« und Jacques Lacans Sprachtheorie.* (Lang) Frankfurt a.M./Bern u.a. 1990 (=Europäische Hochschulschriften. Deutsche Sprache und Literatur; Bd. 1184).

Schuller, Marianne: Die Nachtseite der Humanwissenschaften, einige Aspekte zum Verhältnis von Frauen und Literaturwissenschaft. In: Gabriele Dietze (Hg.): *Die Überwindung der Sprachlosigkeit. Texte aus der neuen Frauenbewegung.* (Luchterhand) Darmstadt 1979 (=Sammlung Luchterhand 276), S. 31-50;

dies.: Wider den Bedeutungswahn. Zum Verfahren der Dekomposition in »Der Fall Franza«. In: Weigel 1984, S. 150-155;

dies.: Literatur im Übergang. Zur Prosa Else-Lasker-Schülers. In: Jutta Dick/Barbara Hahn (Hg.): *Von einer Welt in die andere. Jüdinnen im 19. und 20. Jahrhundert.* (Brandstätter) Wien 1993, S. 232-247;

dies.: *Moderne. Verluste. Literarischer Prozeß und Wissen.* (Stroemfeld/Nexus) Basel/Frankfurt a.M. 1997.

Schulte, Susanne: Drei Grundpositionen feministischer Literaturwissenschaft. In: Hitz/Stock 1995, S. 98-114.

Schulz, Genia: *Heiner Müller.* (Metzler) Stuttgart 1980 (=Sammlung Metzler; Bd. 197).

Schutte, Jürgen: *Einführung in die Literaturinterpretation.* 4., aktual. Aufl. (Metzler) Stuttgart 1997 (=Sammlung Metzler 217).

Schweikle, Günther/Irmgard Schweikle (Hg.): *Metzler Literaturlexikon. Begriffe und Definitionen.* (Metzler) Stuttgart, 2., überarb. Aufl. 1990.

Scott, Joan W.: Gender. Eine nützliche Kategorie der historischen Analyse. In: Kimmich 1996, S. 416-440.

Simon, Josef: *Zeichen und Interpretation.* (Suhrkamp) Frankfurt a.M. 1994 (=stw II58).

Simon, Ralf: *Das Gedächtnis der Interpretation. Gedächtnistheorie als Fundament für Hermeneutik, Ästhetik und Interpretation bei Johann Gottfried Herder.* (Meiner) Hamburg 1998 (=Studien zum achtzehnten Jahrhundert; Bd. 23).

Spinner, Kaspar H. (Hg.): *Zeichen, Text, Sinn. Zur Semiotik des literarischen Verstehens*. (Vandenhoeck & Ruprecht) Göttingen 1977 (=Kleine Vandenhoeck-Reihe; 1436).

Spivak, Gayatri Chakravorty: *Poststructuralism, Marginality, Post-coloniality and Value*. In: Collier/Geyer-Ryan 1990, S. 219-244;

dies.: Verschiebung und der Diskurs der Frau. (1983) In: Vinken 1992, S.183-218).

Stierle, Karlheinz/Rainer Warning (Hg.): *Das Gespräch*. (Fink) München 1984 (=Poetik und Hermeneutik; 11);

Stierle, Karlheinz: Werke und Intertextualität. In: ders./R. Warning 1984, S. 139-150;

ders.: *Dimensionen des Verstehens. Der Ort der Literaturwissenschaft*. (Universitätsverlag) Konstanz 1990 (=Konstanzer Universitätsreden; 174).

Strohmaier, Eckart: *Theorie des Strukturalismus. Zur Kritik der strukturalistischen Literaturanalyse*. (Bouvier) Bonn 1977 (=Bonner Arbeiten zur deutschen Literatur; Bd. 32).

Taureck, Bernhard: *Französische Philosophie im 20. Jahrhundert. Analysen, Texte, Kommentare*. (Rowohlt) Reinbek b. Hamburg 1988 (=rowohlts enzyklopädie 481).

Tebben, Karin: *Literarische Intimität. Subjektkonstitution und Erzählstruktur in autobiographischen Texten von Frauen*. (Francke) Tübingen und Basel 1997.

Thoma-Herterich, Christa: *Zur Kritik der Psychokritik. Eine literaturwissenschaftliche Auseinandersetzung am Beispiel französischer Arbeiten*. (Lang) Bern/Frankfurt/M. 1976 (=Europäische Hochschulschriften. Französische Sprache und Literatur Bd. 37).

Titscher, Stefan/Ruth Wodak/Michael Meyer/Eva Vetter: *Methoden der Textanalyse. Leitfaden und Überblick*. (Westdeutscher Verlag) Opladen/Wiesbaden 1998.

Titzmann, Manfred: *Strukturale Textanalyse. Theorie und Praxis der Interpretation*. (Fink) München 1977 (=UTB 582).

Titzmann, Michael: *Strukturwandel der philosophischen Ästhetik 1800-1880. Der Symbolbegriff als Paradigma*. (Fink) München 1978 (=Münchener Universitäts-Schriften);

ders. (Hg.): *Modelle des literarischen Strukturwandels*. (Niemeyer) Tübingen 1991 (=Studien und Texte zur Sozialgeschichte der Literatur; Bd. 33).

Trabant, Jürgen: *Zur Semiologie des literarischen Kunstwerks. Glossematik und Literaturtheorie*. (Fink) München 1970 (=Internationale Bibliothek für allgemeine Linguistik; Bd. 6);

ders.: *Elemente der Semiotik*. (Francke) Tübingen und Basel 1996 (=UTB 1908).

Turk, Horst (Hg.): *Klassiker der Literaturtheorie. Von Boileau bis Barthes*. (C.H. Beck) München 1979 (=Beck'sche Schwarze Reihe; Bd. 192).

Vinken, Barbara (Hg.): *Dekonstruktiver Feminismus. Literaturwissenschaft in Amerika*. (Suhrkamp) Frankfurt a.M. 1992 (=es 1678). Einleitung der Herausgebrin, S. 7-29.

Wagner-Egelhaaf, Martina: *Autobiographie*. (Metzler) Stuttgart/Weimar 2000 (=Sammlung Metzler).

Wahl, François (Hg.): *Einführung in den Strukturalismus*. (1968) (Suhrkamp) Frankfurt a.M. 1973 (=stw 10);

ders.: Die Philosophie diesseits und jenseits des Strukturalismus. In: ders. 1973, S. 323-480.

Warning, Rainer: Rezeptionsästhetik als literaturwissenschaftliche Pragmatik. In: ders. (Hg.): *Rezeptionsästhetik. Theorie und Praxis*. (Fink) München 1975 (=UTB 303), S. 9-41;

ders.: Supplementäre Individualität. Prousts‹ »Albertine endormi«. In: Frank/Haverkamp 1988, S. 447-468.

Wartmann, Brigitte (Hg.): *Weiblich-Männlich. Kulturgeschichtliche Spuren einer verdrängten Weiblichkeit.* (Ästhetik & Kommunikation) Berlin 1980;

dies.: Die Grammatik des Patriarchats. Zur »Natur« des Weiblichen in der bürgerlichen Gesellschaft. In: *Ästhetik & Kommunikation.* Heft 47 (1982): *Weibliche Produktivität,* S. 12-32.

Weber, Ingeborg (Hg.): *Weiblichkeit und weibliches Schreiben. Poststrukturalismus. Weibliche Ästhetik. Kulturelles Selbstverständnis.* (Wissenschaftliche Buchgesellschaft) Darmstadt 1994.

Weber, Samuel: »Postmoderne« und »Poststrukturalismus«. Versuch eine Umgebung zu benennen. In: *Ästhetik & Kommunikation.* Heft 63 (1986): *Kultur im Umschlag* , S. 105-111.

Wedekind, Martina: Adalbert Stifter: »Der Nachsommer«. Eine intertextuelle Untersuchung. In: *Euphorion* Bd. 4 (1995), S. 401-427.

Wedel, Gudrun: Autobiographien von Frauen im 19. Jahrhundert. In: Brinker-Gabler 1988 Bd. 2, S. 154-165.

Weedon, Chris: *Wissen und Erfahrung. Feministische Praxis und poststrukturalistische Theorie.* Zürich/Dortmund 1990. (*Feminist Practice and Poststructuralist Theory.* Basil Blackwell. Oxford 1989).

Weigel, Sigrid (Gastredakteurin): *text + kritik. Sonderband Ingeborg Bachmann.* München 1984;

dies.: Das Weibliche als Metapher des Metonymischen. Kritische Überlegungen zur Konstitution des Weiblichen als Verfahren oder Schreibweise. In: Inge Stephan (Hg.): *Frauensprache-Frauenliteratur.* Akten des VII. Internationalen Germanisten-Kongresses Bd. 6. Göttingen 1985, S. 108-118;

dies.: *Die Stimme der Medusa. Schreibweisen in der Gegenwartsliteratur von Frauen.* (tende) Dülmen-Hiddingsel 1987. Nachdruck bei Rowohlt, Reinbek b. Hamburg, 1989;

dies.: *Bilder des kulturellen Gedächtnisses – Beiträge zur Gegenwartsliteratur.* (tende) Dülmen-Hiddingsel 1994.

Weimar, Klaus: *Enzyklopädie der Literaturwissenschaft.* (1980) (Francke) Tübingen und Basel, 2. Aufl. 1993 (=UTB 1034).

Wellbery, David E.: Überlegungen zum Strukturwandel der Symbolik. In: Titzmann 1991, S. 103-116.

Wellmer, Albrecht: Metaphysics at the Moment of its Fall. In: Collier/Geyer-Ryan 1990, S. 35-49.

Welsch, Wolfgang (Hg.): *Wege aus der Moderne. Schlüsseltexte der Postmoderne-Diskussion.* (VHC Acta humaniora) Weinheim 1988.

Götz Wienold: *Semiotik der Literatur.* (Athenäum) Frankfurt a.M. 1972.

Christa Wolf: *Voraussetzungen einer Erzählung: Kassandra. Frankfurter Poetik-Vorlesungen.* (Luchterhand) Darmstadt/Neuwied 1983 (=SL 456).

Elizabeth Wrigth: *Psychoanalytic Criticism: Theory in Practice.* (Erstv. 1984) (Routledge) London/New York 1989.

Wunderlich, Dieter: Textlinguistik. In: Naumann 1973, S.386-397.

Zima, Peter V. (Hg.): *Textsemiotik als Ideologiekritik.* (Suhrkamp) Frankfurt a.M. 1977 (=es 796);

Zima, Peter V.: ›Rezeption‹ und ›Produktion‹ als ideologische Begriffe. In: ders. 1977, S. 271-311;

ders.: *Die Dekonstruktion.* (Francke) Tübingen und Basel 1994 (=UTB 1805);

ders.: *Moderne/Postmoderne. Gesellschaft, Philosophie, Literatur.* (Francke) Tübingen/ Basel 1997 (= UTB; 1967).

Zutshi, Margot E.: *Literary Theory in Germany: A Study of Genre and Evaluation Theories 1945-1965.* (Lang) Bern/Frankfurt/M./Las Vegas 1981 (=Europäische Hochschulschriften. Deutsche Sprache und Literatur Bd. 427).

Personenregister

Sammlung Metzler